101 Dinge, die man über Star Wars wissen muss

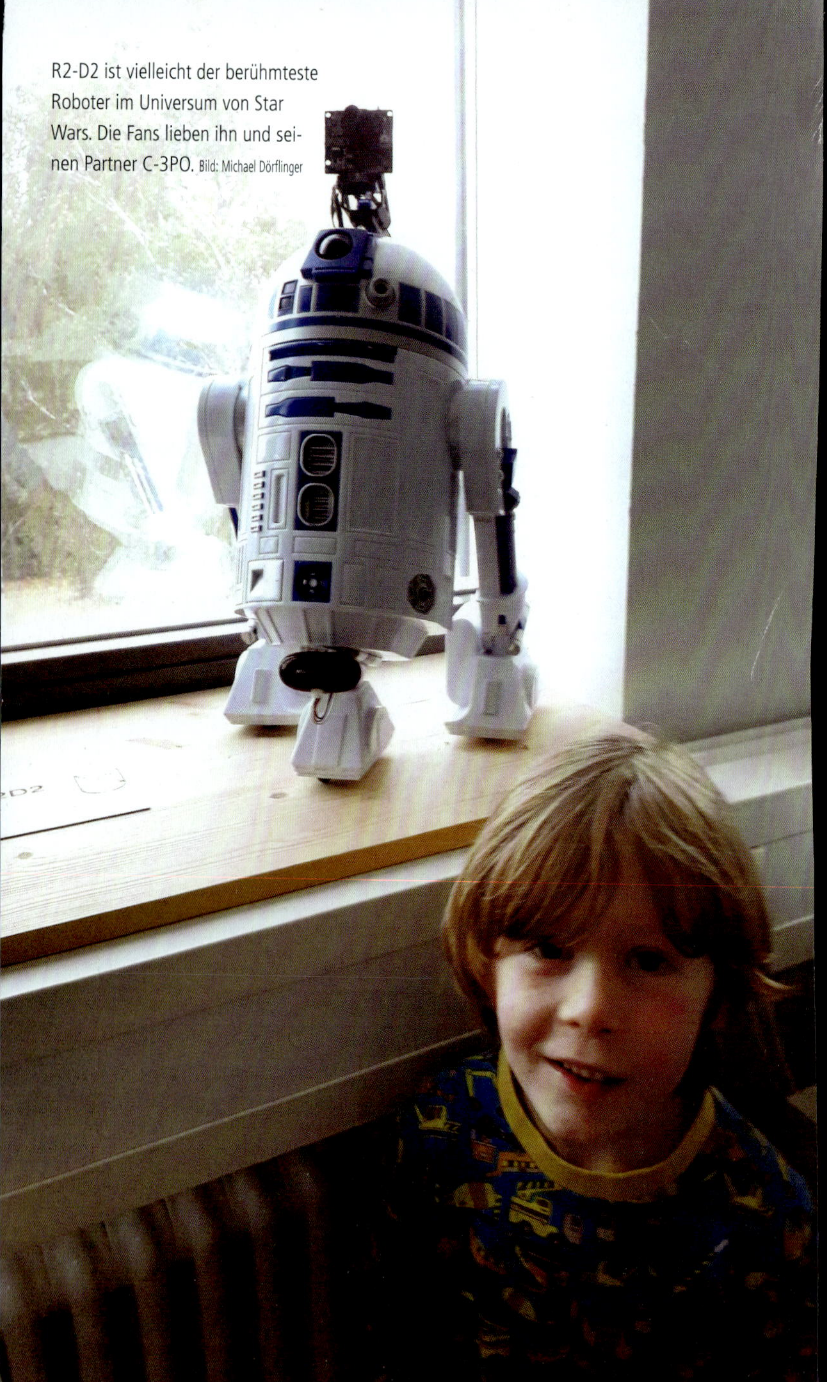

R2-D2 ist vielleicht der berühmteste Roboter im Universum von Star Wars. Die Fans lieben ihn und seinen Partner C-3PO. Bild: Michael Dörflinger

Michael Dörflinger

101 Dinge die man über STAR WARS™ wissen muss

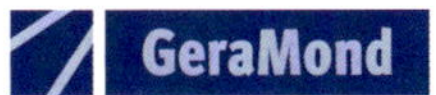

Inhalt

Vorwort

Am 25. Mai 1977 blickte die deutsche Bevölkerung nach Rom, wo das Endspiel im Europapokal der Landesmeister, dem Vorläufer der Champions League, ausgetragen wurde. Der FC Liverpool gewann mit 3:1 gegen Borussia Mönchengladbach. In den Vereinigten Staaten von Amerika interessierte sich niemand für dieses Fußballspiel. Dort gingen an diesem Mittwochabend viele Menschen ins Kino. Es war die Premiere eines Science-Fiction-Films von George Lucas, der mit »American Graffiti« 1973 einen Überraschungserfolg gelandet hatte.

Der Film hatte den Titel »Star Wars«, in Deutschland bekam er den Namen »Krieg der Sterne« und wurde im Februar 1978 zum erstenmal gezeigt. Das Publikum war hingerissen, nach nur einer Woche waren bereits fast drei Millionen US-Dollar eingespielt. Der Film wurde einer der erfolgreichsten Hollywood-Streifen aller Zeiten und stand am Anfang einer faszinierenden Reihe von Filmen, Serien, Spielen und vielem mehr.

Das Universum der »Star Wars«-Welt ist fast unüberschaubar geworden. Es gibt schon ganze Datenbanken, die sich mit den Charakteren, Geschichten und Hintergründen beschäftigen. Dieser Band kann nur einige wichtige Aspekte dieser Kinolegende berühren und wendet sich eher an »Neulinge« in der Galaxie. Doch wer weiß, vielleicht gibt es ja auch hiervon in den kommenden Jahren eine Fortsetzung bis hin zur Trilogie.

Michael Dörflinger

Wie alles anfing

»Krieg der Sterne« (1977)

1

Zuversichtlich, das kann man sagen, waren nicht viele, als »Krieg der Sterne« in die Kinos kam. Viele Schauspieler rechneten eher mit einem Flop und die Kinos mussten erst mit sanftem Druck durch die Twentieth Century Fox dazu gebracht werden, den Streifen ins Programm zu nehmen. George Lucas war sogar aus Angst vor einem Scheitern in den Urlaub geflogen. In gerademal 40 Lichtbildhäusern wurde am 25. Mai 1977 der Film gezeigt. Nur wenige hatten mit einem Erfolg gerechnet, doch dass die Zuschauerreaktionen euphorisch sein würden, daran glaubte niemand. Doch »Star Wars« entwickelte sich zu einem Leinwandrekord!

Vor langer Zeit in einer entfernten Galaxie

Dort regierte seit fast 20 Jahren der Imperator, der die Macht über alle Planeten und Monde der Galaxie auf sich vereinigt hat. Doch es regt sich Widerstand, denn das Imperium ist ein Gewaltstaat. Symbol dieser Bosheit ist der Todesstern, ein riesiges kugelförmiges Raumschiff, das mit einem Superlaser sogar in der Lage ist, ganze Planeten zu vernichten. Mit dieser Megawaffe sichert sich das Imperium seine Herrschaft.

Prinzessin Leia Organa gelangte an die Baupläne des Todessterns und macht sich auf den Weg, sie den Rebellen zu übergeben. Doch Darth Vader, der wichtigste Mann des Imperators, kann sie gefangen nehmen. Leia kann die Pläne und einen Hilferuf an Obi-Wan Kenobi, einen guten Freund ihres Vaters, dem Roboter R2-D2 einspeichern. Der flüchtet mit dem goldenen Protokolldroiden C-3PO, um die Dokumente zu überbringen. Die beiden schaffen es bis zum Planeten Tatooine, wo sie von einem Schrotthändler gefangen genommen werden. Der Onkel von Luke Skywalker kauft sie. So lernen sich drei der Hauptfiguren der Trilogie kennen.

Sie finden den alten Jedi-Meister Obi-Wan Kenobi und R2-D2 gibt die Infos Leias an ihn weiter. Zusammen wollen sie nach Alderaan, Leias Heimatplaneten. In der Weltraumbar stoßen sie auf den Schmuggler Han Solo und seinen treuen Begleiter Chewbacca, einen haarigen Riesen. Die beiden erklären sich dazu bereit, die Genossen nach Alderaan zu fliegen. Ihr Schiff ist der Millenium Falke, das schnellste Raumschiff der Galaxie.

Amerikanisches Filmplakat für »Star Wars« (1977). Bild: picture alliance / The Advertising Archives

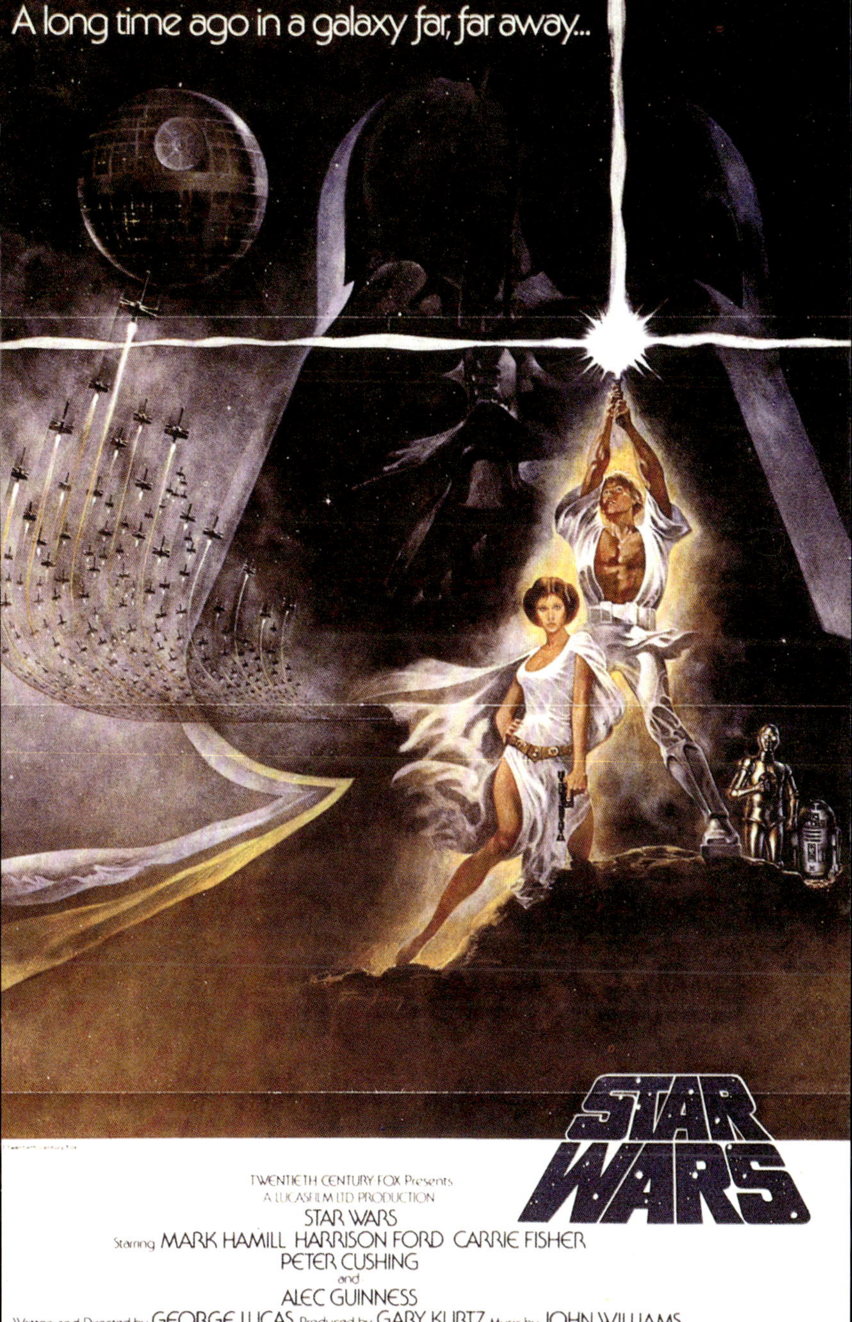

A long time ago in a galaxy far, far away...
STAR WARS
TWENTIETH CENTURY FOX Presents
A LUCASFILM LTD PRODUCTION
STAR WARS
Starring MARK HAMILL HARRISON FORD CARRIE FISHER
PETER CUSHING
and
ALEC GUINNESS
Written and Directed by GEORGE LUCAS Produced by GARY KURTZ Music by JOHN WILLIAMS
PANAVISION® PRINTS BY DE LUXE® TECHNICOLOR®
PG PARENTAL GUIDANCE SUGGESTED
20th CENTURY FOX
Making Films Sound Better
DOLBY SYSTEM
Noise Reduction · High Fidelity

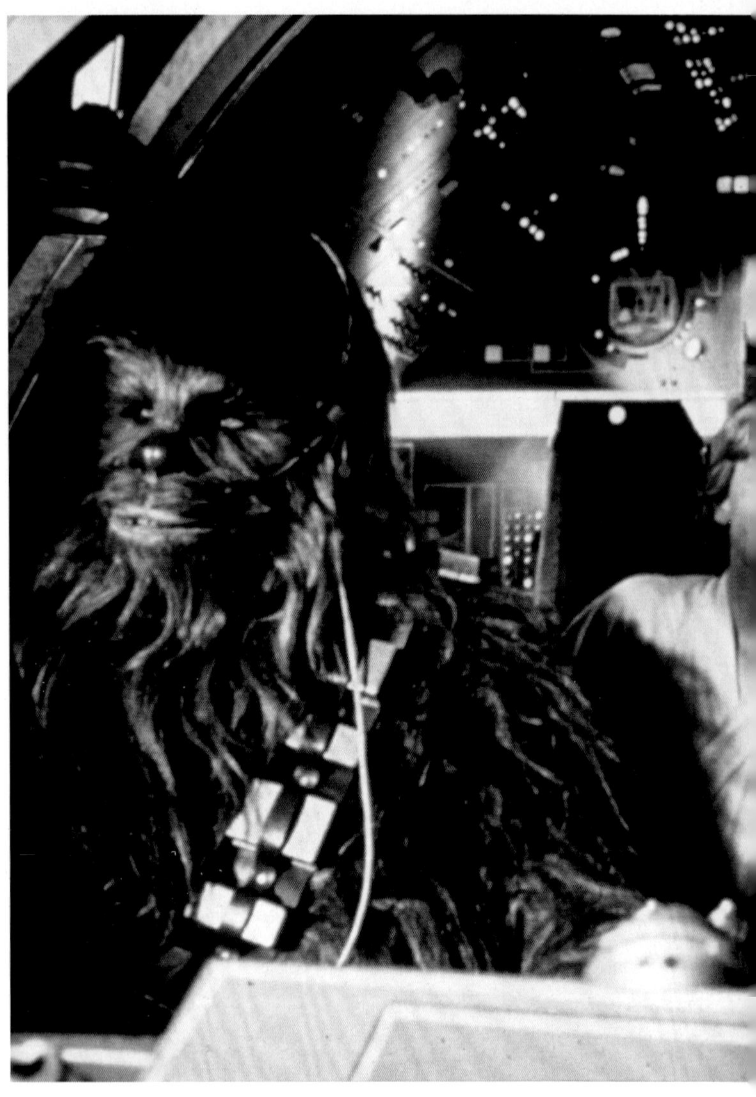

Doch Alderaan ist inzwischen von dem Todesstern zerstört worden. Solos Raumschiff wird auf den Todesstern gezogen. Die Gefährten verkleiden sich, um Prinzessin Leia, von deren Anwesenheit sie erfahren haben, zu befreien. Obi-Wan stirbt im Lichtschwertduell mit Darth Vader, doch freiwillig, denn als Geist lebt er weiter und kann Luke Skywalker beraten. Die

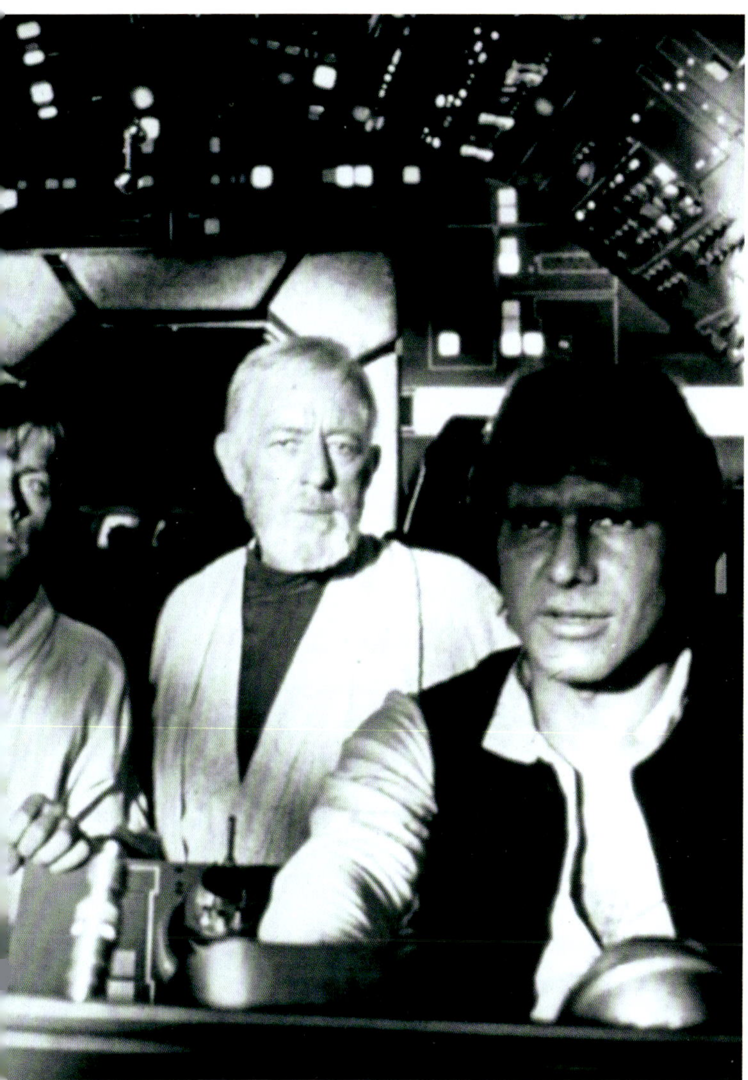

Vier der Helden aus »Krieg der Sterne«: Chewbacca, Luke Skywalker, Ben Kanobi und Han Solo. Bild: picture alliance/United Archives /Publicity Still

Freunde haben Leia befreit und fliehen. Darth Vader hat jedoch am Millenium Falken einen Peilsender angebracht, um so das Versteck der Rebellen zu entdecken.

Dieser Stützpunkt liegt auf dem Mond Yavin IV. Die Rebellen haben in den Bauplänen den wunden Punkt des Todessterns erkannt: ein zwei Meter offener Lüftungsschacht. Durch einen Volltreffer kann eine Kettenreaktion ausgelöst werden, die den Todesstern zerstören kann. Leider geht Vaders Plan auf. Er findet die Rebellen. Noch dazu ist der Todesstern im Anflug. Die Lage für die Rebellen, das ist auch Han Solos Einschätzung, ist verzweifelt. Solo ist deswegen nicht böse, dass er den Auftrag bekommt, Leia in Sicherheit zu bringen, noch dazu, wo er damit Geld verdient. Die große Entscheidungsschlacht steht unmittelbar bevor.

Die Rebellen besitzen X-Flügler (X-Wings), Darth Vader wechselt in seinen Raumjäger und lässt Abfangjäger aufsteigen. Luke steuert in seinem X-Flügler mit hohem Tempo in Richtung Lüftungsschacht, verfolgt von dem Bösewicht Darth Vader. Sein Schicksal scheint besiegelt, doch zum Glück hat er einen Freund.

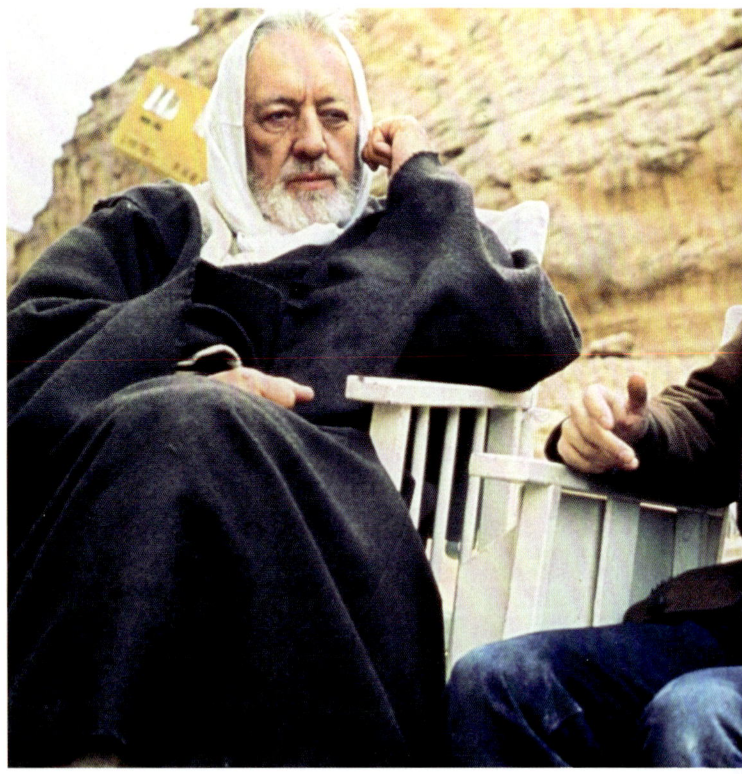

Han Solo kommt gerade noch rechtzeitig auf das Schlachtfeld, dass er Darth Vader kampfunfähig machen kann. Doch der Schurke kann entkommen. Aber nun hat Luke freie Bahn. Und er hat den Geist Obi-Wans um sich, der ihn beim Zielen unterstützt und zur Ruhe verhilft. Der selbstbewusste Skywalker deaktiviert den Zielcomputer und wartet auf den richtigen Moment, bei dem er sofort feuert. Es gelingt, den Todesstern zu vernichten! Auf dem Rebellenstützpunkt wird der Sieg gefeiert.

Gründe für den Erfolg

»Krieg der Sterne« ist eine Mischung aus Science-Fiction, Fantasy, Abenteuerfilm, Western und auch ein wenig ein Piratenfilm. Der Dualismus von Gut und Böse beherrscht die Erzählung. Eine Reihe exotischer Weltraumfiguren bevölkert die Leinwand. Wahrscheinlich war es gerade diese bunte Mischung, die den großen Erfolg beim Publikum ermöglicht hat.

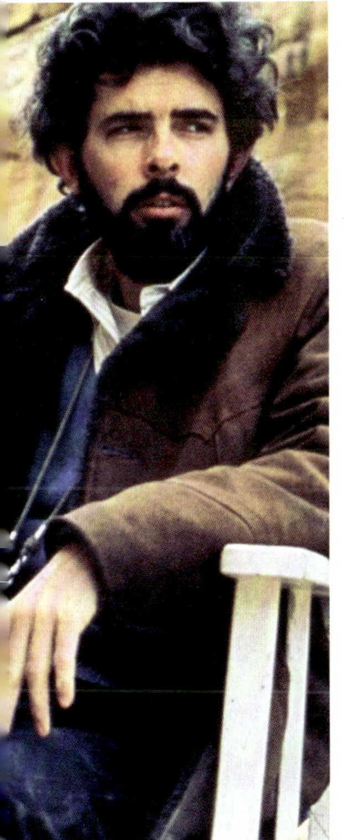

Der alte Alec Guinness neben dem jungen George Lucas während einer Drehpause. Beide erhielten für ihre gelungene Arbeit eine Oscar-Nominierung.

Bild: picture alliance / PictureLux/The Hollywood Archive / HA

Folgende Doppelseite: Die Alienband in der Weltraumbar Mos-Eisley-Cantina gehört zu den berühmtesten Szenen des Films. Deren blechern swinghafte Musik erinnert an das Chicago der Gangsterzeit. Die Gestalten, die in der Bar zu sehen sind, waren ein Berg Arbeit für die Maskenbildner.

Bild: picture alliance / Mary Evans Picture Library

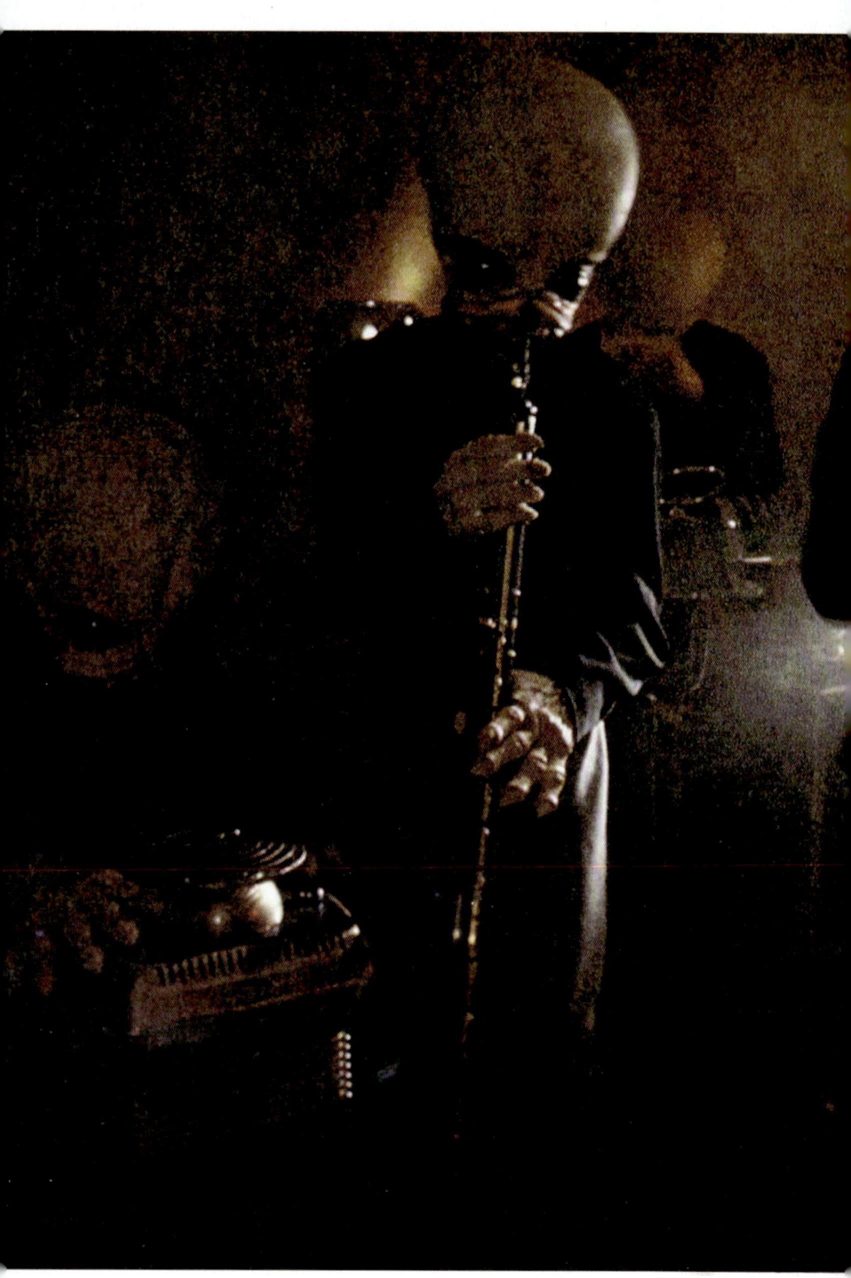

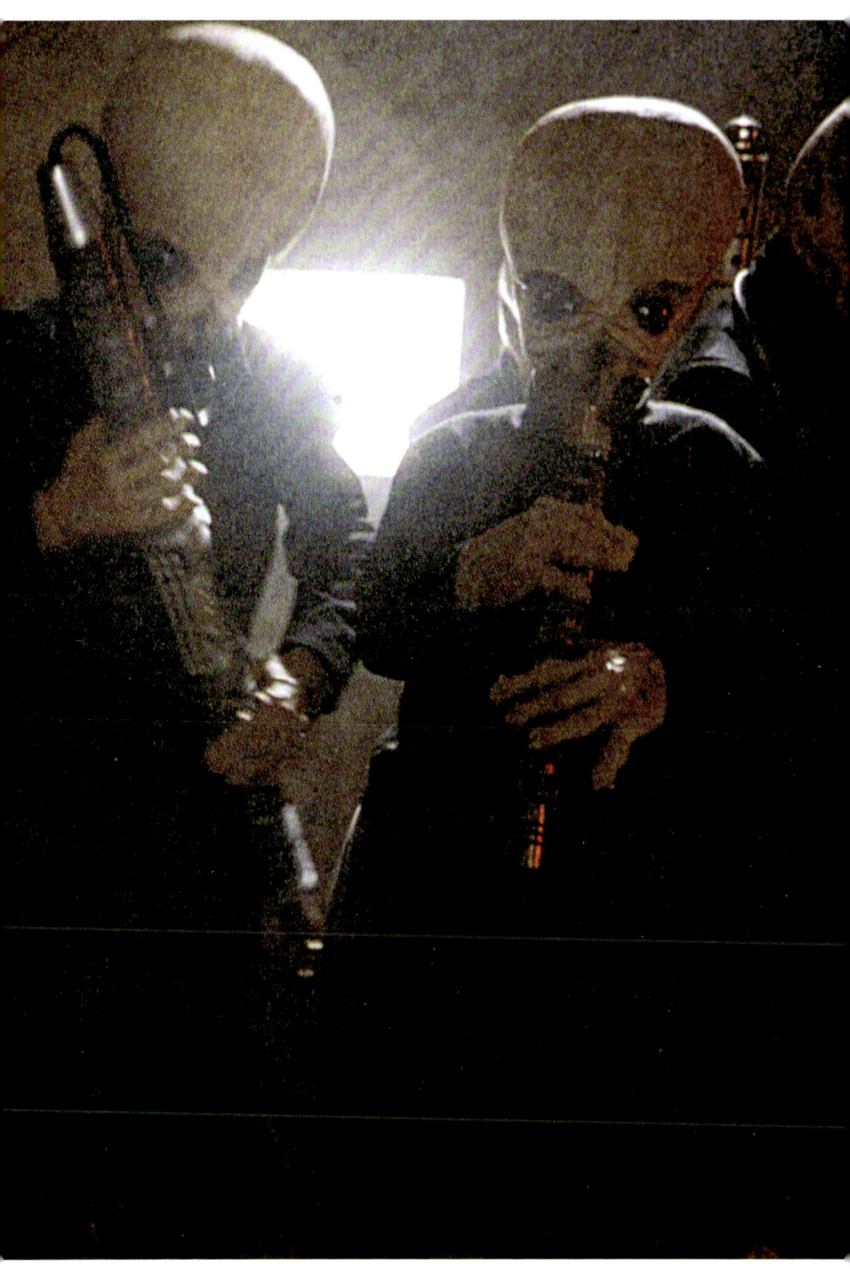

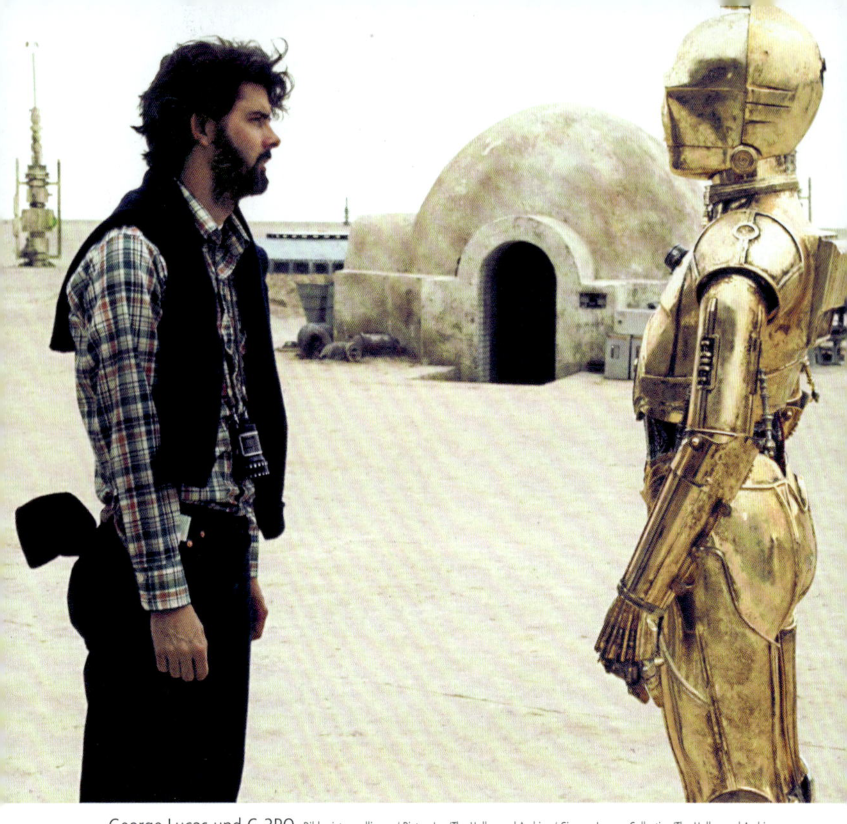

George Lucas und C-3PO. Bild: picture alliance / PictureLux/The Hollywood Archive / Cinema Legacy Collection/The Hollywood Archive

Der Erfinder von »Star Wars«

2

George Lucas gründet ein Imperium

Am 25. Mai 1977 änderte sich das Leben des seit elf Tagen 33-jährigen George Walton Lucas Jr. grundlegend. Sein Film »Krieg der Sterne« war in die Kinos gekommen, das Publikum war begeistert. Das war der Grundstein zu einem milliardenschweren Filmimperium. Lucas wurde 1944 in Modesto geboren, einer Stadt mit damals rund 17.000 Einwohnern – heute sind es über 200.000! Modesto liegt rund 150 Kilometer von San Francisco entfernt. George Lucas ist sicher der berühmteste Bürger der Stadt, doch mit der Schwimmlegende Mark Spitz, der 1972 in München sieben olympische Goldmedaillen jeweils mit Weltrekord gewann (plus zwei von 1968), oder dem Schauspieler Jeremy Renner, der in den Marvel-Superhelden-Filmen mitspielt.

Sein Vater war Schreibwarenhändler und Sohn George sollte dieses Geschäft mal übernehmen. Mit Schreibwaren hatte er später in der Tat beruflich zu tun, doch nicht als Dealer, sondern als User ... Schon als Kind liebte er Science-Fiction und Abenteuergeschichten – Buck Rogers und Flash Gordon waren seine Lieblingssendungen. Das Fotografieren wurde zu einer großen Leidenschaft. Nach dem College studierte er Englisch, Astronomie, Geschichte und Filmgeschichte an der School of Cinema-Television der University of Southern California in Los Angeles. Einer seiner Kommilitonen war John Milius. 1969 heiratete er seine Kommilitonin Marcia Griffin, die bei seinen ersten Spielfilmen im Schneideraum arbeitete – und dafür bei »Krieg der Sterne« einen Oscar gewann.

Die ersten Filmerfolge

Schon während seines Studiums drehte Lucas kurze Dokumentarfilme. Doch dann erhielt er ein Stipendium für eine Art Praktikum bei den Warner Studios. Und er hatte noch mehr Glück, denn er durfte gleich beim aufstrebenden Regisseur Francis Ford Coppola als Assistent arbeiten. Mit »THX 1138« drehte er 1971 nicht nur seinen ersten Streifen in Spielfilmlänge, sondern auch einen Science-Fiction-Film. Hauptdarsteller war kein Geringerer als Robert Duvall. Der Film, zu dem George Lucas auch das Drehbuch verfasst hatte, war eine klassische Dystopie, die die Gefahren eines Überwachungsstaats darstellt und die schrecklichen Folgen für die Menschen. Im gleichen Jahr gründete er Lucasfilm.

Sein Durchbruch gelang George Lucas mit »American Graffiti«, einer Teenagerkomödie in der US-Kleinstadt Modesto. Natürlich weckt George Lucas in seinem Drehbuch viele Jugenderinnerungen. Richard Dreyfuss schafft mit dem Film seinen Durchbruch und in einer kleineren Rolle ist ein Mann zu sehen, der im nächsten Film von George Lucas eine tragende Rolle spielen sollte: Harrison Ford! »American Graffiti« wurde in fünf Kategorien für den Oscar nominiert, davon dreimal Lucas. Völlig unerwartete 118 Millionen Dollar spielte der Film in aller Welt ein und Lucas verdiente seine erste Million.

Die großen Welterfolge

Dann kam »Star Wars«. Nach dem zweiten Teil konzentrierte sich Lucas auf ein Projekt, das schon länger in seiner Schublade geschlummert hatte:»Jäger des verlorenen Schatzes«. Diesmal verteilte er die Arbeit. Das Drehbuch schrieb Lawrence Kasdan fertig, die Regie führte Steven

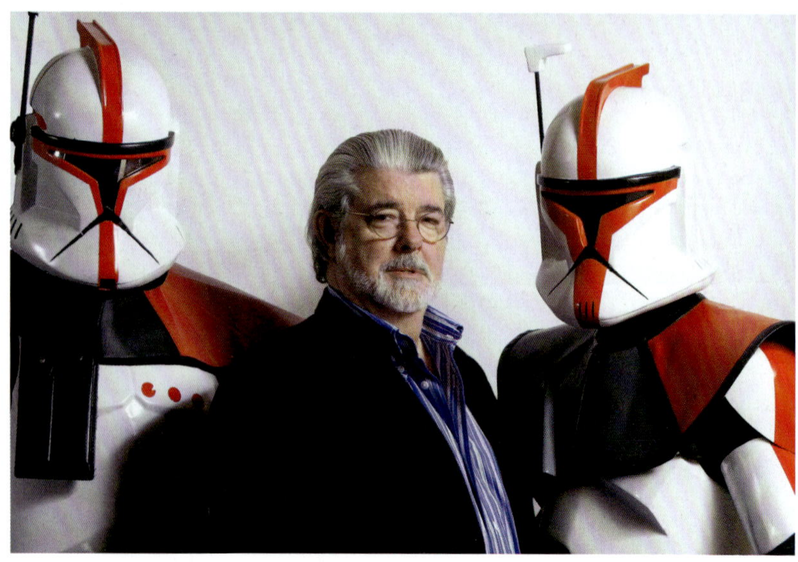

George Lucas am 2. November 2012 in Las Vegas. Im Oktober hatte er seine Firma Lucasfilm für 4,05 Milliarden US-Dollar an Disney verkauft. Bild: picture alliance / AP Photo / Matt Sayles

Spielberg und Frank Marshall fungierte als Produzent. Lucasfilm produzierte den Film. Der Erfolg ist bekannt. Wieder regnete es Oscars und es gab Fortsetzungen. Lucas produzierte auch eine glänzend gemachte Serie über den jungen Indiana Jones, in der Indy auf alle möglichen Berühmtheiten der Geschichte trifft.

Im »Star Wars«-Universum schrieb und produzierte er in den 1980ern zwei »Ewoks«-Filme und eine Zeichentrickserie. 2003, als er mitten in der Arbeit an der Prequel-Trilogie steckte, produzierte er eine Zeichentrickserie, die die Zeit zwischen Episode II zu Episode III erzählt. 2008 brachte er einen ähnlichen Stoff noch einmal heraus, diesmal wurde der Film mit dem Computer animiert.

George Lucas hat neben Lucasfilm noch einige andere Unternehmen gegründet: Industrial Light & Magic (ILM), LucasArts, Lucas Digital, Lucas Licensing, Lucas Learning und Lucas OnLine. Sie alle haben ihren Sitz auf der Skywalker Ranch, einem 2.600 Hektar großen Anwesen in der Nähe von San Francisco.

2012 verkaufte er sein Lebenswerk, die Lucasfilm, an den Disney-Konzern. Mit 68 Jahren war er in dem Alter, in dem die meisten schon in Rente sind. Ein Jahr später heiratete er noch einmal. 2023 kehrte er mit »Indiana Jones und das Rad des Schicksals« erneut als Produzent zurück.

Spielbergs 2,5 Prozent

3

Wie der Starregisseur mit »Star Wars« verdient

Die Dreharbeiten für »Krieg der Sterne« waren für George Lucas noch anstrengender als der Aufwand, das Drehbuch bei einem Filmstudio unterzubringen. Und Science-Fiction war Mitte der 1970er-Jahre nicht gerade ein Straßenfeger. Doch gleichzeitig drehte in Mobile, Alabama, sein guter Kumpel Steven Spielberg ebenfalls einen Science-Fiction-Film. Dieses Projekt spielte allerdings in einer US-amerikanischen Gegenwart, zu der ein Außerirdischer kommt.

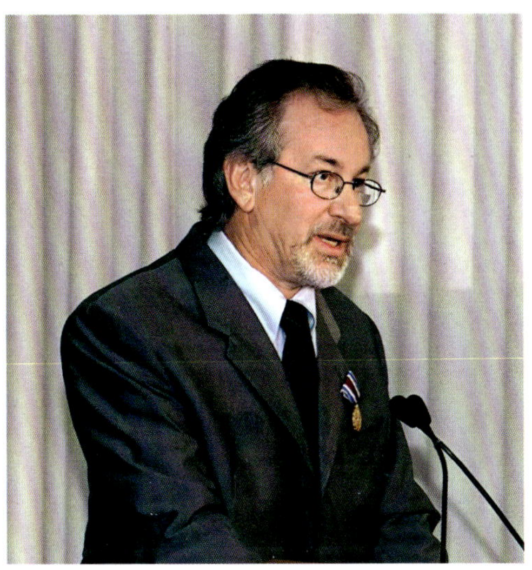

Steven Spielberg liebt »Star Wars« und spielt in seinen Filmen gern darauf an. Bild: Sammlung Michael Dörflinger

»Unheimliche Begegnung der dritten Art« kam im November 1977 in die Kinos. Um sich von der Belastung der Dreharbeiten zu erholen, besuchte Lucas Spielberg an dessen Set. Steven Spielberg erzählte Jahre später in einem Interview, dass George Lucas total erschöpft gewirkt habe und mit dem Fortschritt von »Star Wars« haderte. Er hatte Angst, es würde ein Kinderfilm herauskommen. Wie toll lief es dagegen mit der »Unheimlichen Begegnung«! Lucas schlug Spielberg einen Handel vor: jeder gibt dem anderen 2,5 Prozent vom Gewinn des jeweiligen Films. Die Kinokassen klingelten bei beiden Streifen, doch Spielberg hatte das entschieden bessere Geschäft gemacht. Man schätzt, dass er bis heute mit diesem Tauschgeschäft rund 40 Millionen Dollar verdient hat. Für Lucas hatte es immerhin auch was Gutes, denn er kehrte recht erfrischt an sein Set zurück und schloss die Dreharbeiten zu »Krieg der Sterne« ab. Aber bis zum fertigen Film warteten noch der Schnitt und viele Special Effects. Dennoch wurde er vor Spielberg fertig.

Darth Vader

4

Er war Anakin Skywalker

Mit der Gestalt des Darth Vader ist George Lucas einer der berühmtesten Filmbösewichte aller Zeiten gelungen. Dabei stand dessen Geburt unter dem Zeichen der Hoffnung auf Erlösung. Als Anakin Skywalker wurde er durch eine Präsenz der Macht erschaffen und von der Sklavin Shmi Skywalker auf Tatooine geboren. In der Episode I wird er vom Jedi-Meister Qui-Gon Jinn freigekauft und zum Schüler von Obi-Wan Kenobi.

Auf der dunklen Seite der Macht

Doch seine jähzornige und unbeherrschte Art lassen nichts Gutes ahnen. Anakin verliebt sich in Padmé Amidala, die ihm die Zwillinge Luke und Leia gebärt. Der Oberste Kanzler Palpatine, der eigentlich der Lord der bösen Sith namens Darth Sidious ist, schafft es, Anakin auf die dunkle Seite der Macht zu ziehen und für sich zu gewinnen. So bekommt er den Namen Darth Vader und wird die rechte Hand des späteren Imperators. Eines der ersten Opfer dieser grausigen Verbindung ist der Jedi-

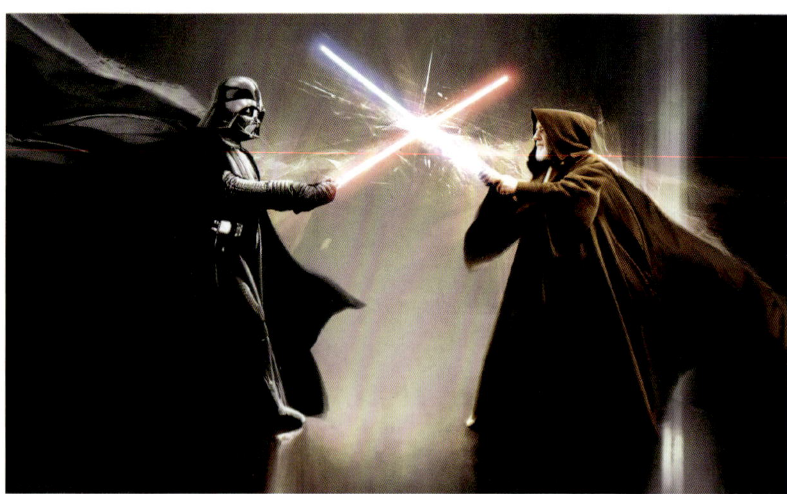

Kampf zwischen Darth Vader und seinem ehemaligen Lehrer Ben Kenobi alias Alec Guinness. Dieses Mal unterliegt der Meister. Bild: picture alliance / Captital Pictures / CAP/KFS

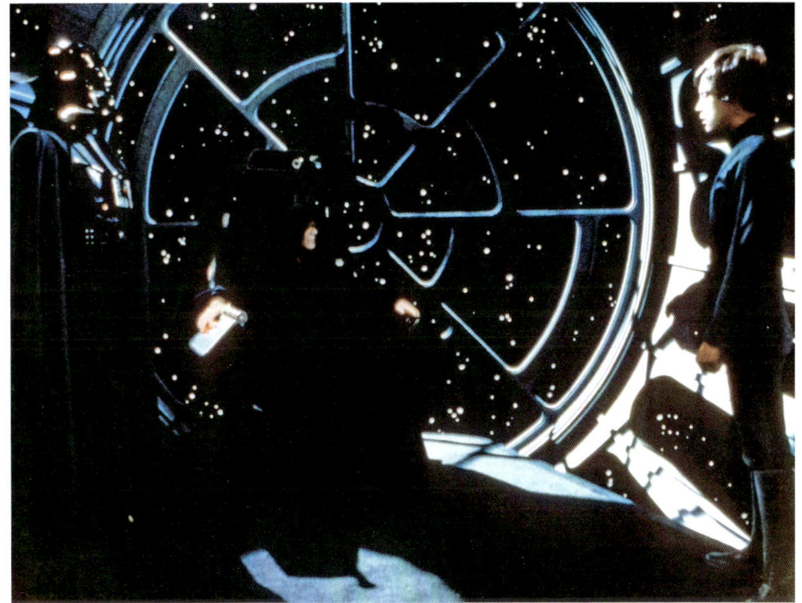

In »Die Rückkehr der Jedi-Ritter« steht Luke Skywalker seinem Vater Darth Vader und dem Imperator gegenüber. Bild: picture-alliance / Mary Evans Picture Library

Meister Mace Windu. Obi-Wan Kenobi kann seinen Ex-Schüler Vader allerdings stoppen, haut ihm alle Gliedmaßen ab und überlässt ihn seinem Schicksal. Palpatine kann seinen Schützling aber retten und gibt ihm eine lebenserhaltende Rüstung mit Beatmungsgerät. Jahre später nimmt er Rache und tötet Obi-Wan. Es kommt zur Begegnung mit seinem Sohn Luke, den er auf die dunkle Seite ziehen will. Doch der bleibt standhaft und besiegt Darth Vader. Als Palpatine Luke ermorden will, kann der schwer Verletzte den Imperator in einen Reaktorschacht werfen. Im Sterben kehrt Vader-Anakin auf die helle Seite der Macht zurück.

Die Schauspieler

Anakin/Darth Vader spielt nicht nur in den Episoden I bis VI, sondern auch in »Rogue One« und verschiedenen Serien mit. Als Kind wurde er von Jake Lloyd gespielt, der tragischerweise heute mit diagnostizierter Schizophrenie im Sanatorium lebt. Der junge Anakin wurde von Hayden Christensen verkörpert, der Darth Vader der klassischen Trilogie ist nur am Ende kurz zu sehen. Unter der Rüstung mit der Maske steckte der Zwei-Meter-Hüne David Prowse.

5 Luke Skywalker

Zwischen Siegfried und Parsifal

Um ihn vor dem Zugriff Darth Vaders zu schützen, wurde das Baby Luke von seiner Schwester getrennt und auf Tatooine gebracht, wo er bei Pflegeeltern aufwächst. Er trifft auf die Droiden R2-D2 und C-3PO, mit denen er sich schnell anfreundet. Sie sind von Prinzessin Leia, die sich im Kampf gegen das Imperium befindet, durch eine Rettungskapsel nach Tatooine gesandt worden. Luke hört einen aufgezeichneten Hilferuf von ihr. Luke begegnet Ben Kenobi, an den der Hilferuf gerichtet war. Gemeinsam mit den Droiden machen sie sich auf den Weg zum Todesstern, wo Leia gefangen ist. Sie lernen Han Solo und Chewbacca kennen und engagieren sie als Weltraumtaxi dorthin. Sie können Leia befreien und Luke vernichtet mit einem heldenhaften Raumschiffmanöver den Todesstern.

Bevor Kenobi von Darth Vader getötet wird, kann er Luke noch zu Yoda schicken. Bei dem kleinen Jedi-Meister soll er zum Jedi ausgebildet werden und später das Imperium vernichten. Doch um seine Freunde zu retten, bricht er die Schulung ab und stellt sich Darth Vader, von dem Luke er-

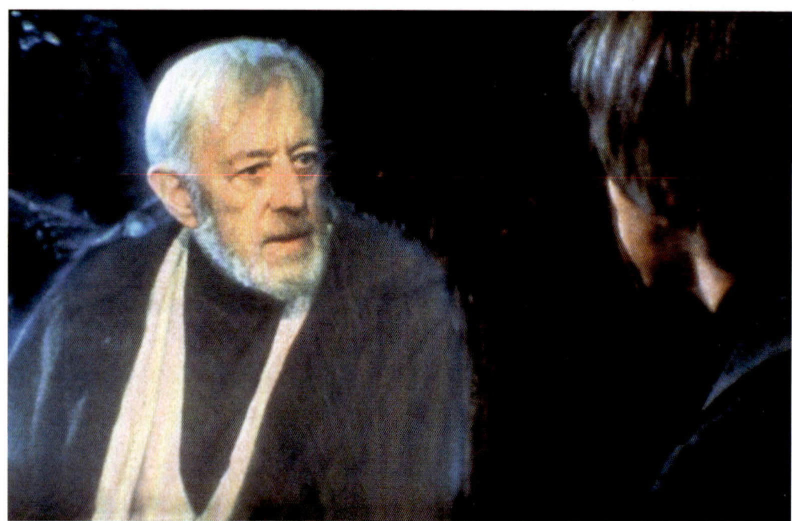

Obi- Wan Kenobi kann mit Hilfe der Macht Luke Skywalker auch nach seinem Tod erscheinen und ihn zum richtigen Handeln führen. Bild: picture-alliance / Mary Evans Picture Library

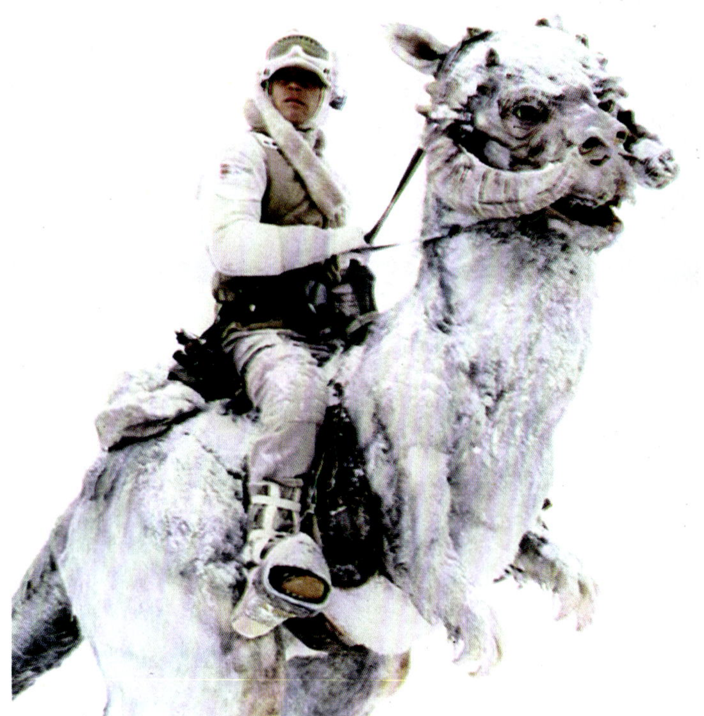

Luke Skywalker reitet in »Das Imperium schlägt zurück« einen Tauntaun, ein zweibeiniges Schneetier. Bild: picture-alliance / Mary Evans Picture Library

fährt, dass er sein Sohn ist. Er verliert im Duell seine rechte Hand, wird aber gerettet. Nach der Befreiung von Solo kehrt er zu Yoda zurück, doch dieser stirbt und Luke macht sich auf, seinen Vater zu bekehren. Das gelingt, doch Anakin stirbt.

Als Jedi-Meister bildet Luke Schüler aus. Der Neffe Ben Solo aber tötet alle Schüler und verfällt der dunklen Seite. Luke zieht sich, von Schuldgefühlen zerfressen, in die Einsamkeit zurück. Erst nach der Bitte um Hilfe gegen das Böse durch Rey rettet er in einer letzten Anstrengung mit Hilfe der Macht die Widerständler um Leia.

Der Darsteller von Luke Skywalker, Mark Hamill, hatte abgesehen von dieser Rolle in Hollywood nicht besonders viel Glück. Seine Rolle in »Star Wars« hat ihn für viele Produzenten verbrannt. So verlegte er sich mehr aufs Synchronsprechen.

Han Solo

6

Schmuggler, Tausendsassa, General

Der Schmuggler, der das schnellste Raumschiff der Galaxie von Lando Calrissian beim Spiel gewonnen hatte, stammt aus einfachen Verhältnissen. Er war früher als Pilot in der Raumflotte des Imperiums. Im Krieg lernt er Chewbacca kennen, den er befreit, und mit ihm flüchtet er aus der Armee. Beide schlagen sich mit zwielichtigen Geschäften durch und arbeiten als Schmuggler. Wegen eines missglückten Auftrags hat Han Schulden bei Jabba dem Hutten. In der Cantina-Bar lernt er Luke Skywalker und Obi-Wan Kenobi kennen und bringt sie zum Todesstern, wo Prinzessin Leia gefangen ist. Sie können sie retten und flüchten, und später den Todesstern zerstören. Han und Leia verlieben sich.

In Not und im Glück

Der Kopfgeldjäger Boba Fett nimmt Han gefangen und liefert ihn an Jabba aus. Leia gelingt es am Ende, ihn zu befreien. Gemeinsam erledigen sie auch den zweiten Todesstern. Han und Leia heiraten und bekommen den Sohn Ben. Leider wiederholt der die Biografie des Großvaters Anakin und wird später der Führer der dunklen Macht. Der Schmerz darüber führt zu einer Trennung der Eheleute, worauf Han sich mit Chewbacca wieder als Schmuggler betätigt. In der dritten Trilogie begegnet Solo Rey, trifft Leia wieder und will ihren Wunsch erfüllen, Kylo, der früher Ben Solo hieß, zum Guten zu bekehren. Doch er scheitert und wird von seinem Sohn getötet. In der neunten Episode taucht er noch einmal als Erscheinung auf und führt den toten Sohn in den Kreis der Macht.

Der Superstar

Mit der Rolle des Han Solo startete Harrison Ford eine Weltkarriere. Der gelernte Schreiner hatte George Lucas beim Dreh von »American Graffiti« kennen gelernt, wo er eine Nebenrolle spielte. Während der Zeit der Trilogie drehte Ford zwei andere legendäre Filme als Hauptdarsteller: »Jäger des verlorenen Schatzes« und »Blade Runner«. Seltsamerweise hat er nie einen Oscar bekommen.

Den jungen Han Solo im Kinofilm »Solo: A Star Wars Story« spielte Alden Ehrenreich, der natürlich seinen unzertrennlichen Freund Chewbacca an der Seite hatte.

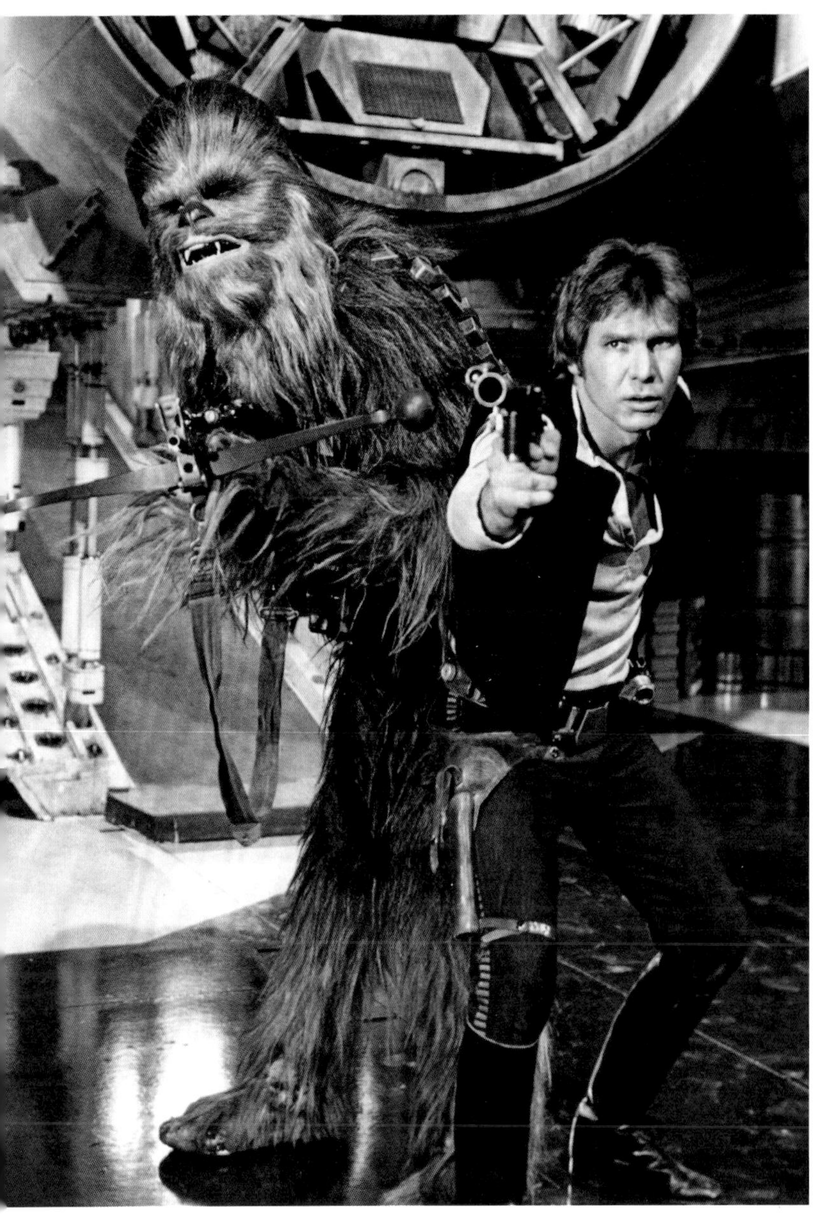

Ein furchtloser Held und sein bester Freund Chewbacca. Die Rolle des Han Solo war sehr dankbar. Harrison Ford startete mit ihr eine Weltkarriere. Bild: picture alliance / Captital Pictures /CAP/KFS

Prinzessin Leia

7

Die Frau der Skywalker-Saga

Ihre Rolle war 1977 schon außergewöhnlich als Führerin der Rebellen. Leia Organa ist die Tochter von Anakin Skywalker und Zwillingsschwester von Luke. Nach der Geburt wurde sie aber aus Sicherheitsgründen von Senator Bail Organa und Königin Breha Antilles adoptiert, wodurch sie zur Prinzessin von Alderaan wurde. Dieser Planet wird später vom Imperium vernichtet, sie selbst gefangen genommen. Doch ihr Bruder Luke kann sie mit Hilfe Han Solos befreien. Han erobert ihr Herz. In der klassischen Trilogie gelingt es ihr und den Rebellen, die Gewaltherrschaft des Imperators zu beenden und eine neue Republik zu gründen.

Sie heiratet Han Solo und die beiden bekommen einen Sohn, den sie Ben taufen. Doch leider enttäuscht er sie und wechselt auf die dunkle Seite der Macht und zum Führer der Ersten Ordnung, einer revolutionären militärischen Bewegung, die die Republik stürzt. Leia organisiert den Widerstand. Ein Rückschlag jagt den nächsten. Aber dank des Eingreifens ihres Bruders Luke, den dies das Leben kostet, kann die feindliche Macht zurückgedrängt werden. Mit letzter Kraft gelingt es Leia, den Sohn auf die helle Seite herüberzuziehen. Dann stirbt sie völlig entkräftet. Leia spielt auch bei »Ro-

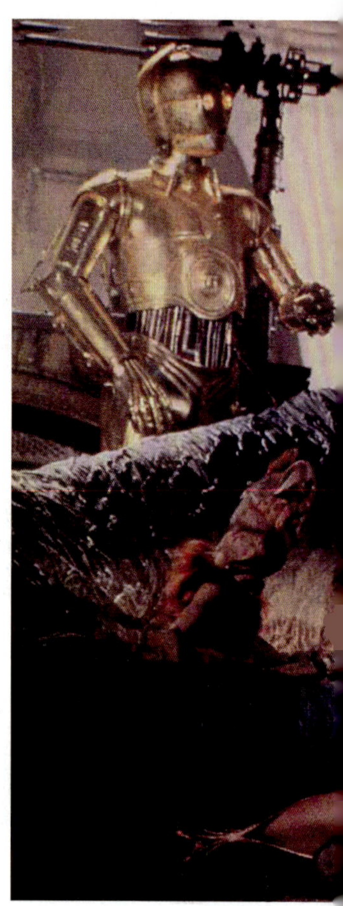

Leia wurde beim Versuch, Han Solo zu befreien, von dem scheußlichen Jabba gefangen genommen und leicht bekleidet an seinen Thron gekettet. Damals für viele Jugendliche im Kino ziemlich prickelnd. Bild: picture alliance/United Archives / IFTN

gue One« und mehreren Serien mit, dann aber von einer anderen Schauspielerin als Carrie Fisher oder einer computeranimierten Figur.

Die Rolle ihres Lebens

Carrie Fisher ist wie Mark Hamill der Durchbruch zum Superstar verwehrt geblieben. Die Rolle der Leia Organa sollte ihre größte bleiben. Sie war die Tochter von Debbie Reynolds, einer in der Nachkriegszeit vielbeschäftigten Hollywoodschauspielerin. Ihr Vater hat später Liz Taylor geheiratet. Mutter Debbie erlitt nach dem frühen Tod von Carrie am 27. Dezember 2016 einen Schlaganfall und starb einen Tag nach ihrer Tochter.

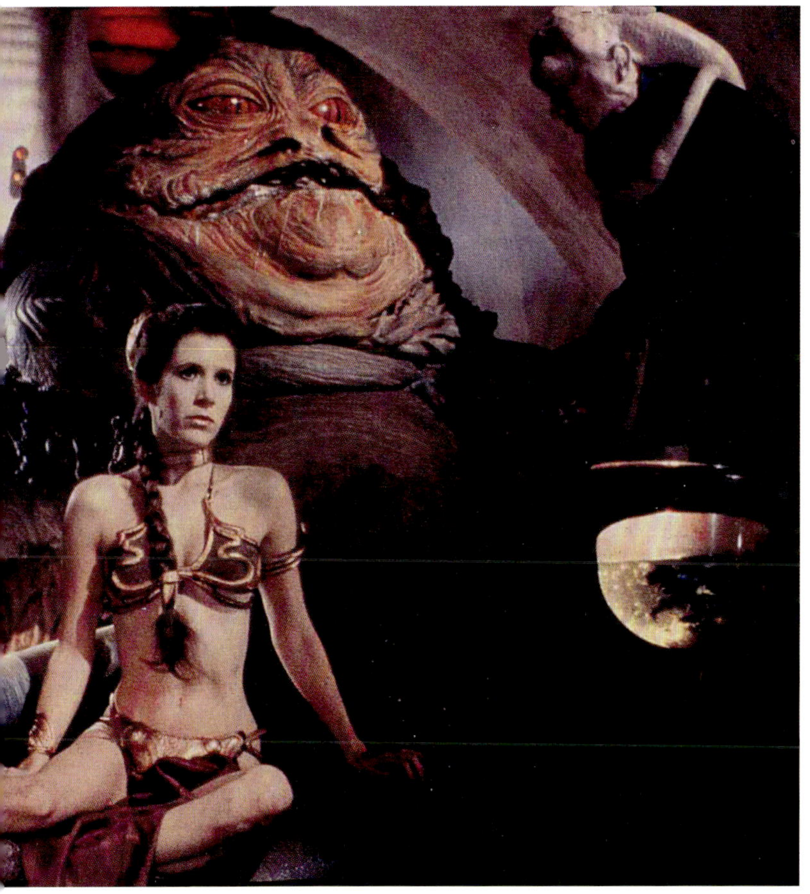

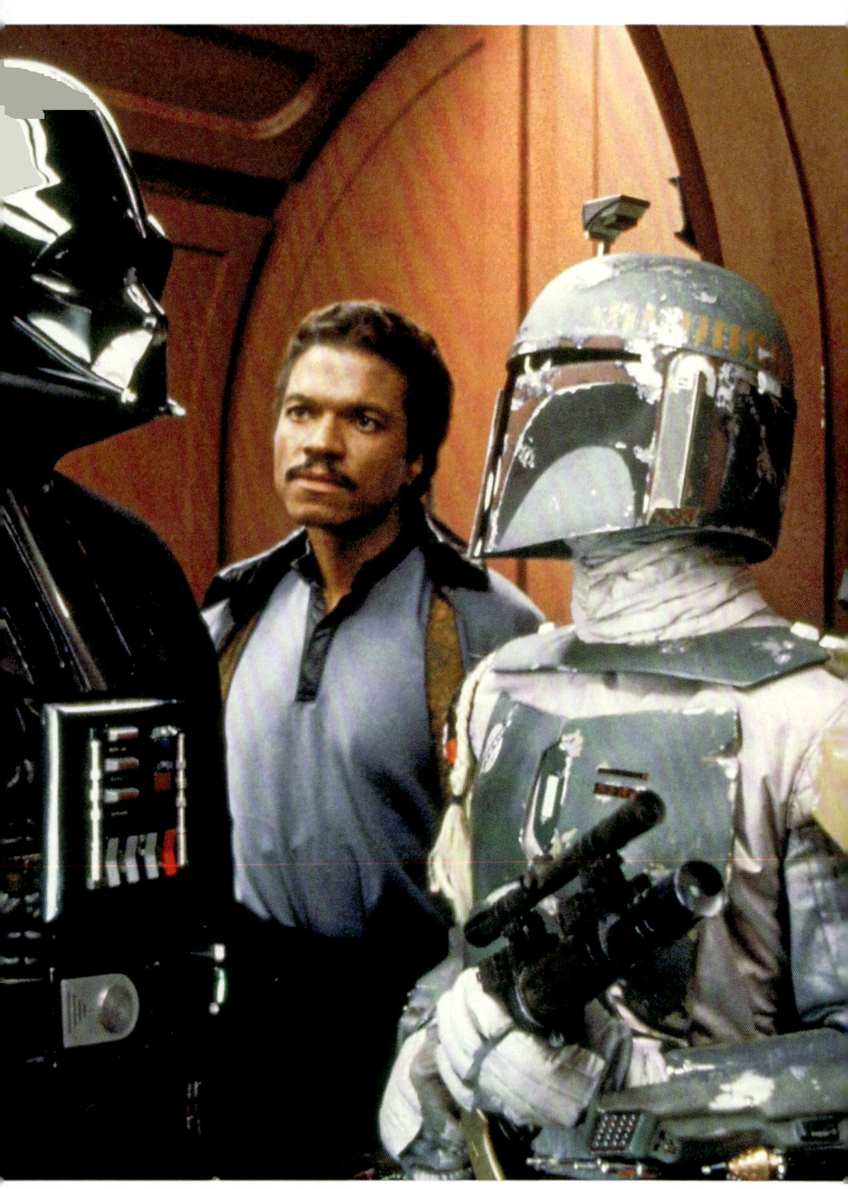

Szene aus dem Film »Das Imperium schlägt zurück«: Billy Dee Williams als Lando Calrissian in der Bildmitte zwischen dem finsteren Darth Vader und Jeremy Bulloch als Kopfgeldjäger Boba Fett. Bild: picture alliance / Captital Pictures

Lando Calrissian

8

Er wurde ein treuer Freund

Der Abenteurer hat im Glücksspiel den Millenium Falken an Han Solo verloren, verrät ihn später gezwungenermaßen an das Imperium, aber er macht das wieder gut und tritt aktiv auf die Seite der Rebellen über. Einige Zeit war er Minenbesitzer der Gasmine in der Wolkenstadt. Dort hat er 1980 in »Das Imperium schlägt zurück« seinen frühesten Auftritt. Lando wird zu einem treuen Freund der Rebellen. Es gelingt ihm in Episode VI, im Cockpit des Millenium Falken, den zweiten Todesstern zu zerstören. Lando spielt auch in der Episode IX noch einmal mit und kämpft bei der Entscheidungsschlacht gegen den wieder aufgetauchten Palpatine und seine Schurken.

Später taucht die Figur als junger Mann im Kinofilm »Solo« auf, sowie in der Serie »Rebels«. Billy Dee Williams erhielt für die Auftritte in der klassischen Trilogie zwei Nominierungen beim Saturn Award.

Boba Fett

9

Der Klon und Kopfgeldjäger

Boba Fett ist ein Klon des Kopfgeldjägers Jango Fett und wird im Film als dessen Sohn ausgegeben. Jedi-Meister Mace Windu hat Jango getötet. Seitdem will Boba Windu ermorden. Er wird zu einem der erfolgreichsten Kopfgeldjäger der Galaxie. Er schafft den in Karbonit eingefrorenen Han Solo nach Tatooine zu Jabba, von dem er ein fürstliches Kopfgeld erhält.

Später gelingt es ihm, den Nachfolger von Jabba vom Thron zu stoßen und sich selbst an dessen Stelle zu setzen. So wird er zum Herr über die Verbrecher des wilden Planeten. Einer seiner größten Rivalen ist der Kopfgeldjäger Cad Bane, den er schließlich beseitigen kann.

Boba Fett erscheint in den »Clone Wars« und in mehreren Serien, darunter im »Mandalorian« und im »Buch von Boba Fett«. Da die Handlung sich über viele Jahre hinzieht, wird Boba von verschiedenen Schauspielern verkörpert. In »Das Imperium schlägt zurück«, »Die Rückkehr der Jedi-Ritter« und »Die Rache der Sith« war es Jeremy Bulloch, der in einigen Roger-Moore-Bonds Qs Assistenten Smithers gab.

Der Droide R2-D2

10

Der Techniker im Team

Er spielt in allen neun Folgen der Skywalker-Saga mit. Dazu in »Rogue One« und in vielen Serien. Er ist ein sogenannter Astromech-Droide. Die wurden gebaut, um als Mechaniker auf Raumschiffen eingesetzt zu werden. Sie können sogar ein Raumschiff steuern. R2-D2, eine deutlich bessere Version dieser Bauart, war zunächst bei Padmé Amidala, später wurde er der Gefährte von Anakin Skywalker. In seiner Gesellschaft bildet er mit C-3PO ein unzertrennliches Freundespaar, ein bisschen wie Stan Laurel und Oliver Hardy. Sie sind komisch, aber auch sehr mutig, wenn es darauf ankommt. In der Literatur- und Filmgeschichte sind solche Paare öfters zu finden.

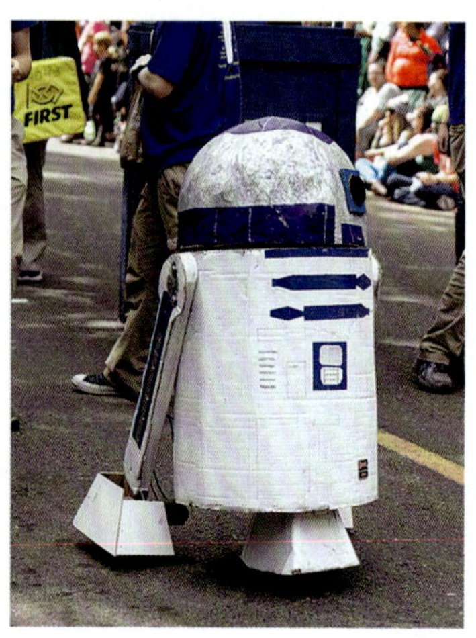

Ein Fan-Nachbau. Bild: Carol M. Highsmith

R2-D2 wechselt nicht mit Anakin auf die dunkle Seite der Macht, sondern kommt dann zu Senator Organa und später zu Leia. Im Galaktischen Bürgerkrieg sendet Leia ihn zu Ben Kenobi, doch er trifft auf Luke Skywalker, dem er nun zum treuen Begleiter wird. Mit seiner Speicherfunktion kann er wichtige Dokumente, so die Pläne des Todessterns, Leias Hilferuf oder ein Backup von C-3POs Gedächtnis speichern.

Mit dem Rückzug Luke Skywalkers nach dem Debakel mit Schüler Ben Solo schaltet er sich in den Energiesparmodus, aus dem er erst erwacht, als BB-8 ihn aufweckt und mit ihm die Karte zu Luke Skywalker zusammensetzt. Jetzt ist er an Reys Seite, die zu Luke fliegt.

Der Mann im Körper

In den ersten Kinofilmen steckte Kenny Baker (siehe Seite 176) in der Blechbüchse. Die Töne stammten von einem Synthesizer. Im Laufe der Jahre wurde R2-D2 in vielen Einstellungen ferngesteuert. In der letzten Trilogie übernahm der ebenfalls kleinwüchsige Jimmy Vee die Rolle des kleinen Droiden.

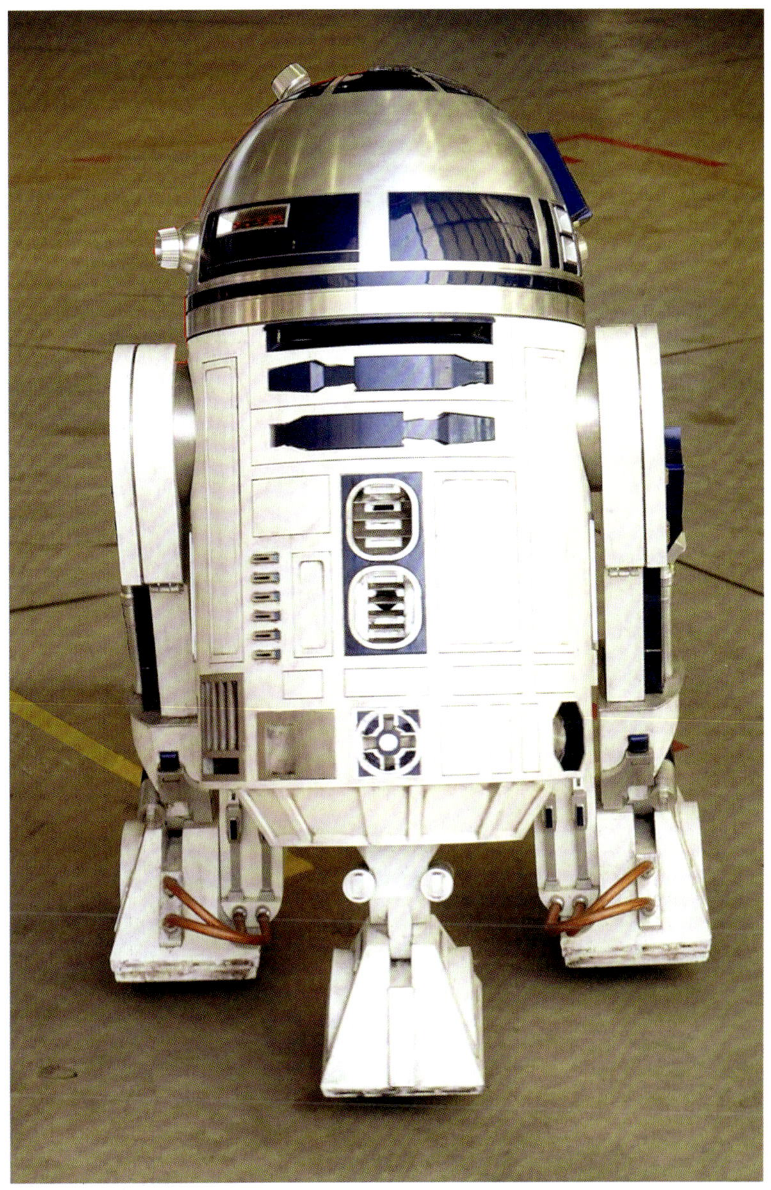

Der weiß-blaue R2-D2 kann nicht reden, aber seine Laute werden durch den engen Freund C-3PO zuverlässig übersetzt. Bild: Ingo Büsing/pixelio.de

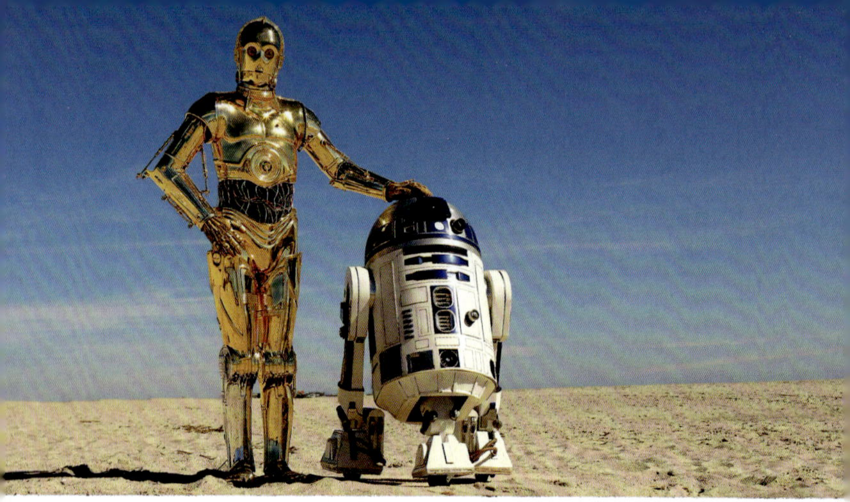

Das sympathische Pärchen C-3PO und R2-D2 auf dem Planeten Tatooine während der Dreharbeiten zu »Das Erwachen der Macht«. Bild: Darryl W. Moran/C.C. 2.0

11 C-3PO

Das goldige Kerlchen

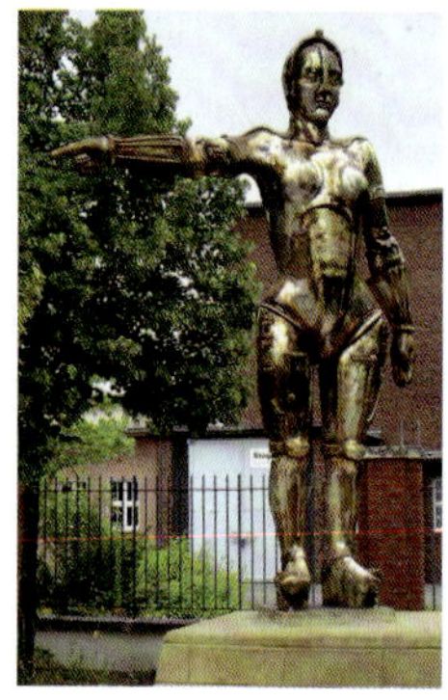

Maschinen-Maria. Statue in Babelsberg. Bild: Havelbaude/C.C. 3.0

Es war einst Anakin Skywalker, der mit C-3PO einen Roboter in menschlicher Gestalt baute, um für Protokollfragen und Übersetzungen eingesetzt zu werden. Auch er taucht in allen neun Trilogie-Folgen auf, dazu noch in »Rogue One« und in vielen Serien. Bei den Fans sind die beiden Droiden ungemein beliebt. Mit R2-D2 bildete er ein unvergessliches Paar, wobei C-3PO den geschwätzigen Part übernimmt.
George Lucas bezeichnete sie einmal als »die eigentlichen Helden der Saga«. Er hatte die Anregung zu den beiden Droiden von Akira Kurosawas Film »Die verborgene Festung« (1958), wo die Gauner Tahei und Matashichi sehr ähnlich agieren.

In der goldenen Rüstung steckte tatsächlich ein Mensch, und zwar der englische Schauspieler Anthony Daniels, für den es die Rolle seines Lebens in unzähligen Auftritten wurde. Die Gestaltung der Figur lehnt sich sehr stark an die Maschinen-Maria aus dem Stummfilm »Metropolis« an.

BB-8 und D-O

12

Die neuen Droiden

BB-8 war ursprünglich der Copilot von Poe Dameron. Er hat einen Teil der Karte von Luke Skywalker gespeichert. Mit der Hilfe von Rey und Finn kann er die Karte zum Widerstand und zu R2-D2 bringen, der die zweite Hälfte speichert.

D-O ist eine Einzelanfertigung, die in die Hände des Mörders Ochi geriet. Auf dessen Raumschiff finden ihn in Episode IX Rey und BB-8. Rey repariert ihn und er schließt sich eng an BB-8 an, den er nachahmt. Im Original wurde er von Regisseur J.J. Abrams gesprochen.

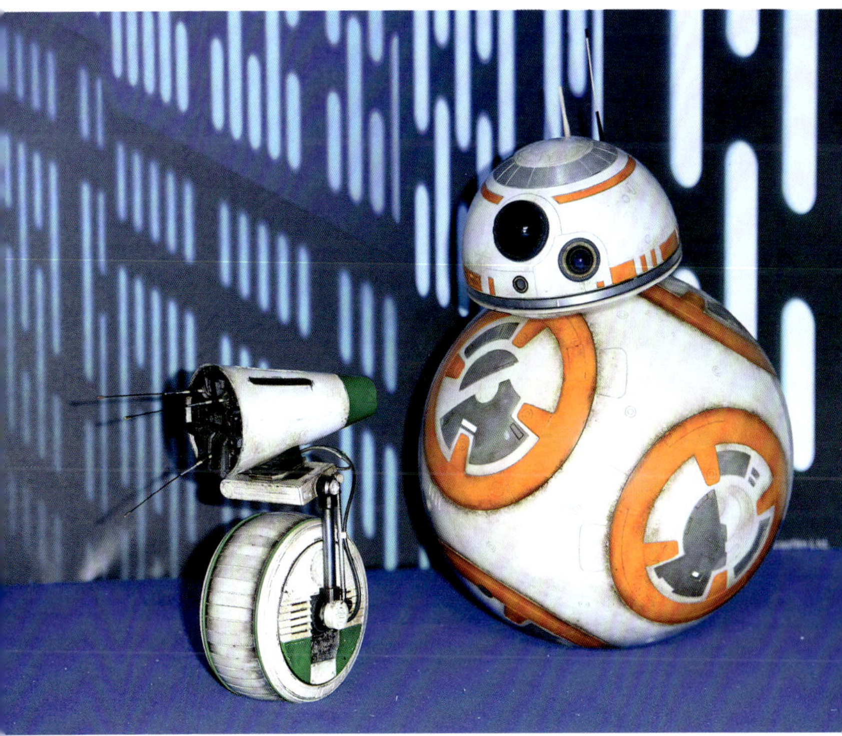

D-O (links) und BB-8 gehörten zum Team der Episoden VII bis IX und bilden ein Pendant zu R2-D2 und C-3PO. Bild: picture alliance / empics / Ian West

Sammelfieber

13

Die LEGO®-Figuren auf Karten

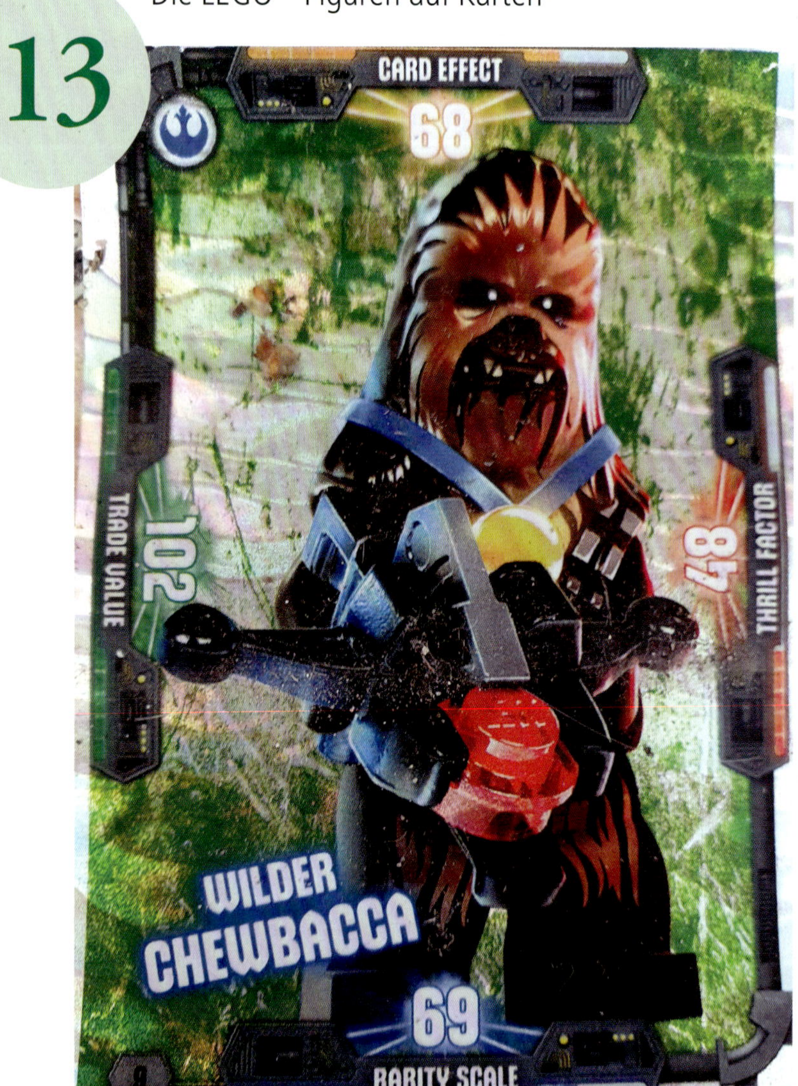

Chewbacca

14

Der beste Freund von Han Solo

Er stammt aus dem Volk der Wookiees, die auf dem Planeten Kashyyyk beheimatet sind. Han Solo lernt ihn in jungen Jahren kennen, befreit ihn aus der Hand des Imperiums und flieht. Chewbacca wird Copilot auf Hans Millenium Falken und die beiden sind viele Jahre die engsten Freunde. In der dritten Trilogie ist er zunächst wieder mit Solo als Schmuggler aktiv, später begleitet er Rey und in der Entscheidungsschlacht ist er Copilot von Lando auf dem Millenium Falken.

Chewbacca, dessen Spitzname Chewy ist, zählt in »Die Rückkehr der Jedi-Ritter« bereits 200 Jahre. Er ist acht Fuß, also etwa 2,40 Meter groß. Sein Name soll aus dem russischen Wort für Hund (sobaka) entstanden sein. Seine Stimme wurde mit Hilfe von Wildtierlauten gebastelt.

Chewbacca taucht in den Episoden III bis IX und dem Film »Solo« auf, außerdem in mehreren Serien. In dem haarigen Kostüm steckte bis zu »Das Erwachen der Macht« der 2,21 Meter große Schauspieler Peter Mayhew. Altersbedingt wurde er in diesem Film zum Teil vom 2,11 Meter großen finnischen Basketballspieler Joonas Suotamo gedoubelt. Bei späteren Produktionen übernahm er diese Rolle dann ganz.

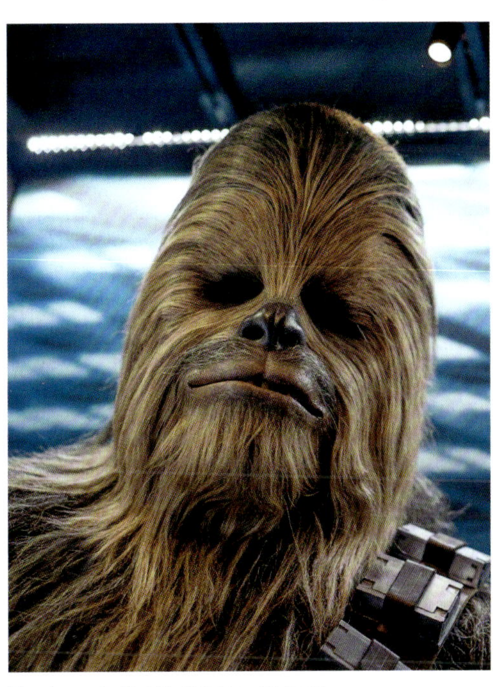

Chewbacca im Porträt. Bild: Paul Hudson/Flickr/C.C. 2.0

Gegenüberliegende Seite: Die LEGO® Star Wars Trading Card Collection umfasst über 275 verschiedene Karten mit Charakteren, Raumschiffen, Duellen und vielem mehr. Bild: Jutta Dörflinger

Daheim bei Luke Skywalker

15

Onkel und Tante sind die Pflegeeltern

In »Krieg der Sterne« sieht man den jungen Skywalker als enthusiastischen, vielleicht etwas naiven Menschen, der bei seinem Onkel Owen Lars und dessen Frau Beru wohnt. Owens Vater hatte in zweiter Ehe Shmi, die Mutter von Anakin Skywalker, geheiratet. Owen wurde so zum Stiefbruder von Anakin, den er

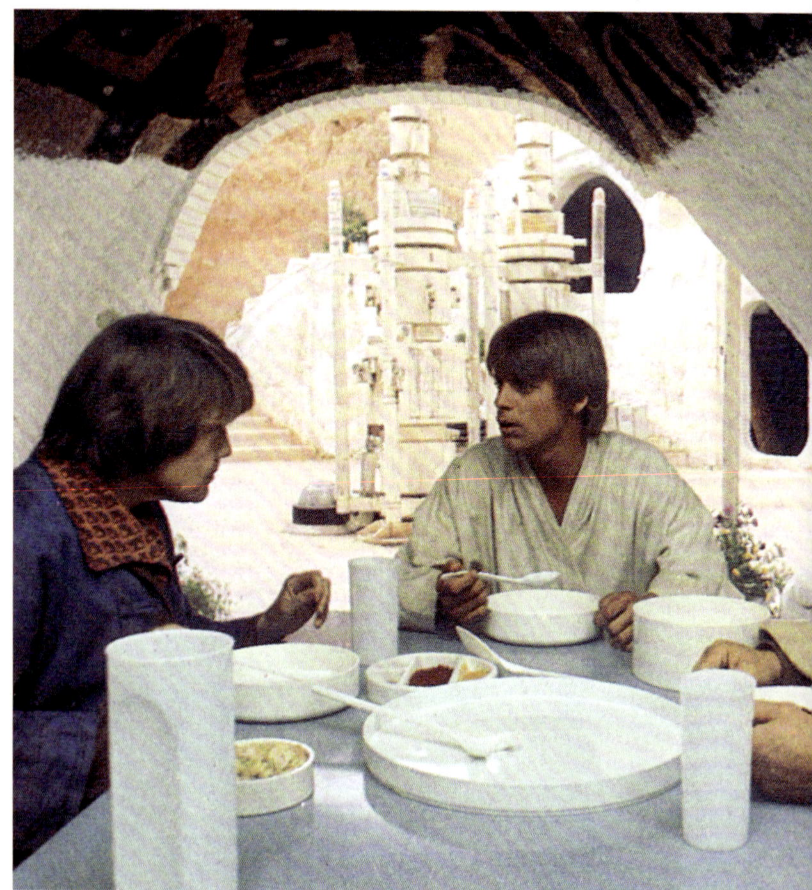

aber erst später kennenlernte. Als Anakin zu Darth Vader wurde und man die beiden neugeborenen Kinder Leia und Luke vor ihm zu verstecken trachtete, wurde Luke von Obi-Wan Kenobi an Owen und seine Frau übergeben. Dort wuchs er wohlbehütet auf.

Übertriebene Sorge und ein schlimmes Ende

Doch Owen ist stur und will Kenobis Hilfe nicht haben. Er verweigert ihm den Zugang zu Luke. Obwohl Kenobi, als Luke drei Jahre alt ist, ihm bei einem Überfall auf die Farm das Leben rettet, verhält sich der Onkel abweisend gegenübver dem Jedi-Meister. Owen macht sich Sorgen

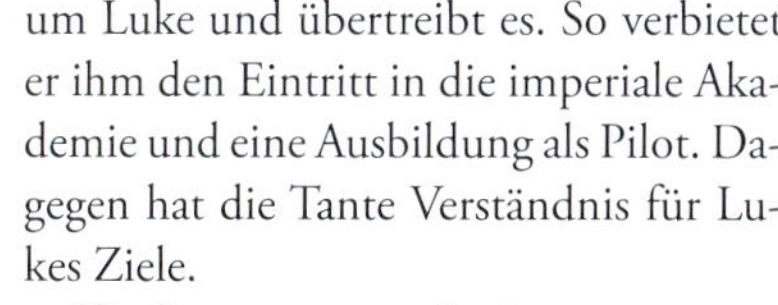

um Luke und übertreibt es. So verbietet er ihm den Eintritt in die imperiale Akademie und eine Ausbildung als Pilot. Dagegen hat die Tante Verständnis für Lukes Ziele.

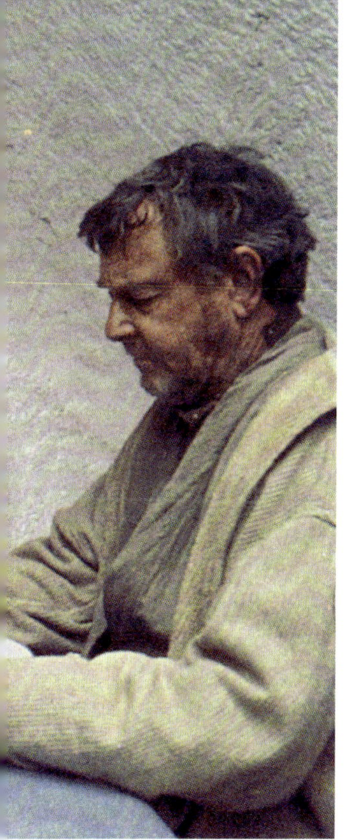

Die Sturmtruppen des Imperiums waren auf der Jagd nach R2-D2 und C-3PO. Sie kamen zur Farm der Owens und töten das Ehepaar. Die Droiden sind allerdings längst mit Luke auf dem Weg zu Kenobi.

Das Ehepaar Owen spielt in der Prequel-Trilogie eine Rolle. In Episode II und III wird die Vorgeschichte erzählt. Owen und Beru sind da noch nicht verheiratet. Ihre Liebe treibt Anakin dazu an, Padmé zu heiraten. Auch in der Serie »Obi-Wan Kenobi« tauchen die beiden Figuren auf.

Luke kehrt mit Ben Kenobi und den Droiden nach Hause zurück und findet seinen Onkel und seine Tante ermordet. Sein Entschluss, zusammen mit Kenobi und den Droiden Leia zu retten, steht nun fest.

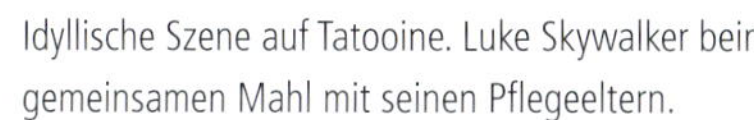

Idyllische Szene auf Tatooine. Luke Skywalker beim gemeinsamen Mahl mit seinen Pflegeeltern.

Bild: picture-alliance / Mary Evans Picture Library

Jabba

16

Fett und unangenehm

Der Oberbösewicht von Tatooine stammt vom Planeten Nal Hutta, weswegen er den Beinamen »der Hutte« trägt. Er sieht aus wie eine Mischung aus Kröte und Fisch. So ist auch sein Name aus dem russischen »Žaba« (Frosch oder Kröte) abgeleitet. Der fette Widerling hatte mit Han Solo Geschäfte, doch weil Hans Auftrag scheitert, verliert er Geld und will Solo in seine Gewalt bringen. Dem Kopfgeldjäger gelingt der Fang und Jabba zahlt das Kopfgeld aus. Leia will Han befreien, gerät aber selbst in die Gewalt Jabbas (siehe Seite 27). Doch diese Tat muss der Verbrecherkönig von Tatooine mit dem Leben bezahlen, denn Leia gelingt es, ihn mit ihrer Kette zu erwürgen.

Jabba wurde in »Krieg der Sterne« von einem Menschen gespielt. Lucas war damit so unzufrieden, dass die Szenen total gestrichen wurden. Erst im zweiten Film gelingt eine Puppenfigur, die später auch in Teil 1 reingeschnitten wurden.

17

»Star Wars« und die Physik

Ein weites Forschungsfeld

Dank der Bekanntheit der Filmreihe wurden viele Physiker und Naturwissenschaftler zu wissenschaftlichen Arbeiten angeregt. In der Tat werden viele Ereignisse kritisch diskutiert. So sind die Raumjägerduelle inszeniert, wie man sie eigentlich aus Luftkämpfen der Weltkriege oder mit Düsenjets kennt. Im Weltraum ohne Atmosphäre würden die Flugmanöver ganz anders aussehen. Aber dann würden bei weitem nicht so gut wirken.

Allerdings sind sich die Wissenschaftler in ihren Theorien oft nicht einig. So werden die Auswirkungen der Explosion des Todessterns auf den Planeten Endor diskutiert und es gibt vielerlei Schlussfolgerungen, die sich widersprechen. Fraglich ist auch, dass die Gestalten der Filme sich auf allen Planeten bewegen können, als hätten sie die Gravitation und Atmosphäre der Erde. In »Star Wars« werden viele technische Errungenschaften gezeigt. Viele von ihnen werden sicher einmal Realität werden.

Science-Fiction oder Fantasy

Wie ist »Star Wars« einzuordnen?

18

Die Science-Fiction, ein Genre, das es schon im 19. Jahrhundert im größeren Umfang gab, beschäftigt sich mit einer Zukunftsvision und technischen Möglichkeiten, aber auch Gefahren. Fantasygeschichten bewegen sich in einer erfundenen Welt mit erfundenen Ländern und Gestalten, oftmals angelehnt an Mythen, Legenden oder sogar die Weltgeschichte.

Die physikalischen Ungereimtheiten und der Vorrang abenteuerlicher Handlung werden vielleicht eher dazu Anlass geben, »Star Wars« als Fantasy einzustufen. Doch futuristische Technik wie Droiden, Raumschiffe, Superwaffen – oder auch faszinierende und erschreckende Aliens machen die Einstufung als Science-Fiction plausibel. Aber ist das alles nicht zu kurz gefasst? Immerhin finden wir auch Motive von Western, Krimis und Kriegsfilmen. Eine echte Saga eben.

19

Die Star-Wars-Chronologie

Geschichte der Galaxie

Im Laufe der Entwicklung der »Star Wars«-Saga wurde die Geschichte immer weiter geschrieben. Es begann mit der Zeit der Rebellion, als Leia und ihre Gesinnungsgenossen sich gegen die Gewaltherrschaft des Imperators auflehnten. Am Ende stand die Ära der neuen Republik. In der Prequel-Trilogie wird die alte Republik gezeigt, die der Kanzler Palpatine aushöhlt und mit der Order 66 den Untergang des Jedi-Ordens einleitet. So begann die Herrschaft des Galaktischen Imperiums. In der dritten Trilogie wurde die Zeit danach abgesteckt. Die Republik wurde von der Ersten Ordnung bedroht und schließlich vernichtet. Am Ende aber kehrt die Macht der Jedi zurück.

Die Zeitalter
Fall der Jedi
Herrschaft des Imperiums
Zeitalter der Rebellion
Die Neue Republik
Aufstieg der Ersten Ordnung
Der neue Jedi-Orden

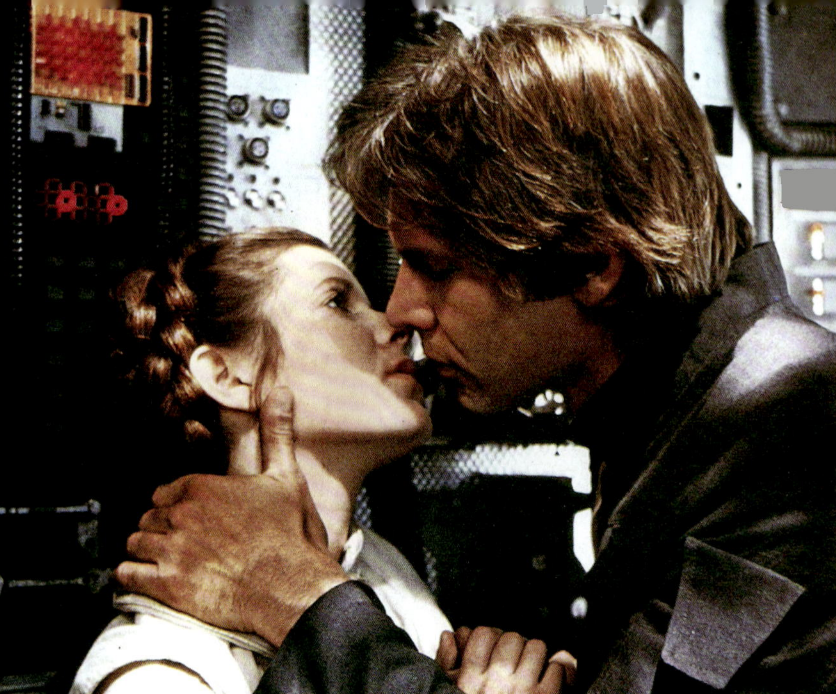

Einer der wenigen Küsse in »Star Wars«. Bild: picture-alliance / Mary Evans Picture Library

20 Prinzessin Leia und Han

Die einzige große Liebesgeschichte

Sex ist im »Star Wars«-Universum kaum zu finden, ja selbst Liebe ist ein rares Gut. Die berühmteste Love Story ist die zwischen Prinzessin Leia und Han Solo. In der Prequel-Trilogie wiederholt sich das mit Padmé und Anakin Skywalker. Doch durch seine Wende zum Bösen endete das schnell tragisch. In der letzten Trilogie gibt es zwar auch einen Kuss, doch ist das wie ein Abschied. Es ist Kylo Ren, der Rey küsst, bevor er stirbt.

Die Liebesgeschichte zwischen der Prinzessin und dem Schmuggler zeigt, dass Leia überaus emanzipiert ist und sich in ihrer Liebe auch nicht von der fragwürdigen Herkunft und der alles andere als weißen Weste ihres Erwählten abhalten lässt. Die geringe Bedeutung der Geschlechtsliebe ist typisch für Jugendliteratur und für Filme, die sich an Minderjährige richten.

Millenium Falke

21

Das schnellste Raumschiff der Galaxie

Er wurde stolz als schnellstes Raumschiff der Galaxie bewundert. Bei ihm handelt es sich um einen getunten leichten YT-1300-Frachter, der nicht allzu gepflegt wirkt, ja eher abgetakelt. Doch im Inneren steckt Technik vom Feinsten. Mit dem Piloten Han Solo war das Schiff schneller als jedes der imperialen Flotte. So wird das Raumschiff in verschiedenen Kommandos ebenso erfolgreich eingesetzt wie bei den großen Schlachten.

Der Millenium Falke hat eigentlich eine Mannschaft von sechs Personen. Doch ein Pilot und ein Copilot genügen, das Schiff zu steuern. Als Bordbewaffnung standen zwei AG-2G-Vierlingslaserkanonen, eine versteckte Ax-108-Blasterkanone des Typs Bodenbuzzer zur Personenabwehr und zwei Arakyd-ST2-Erschütterungsraketenwerfer vorne zwischen den Manibeln zur Verfügung. Das Design soll angeblich auf den Hamburger, ein Lieblingsessen von George Lucas zurückgehen. Das Raumschiff ist seit der Episode III in jeder Folge zu finden. Auch in zwei Serien spielt es eine Rolle und es ist ein beliebtes Bastelmodell.

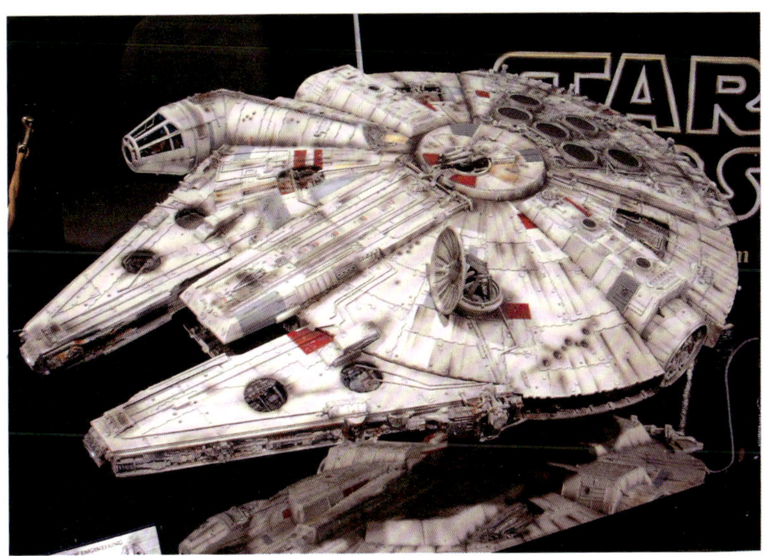

Ein Modell des Millenium Falken. Bild: The Pop Culture Geek Network/C.C. 2.0

Die Todessterne

22

Die Wunderwaffen des Imperiums

In »Krieg der Sterne« besitzt der Imperator einen Todesstern, eine Wunderwaffe mit einem Durchmesser von 120 bis 160 Kilometern. Der Superlaser konnte ganze Planeten zerstören. Doch Luke Skywalker gelingt es, den Todesstern mit einem gewagten Manöver zu vernichten.

In »Die Rückkehr der Jedi-Ritter« lässt der Imperator einen noch gefährlicheren zweiten Todesstern bauen. Er ist zwar noch nicht fertig, aber kann bereits seine tödlichen Waffen einsetzen. Doch durch die Zerstörung des Schutzschilds, der vom Waldmond Endor aus generiert wird, kann auch dieser zweite Todesstern zerstört werden.

Es gibt noch eine dritte Variante: Den Starkiller, eine Superwaffe, die in der dritten Trilogie ausgeschaltet wird. Diese Siege läuten für die helle Seite der Macht jeweils eine Renaissance ein. Der Todesstern zog in die Populärkultur ein und dient oft als Vergleichsebene oder als Metapher.

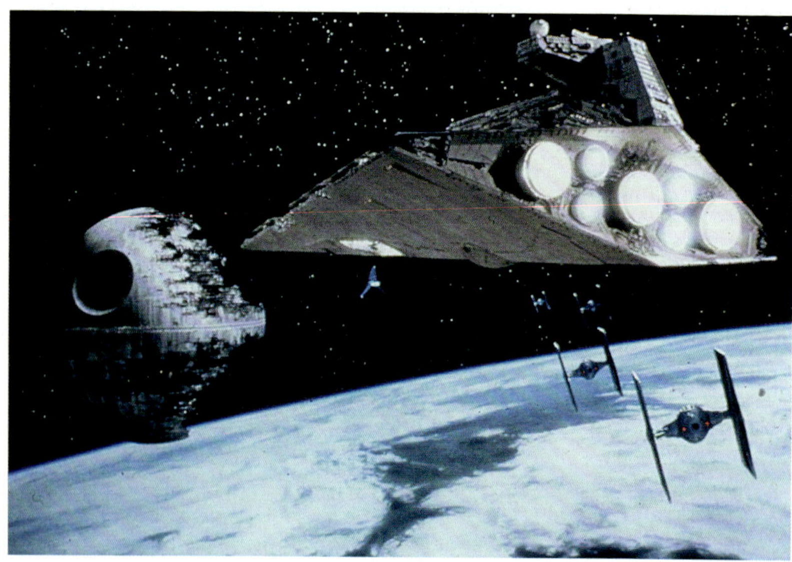

Der zweite Todesstern und rechts im Vordergrund ein Sternzerstörer und zwei TIE-Fighter, berühmte Waffen des Imperiums. Bild: picture alliance/United Archives

X-Wing und TIE-Fighter

23

Die berühmten Raumjäger

Diese beiden Jagd-Raumschiffe lieferten sich in den Kinofilmen spektakuläre Duelle. Dabei ist der TIE-Fighter (Twin Ion Engine, auch TIE-Jäger) dem X-Wing oder T-65-X-Flügel-Sternjäger, bzw. X-Flügler, an Schnelligkeit deutlich überlegen, allerdings wurde bei diesem Schiff auf alles verzichtet, was Gewicht kostete. So war der TIE-Fighter nicht mit zureichenden Verteidigungssystemen ausgestattet. Der X-Wing verfügte über starke Bewaffnung, schwere Schutzschilde, effektive Panzerung und einen Hyperantrieb, was ihn in diesen Punkten dem TIE-Fighter überlegen machte. Neben dem Piloten gehörte noch ein ein Astromech-Roboter wie R2-D2 zur Besatzung.

Von den beiden legendären Raumschifftypen gibt es Bastelmodelle in verschiedenen Schwierigkeitsgraden.

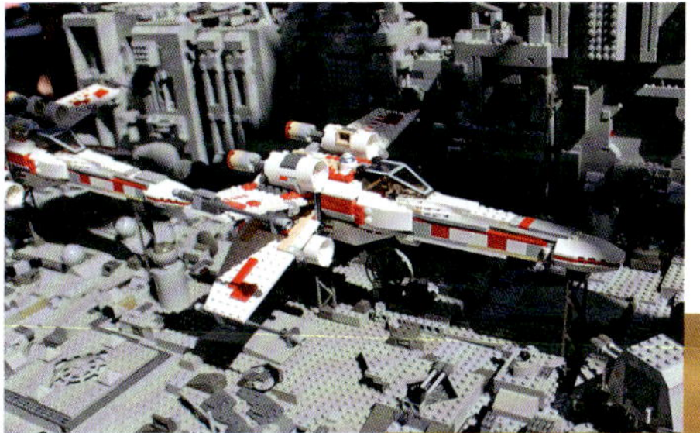

Ein LEGO®-Modell des X-Wing-Jägers. Luke Skywalker flog dieses Muster.

Bild: Ayleen Dority/Flickr C.C. 2.0

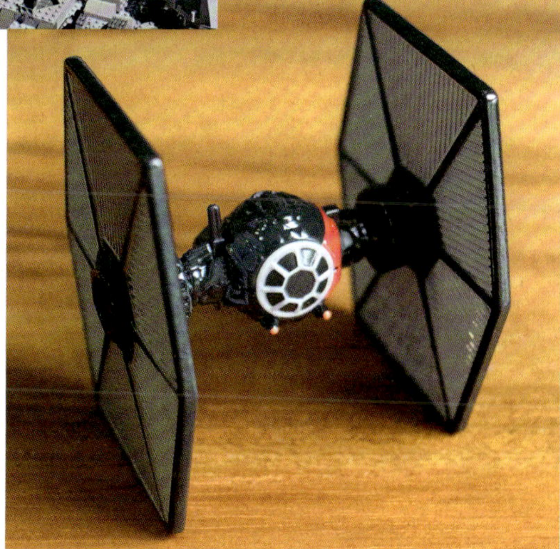

Ein Modell des TIE-Fighters. Dieser Jäger ist ein Kampfeinsitzer. Die beiden großen Flächen an den Stummelflügeln sind Solarpanels.

Bild kimdokhac/C.C. 2.0

Dune – Der Wüstenplanet

24

Roman, Filme, Universum

George Lucas hat in jungen Jahren gerne die Serien »Buck Rogers« und »Flash Gordon« gesehen und viele Momente in seine Filme eingebaut. Als Vorbild für den Planeten Tatooine diente der Wüstenplanet Arrakisim aus dem Roman »Der Wüstenplanet« (»Dune«, 1963) von Frank Herbert. Bis 1976 war aus dem dicken Roman eine Trilogie entstanden. Im Jahr von »Krieg der Sterne« waren die Bücher Bestseller. Herberts Werk spielt in einem galaktischen Kaiserreich unter dem Padischah-Imperator. Ein Jüngling kämpft gegen die Usurpatoren. Seine Schwester, die später Regentin wird, hat Zwillinge. So finden sich viele Motive wieder. 1984 kam ein Kinofilm heraus. In der Folge wurde nach dem Vorbild von »Star Wars« ein ganzes Universum aufgebaut. Es erschienen Romane der Vorgeschichte, Legenden und neue Trilogien, geschrieben von Herberts Sohn Brian und Kevin J. Anderson. 2021 wurde »Dune« neu verfilmt.

25

Herr der Ringe

Die Fantasy-Saga

Eines der bekanntesten Werke der Fantasy-Literatur, inzwischen auch überaus erfolgreich verfilmt, ist »Herr der Ringe« von J.R.R. Tolkien, einem Professor für englische Literatur des Mittelalters in Oxford. Er hat nicht nur eine eigene Geschichte für seine Fantasiewelt erfunden, sondern sogar eine eigene Sprache kreiert. Seine Trilogie kam 1954/55 heraus, gewann aber erst in den späten 1960er-Jahren eine große Leserschaft.

Letztlich geht es in diesem monumentalen Werk um den Kampf von Gut und Böse. Große Schlachten finden statt, in denen – wie bei »Star Wars« – eine kleine Gruppe von Hauptfiguren das Schicksal der Welt entscheidet. Vorbildhaft ist das Zusammenleben der Menschen mit anderen Geschöpfen, wobei sich alle auf Augenhöhe begegnen. Tolkien hat sich für sein Buch bei alten Mythen und vor allem bei Richard Wagners »Ring des Nibelungen« bedient, alles aber in eine neue Welt geformt.

26

Richard Wagner

Vom »Ring« zu »Parsifal«

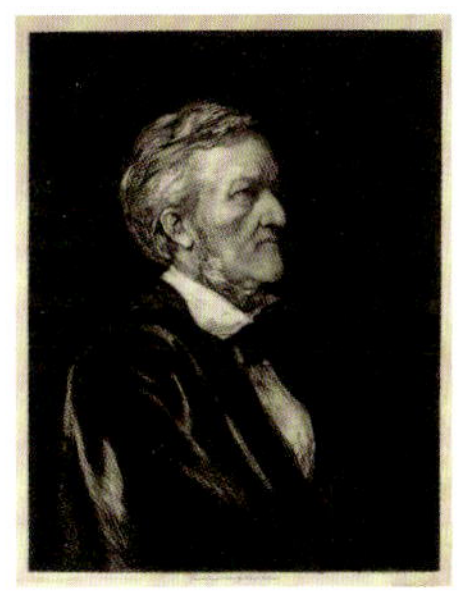

Richard Wagner. Bild: Herkomer

Ja, Richard Wagner: Auch er hat für seine Musikdramen auf Sagen des Mittelalters zurückgegriffen und sie nach seinen Zielen umgeformt. »Star Wars« bezieht sich nicht nur durch die sehr wagnerische Filmmusik auf den Deutschen, sondern hat auch inhaltlich viele Bezüge. So erinnert Luke Skywalker an den jungen Parsifal, der anfangs naiv das Gute sucht, später aber zum Erlöser reift. Im »Ring des Nibelungen« geht es um nichts anderes als die Macht und wie sie von den verschiedenen Besitzern des Rings miss- und gebraucht wird. Wie bei »Star Wars« sind die Gestalten gebrochene Figuren, auch die strahlenden Helden, wie Lohengrin oder Siegfried, werden vom Schicksal gezeichnet. Wagner bezeichnete das Werk übrigens als Trilogie mit einem Vorspiel.

27

Mythos und Legenden

Ödipus, Ritter und Wilder Westen

Han Solo ist nicht nur wie ein Westernheld gekleidet, sondern er hat es auch mit typischen Westernthemen zu tun: Kopfgeldjägern, Duelle am Spieltisch, Schusswechsel. Mit den Jedi und den Sith werden Motive aus der Zeit der mittelalterlichen Ritter durchgespielt. Interpreten sehen in Luke Skywalker das Thema der Heldenreise wieder aufgenommen. Man hat auch versucht, in der Beziehung Lukes zu seinem Vater einen Ödipus-Komplex im Sinne Freuds zu entdecken. Viel eher ist hier aber auf den klassischen Vater-Sohn-Konflikt zu verweisen, der durch die konträren Positionen der Generationen hier natürlich in extremer Weise eskaliert. Dabei ist es interessant, dass sich die Positionen vertauschen. Ist bei Darth Vader – Luke Skywalker der Vater der Böse, kehrt sich das in der letzten Trilogie um und der gute Vater Han Solo hat mit dem bösen Sohn zu kämpfen. Lucas hatte »Der Heros in tausend Gestalten« des Mythologen Joseph Campbell gelesen, der eine einheitliche, archetypische Grundstruktur der Mythen postuliert und der auch Gestalten diskutiert, die Lucas für sein Werk nutzte.

»Raumschiff Enterprise«

Das andere Weltraum-Universum

28

Gene Roddenberry war ursprünglich Pilot und arbeitete später als Polizist, bevor er ins Filmgeschäft kam. Er schrieb Drehbücher. 1964 hatte er einen Geistesblitz: Ein Raumschiff sollte zu fernen Planeten reisen und sie erforschen. Die Science-Fiction-Literatur stand damals hoch im Kurs und der Wettlauf zum Mond war in aller Munde. So war Roddenberry bei den Filmstudios willkommen. Doch der Pilotfilm war wohl nicht das, was sich die Leute von NBC versprochen hatten. So wurde nachgeschärft und mit William Shatner ein neuer Kapitän an Bord gebeamt.

Kluge Drehbücher, unverwechselbare Charaktere

Roddenberry machte aus dem Weltraumspektakel eine hochinteressante Serie, in der immer wieder Bezüge zur Geschichte der Erde genommen wurden, etwa eine Art Griechenland mit antikem Tempel, ein Planet voller Nazis oder – einer der Höhepunkte: ein Planet, in dem es zuging wie im Chicago der 1920er-Jahre. Die Folgen konnten mitunter durchaus philosophischen Anspruch entdecken lassen. Über allem aber standen die Ideen von der Gleichheit des Menschen und der Aussöhnung der Völker. Und: Kennen Sie Tribbles?

Vielleicht war das den damaligen Fernsehzuschauern zu schwere Kost. Nach der dritten Staffel setzte NBC die Serie ab. Doch was sich danach entwickelte, konnte niemand vermuten. Bei Wiederholungen saßen bedeutend mehr Menschen vor den Bildschirmen. In der Bundesrepublik konnte man die Serie ab 1972 sehen. Nach dem Erfolg von »Star Wars« plante man mit der alten Crew einen Kinofilm, Produzent war wieder Gene Roddenberry. Bis 1991 sollten noch fünf weitere Filme folgen.

Nachfolgefilme und -serien

Bereits Anfang der 1970er hatte es eine Zeichentrickserie über die Leute der Enterprise gegeben. 1987 begann die Serie »Raumschiff Enterprise – Das nächste Jahrhundert«, in der eine völlig neue Crew unter Captain Jean-Luc Picard das runderneuerte Raumschiff bevölkerte. Es sollten noch sieben Kinofilme und neun Serien rund um das legendäre Raumschiff folgen. 1995 gab es in der Serie »Star Trek: Raumschiff Voyager« erstmals eine Frau als Raumschiffskapitänin.

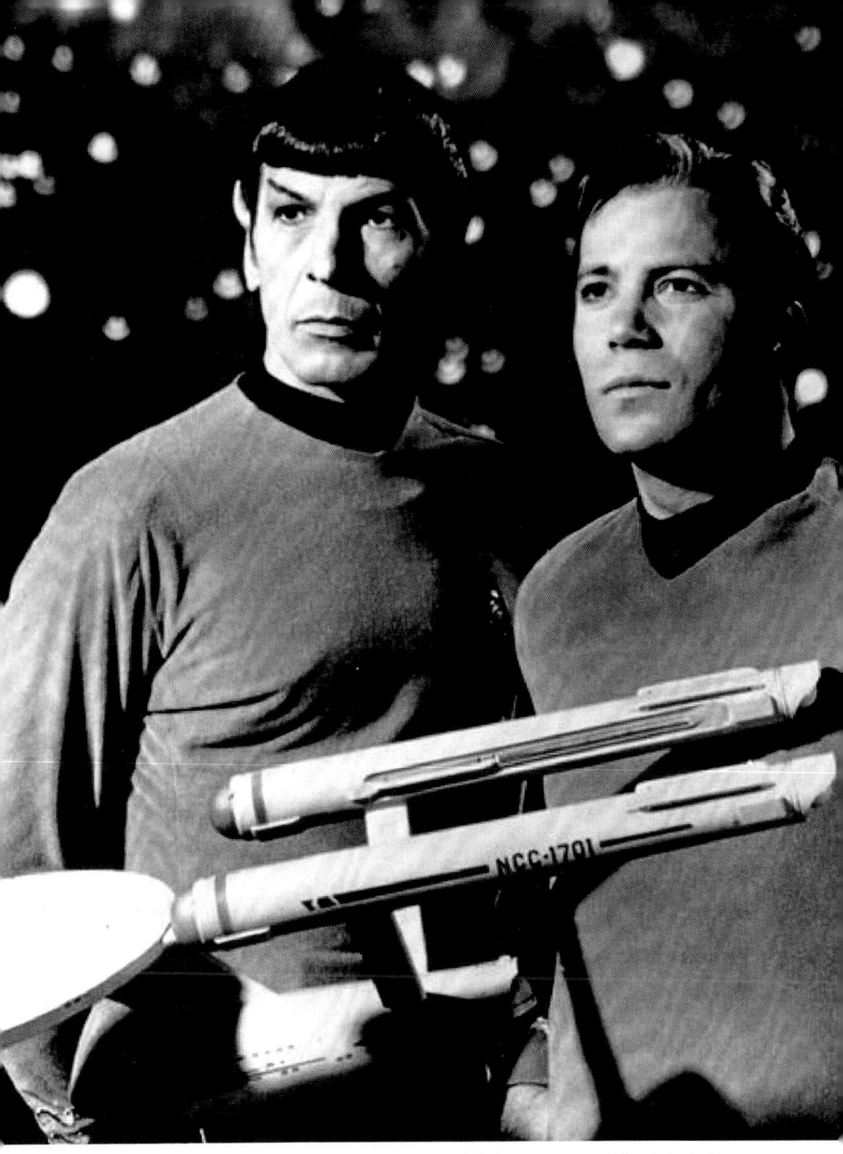

Der Erste Offizier Spock und Kapitän Kirk mit einem Modell ihrer Enterprise. Die originale Serie lief nur drei Jahre, aber nach dem Erfolg des »Kriegs der Sterne« feierten die inzwischen ein wenig gealterten Stars mit den Kinofilmen eine grandiose Renaissance, die sich in mehreren Nachfolgerserien fortsetzte. Die »Star Trek«-Fans sind eine weltweit eingeschworene Gemeinde, wenn auch sicher weniger als die Anhänger der »Star Wars«-Saga. Bild: NBC Television

John Williams komponiert

29

Die Filmmusik der Skywalker-Trilogien

Es war eine Sensation. »Krieg der Sterne« war in elf Kategorien für den Oscar nominiert. Sieben Oscars gewann der Film letztlich. Mit dabei war die beste Filmmusik. Kein Wunder, denn der Soundtrack von John Williams kann sicher als eine der großartigsten Filmmusiken aller Zeiten gelten. Schon allein der »Main Title«, die opulente Anfangsmelodie, ist bis heute ein Ohrwurm.

Berühmte Vorbilder

Dem Kenner älterer Filme klingt sofort die Filmmusik von Erich Wolfgang Korngold in den Ohren, die besonders in einigen Errol-Flynn-Filmen faszinieren. Williams nutzt aber auch Leitmotive, eine Technik, die auf Richard Wagner zurückgeht, und ist in vielen Details mit dem Bayreuther Meister verwandt. Jedes Motiv gehört einer der Figuren oder bestimmten Orten und Gruppen.

Beim »Imperial March« erinnert man sich sofort an die Symphonien von Gustav Mahler, in denen man oft auf marschmäßige Passagen trifft, gleichzeitig hochemotionale Melodien. Die eingängigen Melodien und die gefühlvoll auf die Handlung ausgelegten Harmonien waren von einzigartiger Wirkung. George Lucas wollte unbedingt eine klassisch anmutende Musik für sei-

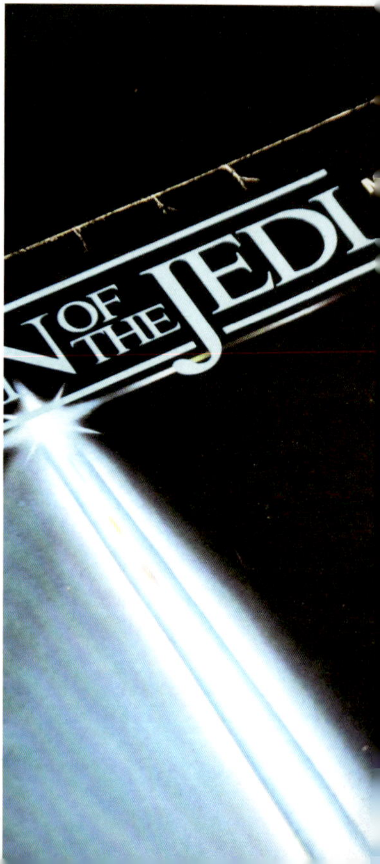

1977 hörte man noch Schallplatten. Dieses Album war der Soundtrack von »Die Rückkehr der Jedi-Ritter«. Bild: Sammlung Michael Dörflinger

nen Film, bei dem es so viel Fremdartiges zu sehen gab. Der grandiose Erfolg gibt ihm recht.

Die Karriere von John Williams

John Williams komponierte bereits seit den 1950er-Jahren Soundtracks. Dabei bespielte er die verschiedensten Genres vom Western über die Komödie bis hin zum Katastrophenfilm. Sogar für eine amerikanische »Heidi«-Verfilmung setzte er die Noten. 1972 hatte Williams erstmals den Oscar gewonnen für die Adaption der Musik zum Film »Anatevka«. Für seine eigene Komposition erhielt er erstmals mit der Filmmusik zu »Der weiße Hai« 1976 den Academy-Preis. Es sollten noch drei weitere folgen – bei fast 50 Nominierungen. Dabei war er, kann man sagen, der »Hauskomponist« von George Lucas und Steven Spielberg. Bei den späteren Filmen und Serien traten andere Komponisten an.

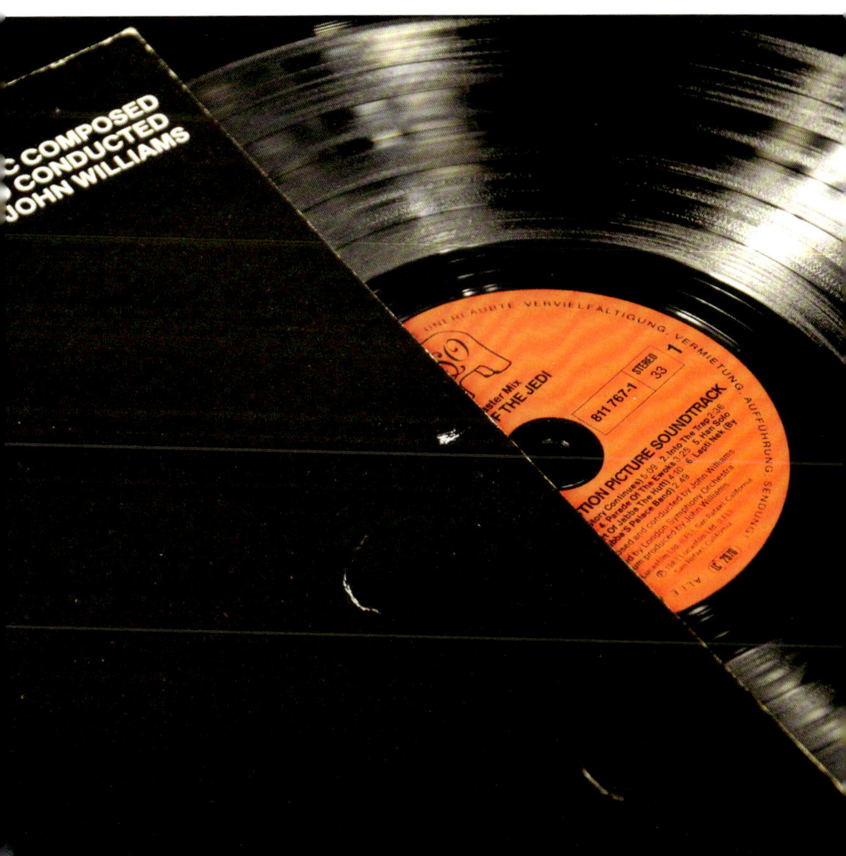

Filmtricks und CGI

30

Lucas – Pionier neuer Technik

»Star Wars« wurde zurecht vor allem in den technischen Sparten mit Oscars überhäuft. Bereits im ersten Film wurden bahnbrechende Filmtricks genutzt. Lucas hat eigens dafür die heute legendäre Firma Industrial Light & Magic gegründet, die sich stets auf dem modernsten Niveau der Trick- und Aufnahmetechnik befindet. Für »Krieg der Sterne« wurden die Motion-Control-Fotografie und das Dykstraflex-System eingesetzt, die bis dato noch nie gesehene Bilder schufen. Dykstra war der Chef des ILM-Teams. Er revolutionierte die Aufnahmetechnik durch die Kombination aus computergesteuerter Kamera, die bahnbrechende Aufnahmen von Weltraumschlachten ermöglichte, und mit dem Motion-Capture-Verfahren erzeugte er mehrfache Kamerafahrten um die Modelle. So erreichte er noch nie gesehene Einstellungen, die Filmgeschichte schrieben. Ich erinnere mich noch an einen Schulkameraden, der den Film ein dutzendmal im Kino gesehen hat, nur um diese Kamerafahrten und die spektakulären Aufnahmen zu analysieren.

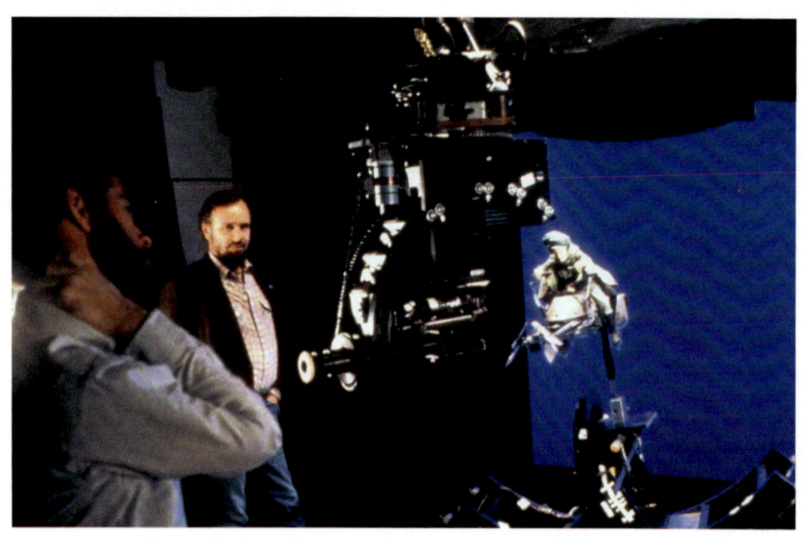

Die Blue Box in Episode VI. Viele Aufnahmen wurden so gedreht und dann mit den eingespielten Hintergründen verbunden. Bild: picture-alliance / Mary Evans Picture Library

Leider wurde aus ihm nie der geniale Regisseur, der in ihm schlummerte. Dank ihm wurden mir diese Techniken erstmals vertraut.

Geradezu revolutionär war der erste Einsatz der Computer Generated Imagery (CGI), die in diesem Film zum Einsatz kam. Was heute Gang und Gäbe ist, nämlich dass der Computer Gestalten oder Hintergründe erzeugt, war damals selber Science-Fiction. Es wurde eine 40 Sekunden lange computererzeugte Animation des Todessterns errechnet. Das war schon fünf Jahre vor dem als »Videospiel-Film« von Disney herausgebrachten »Tron«.

Der Tontechniker Ben Burtt, der für seine Leistung 1978 den Oscar gewann, stellte eine umfangreiche Sammlung von Tönen aller Art zusammen, die er dann abmischen und im Film verwenden konnte. Er generierte das, was man heute allgemein als typisch für Weltraumereignisse annimmt. Als einer der ersten Filme setzte »Krieg der Sterne« das Dolby-Stereo-Vierkanal-Lichttonverfahren ein.

Bei vielen Trickszenen wurde mit maßstäblich verkleinerten Modellen gearbeitet. Der R2-D2 sollte auch mit einer Fernbedienung steuerbar sein, das klappte aber nicht immer. Bemerkenswert ist, dass George Lucas immer wieder in die älteren Filme technisch bessere neue Szenen einbaute, die durch den Fortschritt der Technik jetzt möglich waren. So wurden später zum Beispiel computergenerierte Außerirdische in den Film zusätzlich einmontiert.

Immer mehr Computer

In »Das Imperium schlägt zurück« ragten die Figuren von Außerirdischen heraus, die von Jim Henson und Frank Oz gestaltet und erschaffen wurden, allen voran natürlich der Jedi-Meister Yoda. Jabba der Hutte, der im ersten Film herausgeschnitten wurde, weil Lucas den Schauspieler nicht überzeugend fand, konnte nun als Puppe genial gestaltet werden. Solche Puppen wurden kurz darauf in den beiden »Ewok«-Fernsehfilmen noch einmal herangezogen.
Erstmals in »Die Rückkehr der Jedi-Ritter« wurde der heute allgemein gültige Ton- und Bild-Standard THX verwendet, der von der damaligen Lucasfilm-Tochter THX entwickelt worden war.

Für die Special Edition wurden viele Special Effects mit Modellen durch nachbearbeitete aus dem Computer ersetzt. Für die erst Jahre später entstandene Episode I wurde der Computer zum wichtigsten Requisit. So wurden auch die früheren Puppen durch Computeranimationen ersetzt.

Dieses Know-how nutzte später Disney, um mehrere computeranimierte Serien zu produzieren, die der »Star Wars«-Welt eine neue Facette abgewinnen konnten.

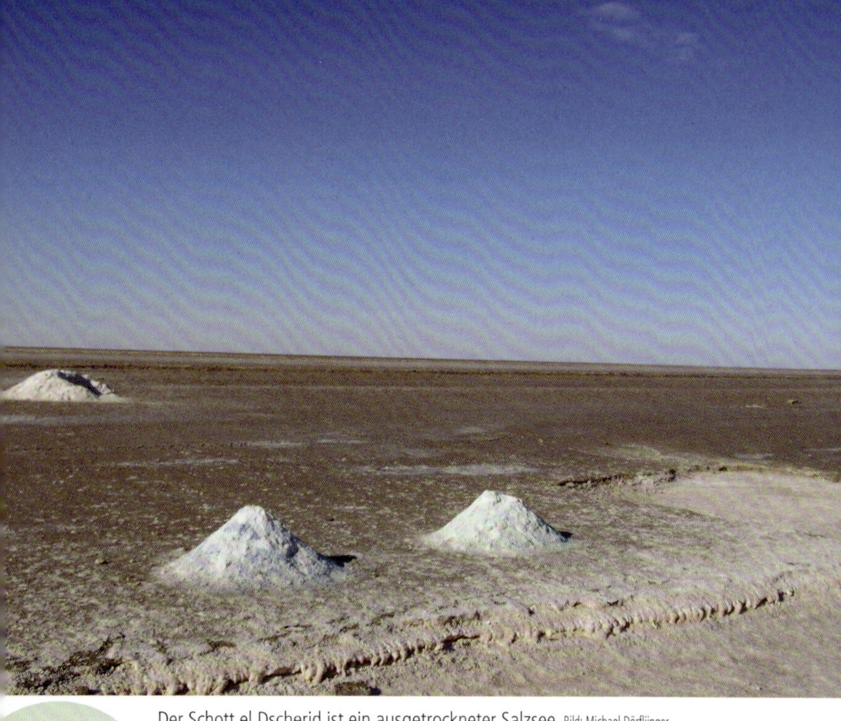

Der Schott el Dscherid ist ein ausgetrockneter Salzsee. Bild: Michael Dörfliinger

31 Drehorte in Tunesien

Vom Set zur Touristenattraktion

Bei der Suche nach einem geeigneten Drehort, der den Planeten Tatooine repräsentieren sollte, wo Luke Skywalker zuhause war, hatte man ursprünglich an eine Dschungellandschaft gedacht. Doch da ein Großteil des Films dort spielen sollte, schreckte George Lucas zurück. Produzent Gary Kurtz sah sich auf den Philippinen um, doch der Gedanke, in so einer Umgebung länger arbeiten zu müssen, verursachte Bauchschmerzen. Also mutierte Tatooine zu einem Wüstenplaneten. Jetzt kamen andere Regionen der Welt ins Spiel. Kurtz machte sich also wieder auf und durchstreifte die Wüsten der Welt. Endlich erreichte er Tunesien. Die Wohnhöhlen, der freie Blick in die Ferne, das Licht und vielleicht auch die Nähe zum Mittelmeer ließen Tunesien als ideal erscheinen.

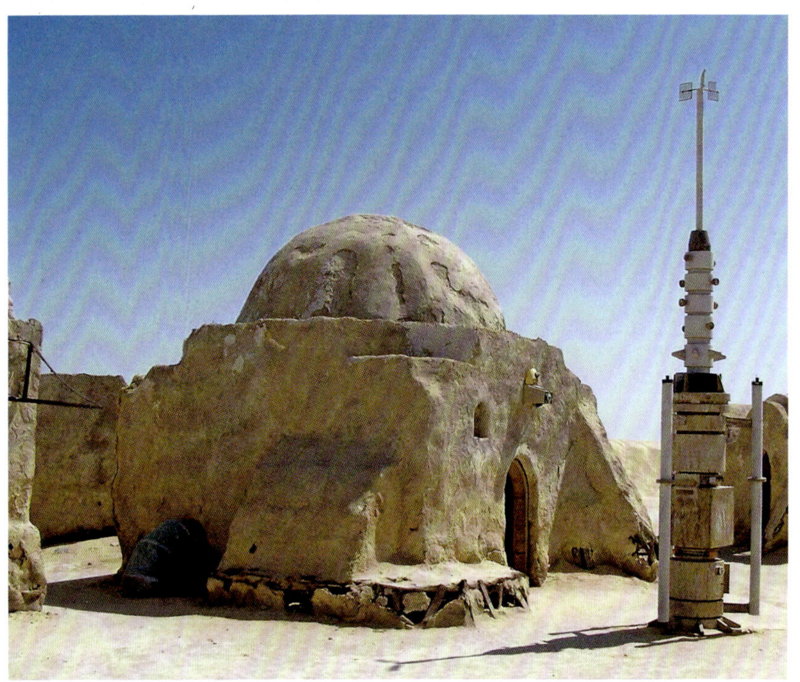

Auf diesen Platz auf dem Planeten Tatooine konnte der junge Luke Skywalker sehen, wenn er aus seiner Wohnung heraustrat. Bild: kertho/Pixelio.de

Im März 1976 rückte das Filmteam in der verträumten Oase Tozeur ein. Die ersten Drehtage wurden auf dem Schott el Dscherid gedreht, einem ausgetrockneten Salzsee. Im 19. Jahrhundert war das ein sehr gefährlicher Ort, denn an vielen Stellen war die getrocknete Salzschicht sehr dünn und man konnte einbrechen und versinken. So mancher Leser kennt vielleicht die Geschichte aus Karl Mays Roman »Durch die Wüste«.

Heutzutage ist von dieser Gefahr nicht mehr viel vorhanden. Sogar schwere Reisebusse und Lkw überqueren den Schott. Die Landschaft ist atemberaubend, in der Ferne sieht man ein Gebirge und man braucht gar nicht so viel Glück, eine Fata Morgana zu sehen. Die Fläche ist weit, ideal für die Außenaufnahmen von Lukes Heimat. Währenddessen hatte ein Bautrupp in der Nähe von Tozeur einen kleinen Wüstenort aus dem Boden gestampft, der heute noch steht und jährlich von Tausenden Touristen besucht wird. Ich weiß nicht, ob das heute noch so ist, aber Anfang des Jahrtausends wurden Touristen bei organisierten Rundreisen durch Tunesien immer zu diesem alten Drehort geführt.

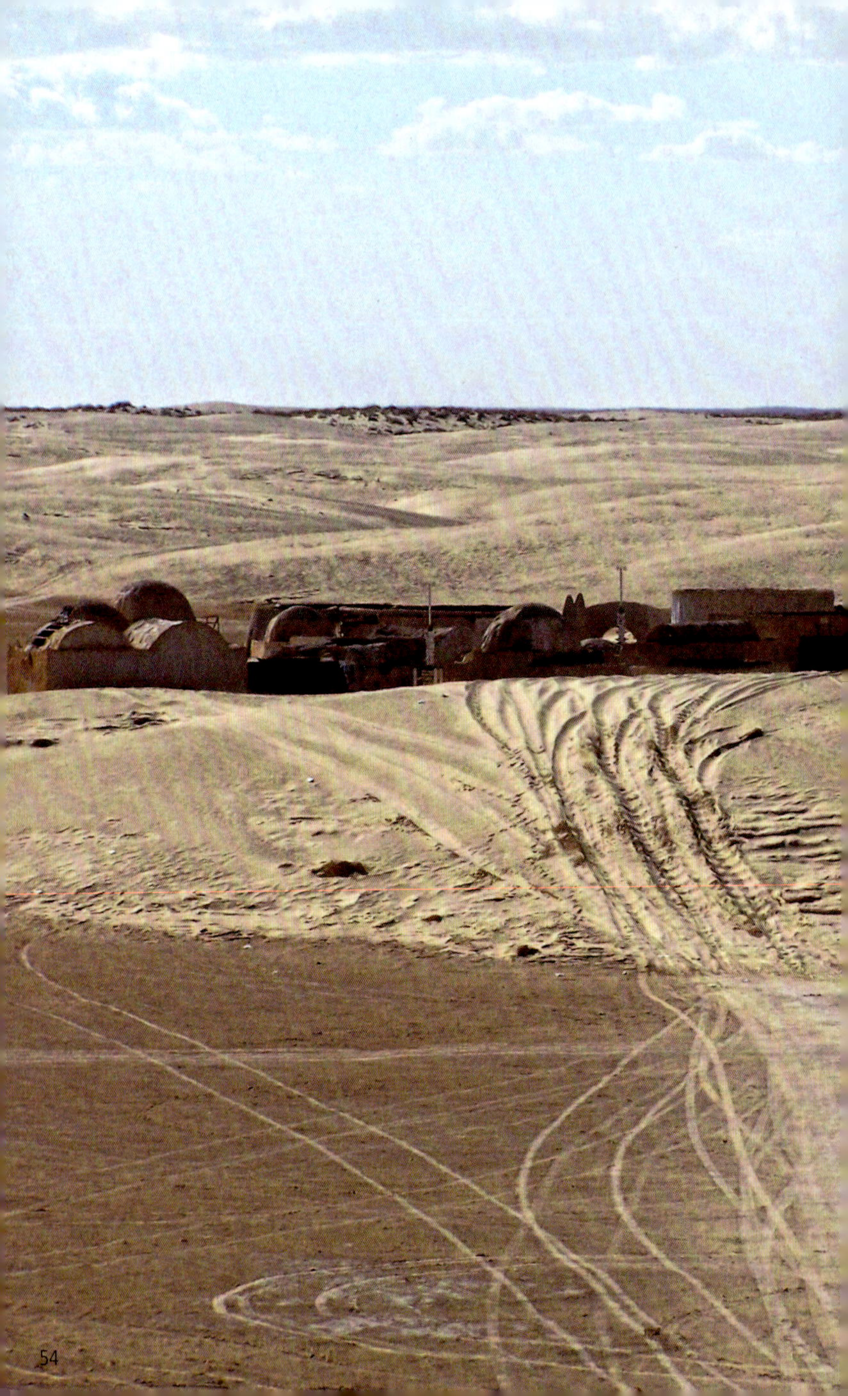

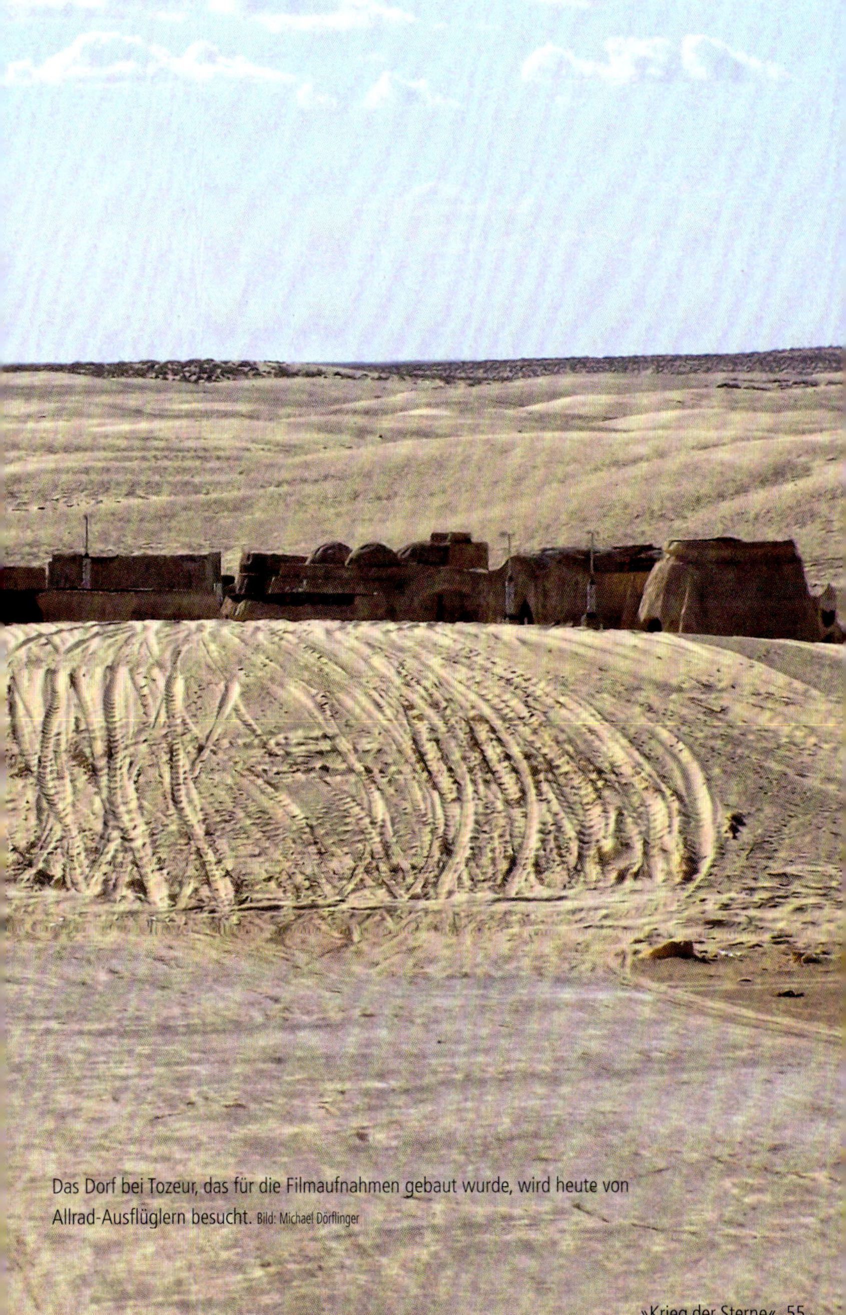

Das Dorf bei Tozeur, das für die Filmaufnahmen gebaut wurde, wird heute von Allrad-Ausflüglern besucht. Bild: Michael Dörflinger

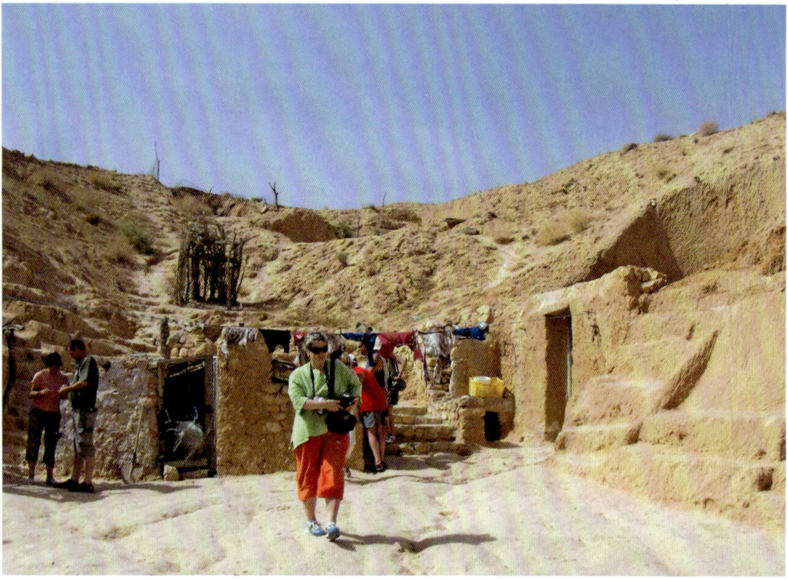

Matmata ist eine uralte Ansiedlung der Berber. Hier wurde gedreht. Bild: Michael Dörflinger

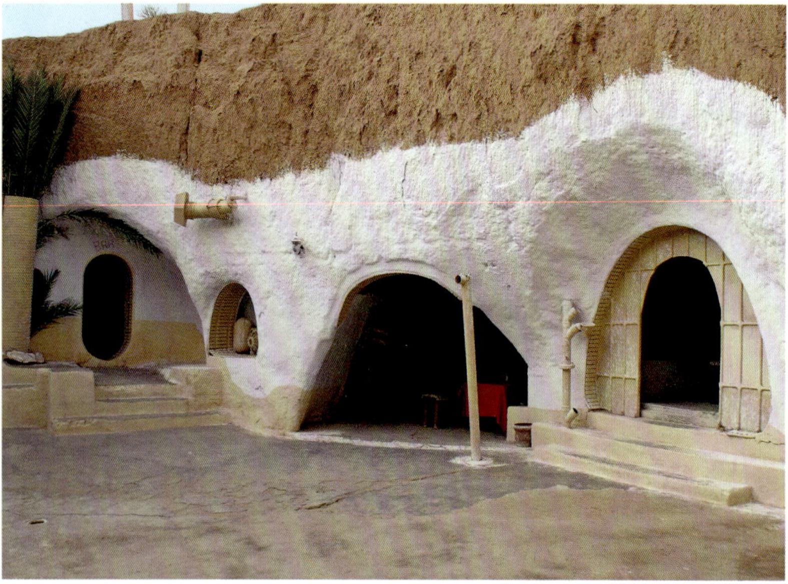

In den Höhlenwohnungen in Matmata wurde Lukes Heimat gedreht. Bild: Sammlung Michael Dörflinger

Der Mond Yavin IV

Tikal in Mittelamerika

32

In Guatemala lebten und herrschten in der vorkolumbianischen Zeit die Mayas. Eine der kultur- und bauhistorisch bedeutsamsten Städte war Tikal mit ihren grandiosen Stufenpyramiden. George Lucas wurde auf die seit dem 10. Jahrhundert verlassene Stadt in London aufmerksam, wo in den Studios weitere Szenen abgedreht wurden. Die historischen Bauwerke und Tempel erschienen ihm der ideale Hintergrund für eine Basis der Rebellen auf dem fiktiven Mond Yavin IV. Von hier aus bereiteten Skywalker und seine Getreuen den Angriff auf den Todesstern vor. Es entspann sich die Schlacht von Yavin mit einem gloreichen Sieg der drei Haupthelden. In der Folge kann Han Solo Skywalker vor dem Angriff Darth Vaders retten und Luke gelingt es, den Todesstern zu vernichten.

Nur ein paar Jahre später tauchte in Tikal wieder eine Filmcrew auf, diesmal sollten Szenen für den Bond-Film »Moonraker« geschossen werden. Yavin IV spielte später noch einmal eine Rolle in »Rogue One«, aber auch in verschiedenen Romanen, Comics, Videospielen und der Serie »Rebels«.

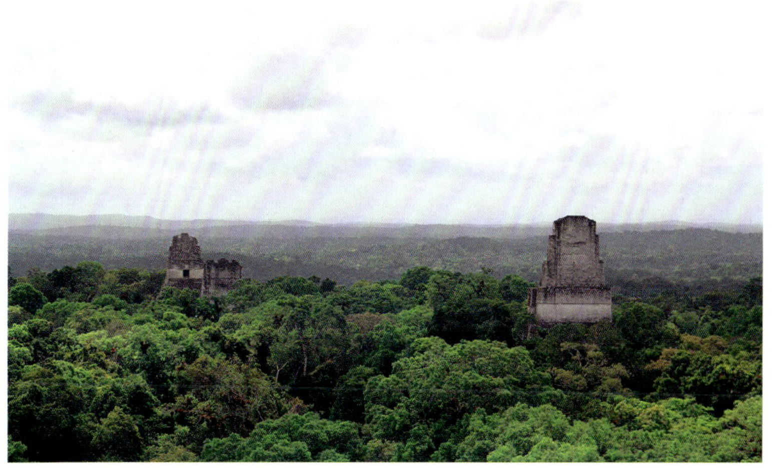

Tikal, die antike Stadt der Mayas in Mittelamerika, sollte einen Mond im ersten »Star Wars«-Film darstellen. Hier starteten die Raumschiffe der Rebellen. Bild: Tomas C C/Flickr

Death Valley und anderswo

33

Drehorte auf der ganzen Welt

Neben diesen Drehorten wurden im Laufe der Filme und Serien viele andere Schauplätze auf der ganzen Welt aufgesucht. So diente der Redwood National Park als Waldplanet Endor, der bolivianische Salzsee Salar de Uyuni stellte Crait dar, auf Island filmte man den Planeten Eadu, der Planet Hoth liegt in Norwegen, der Planet Ahch-To in Irland, der Planet Savareen wurde auf Fuerteventura gefilmt. Dubrovnik stellte die Stadt Canto Bight auf Cantonica dar, der Misurina-See in den Dolomiten gehört im Film auf den Planeten Vandor-1.

Bedeutung Londons

Besonders wichtig ist London und Umgebung. In Whippendell Woods, Watford wurden Aufnahmen für den Planeten Naboo gemacht, die Londoner U-Bahn-Station Canary Wharf war das Vorbild für die imperiale Basis auf Scarif. Vor allem aber die Studios der britischen Hauptstadt waren wertvoll. In den Elstree Studios wurde die erste Trilogie gemacht, auch zwei Filme der zweiten, insgesamt wurden neun Sound Stages genutzt. Erstaunlicherweise spielten Hollywood-Studios keine große Rolle. London und die Fox Studios in Sydney wurden gebucht.

Mit der immer besser werdenden Digitalisierung war es später möglich, Vor-Ort-Szenen ohne die Stars zu filmen und dann im Computer zusammenzufügen.

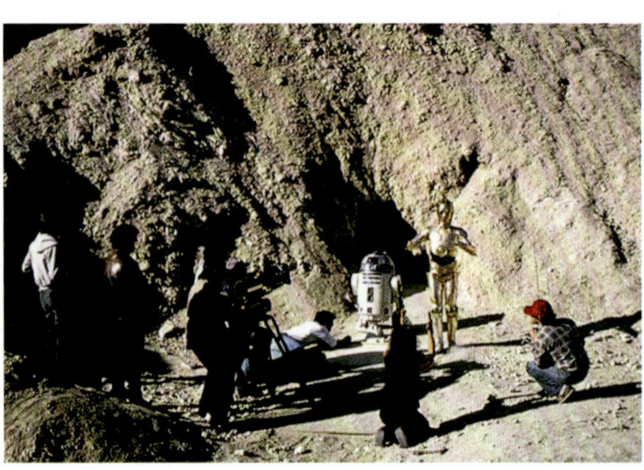

Einige Einstellungen für den Planeten Tatooine im ersten Film wurden im Tal des Todes abgedreht.

Bild: National Park Service (NPS)

Die Academy Awards

34

Die erste Trilogie war am erfolgreichsten

Der Oscar, oder in den USA meist »Academy Award«, gilt als der wichtigste Filmpreis der Welt, auch wenn die Vergabekriterien nicht unumstritten sind. Kurze Zeit vor den Oscars wird der Golden Globe verliehen, bei dem auch Fernsehproduktionen berücksichtigt werden. Manchmal sind die Sieger der jeweiligen Kategorien sogar dieselben.

Die Auszeichnungen im Überblick

Die »Star Wars«-Saga hat bis heute sieben Oscars gewonnen, allerdings holte sich davon sechs der erste Film, einen der zweite. Hinzu kommen drei Ehrenoscars für besondere Leistungen für jeden der ersten Trilogie. Die anderen Streifen sind zwar zwanzigmal nominiert gewesen, aber leer ausgegangen. Angesichts der besonderen technischen Effekte in den neueren Filmen ist das etwas überraschend.

Einem allerdings blieb ein Oscar bis heute verwehrt: George Lucas wurde zwar zweimal für »American Graffiti« und »Krieg der Sterne« nominiert, doch gewonnen hat er die Statuette nie. Lediglich den Irving G. Thalberg Memorial Award, der bei der Oscar-Verleihung vergeben wird, konnte er 1992 in sein Regal stellen. Allerdings trat Lucas bei seinen meisten Produktionen als Executive Producer in Erscheinung.

Oscars »Krieg der Sterne«
Bester Schnitt
Bester Ton
Beste visuelle Effekte
Beste Filmmusik
Bestes Szenenbild
Bestes Kostümdesign
Special Achievement Award

Oscars »Das Imperium schlägt zurück«
Bester Ton
Special Achievement Award

Oscar »Die Rückkehr der Jedi-Ritter«
Special Achievement Award

Nominierungen (alle Spielfilme)
Bester Film (1x)
Beste Regie (1x)
Bester Nebendarsteller (1x)
Bestes Originaldrehbuch (1x)
Beste Filmmusik (5x)
Bestes Szenenbild (3x)
Bester Schnitt (1x)
Bestes Make-up (1x)
Bester Ton (7x)
Bester Tonschnitt (6x)
Beste visuelle Effekte (7x)

Die Fortsetzung

»Das Imperium schlägt zurück« (1980)

35

Nach dem schweren Rückschlag durch den Verlust des Todessterns setzt das galaktische Imperium alles daran, die Rebellen auszuschalten. Doch Oberjäger Darth Vader hat keine Ahnung, wo sich der Schlupfwinkel der Aufständischen befindet. Er hat Suchdroiden ausgeschickt und einer wird auf dem Planeten Hoth fündig. Doch Han Solo hat das Objekt entdeckt und zerstört es, leider etwas zu spät, denn Darth Vader kann wichtige Informationen erhalten, die es ihm ermöglichen, Sternzerstörer in Marsch zu setzen.

Ganz andere Probleme hat Luke Skywalker. Bei einem Erkundungsritt zum abgeschossenen Droiden wird er von einem eingeborenen Wampa gefangen genommen. Luke kann sich nur mit Hilfe der Macht befreien, aber sein Reittier ist tot und so schleppt er sich zu Fuß durch die Eiswüste. Völlig erschöpft erscheint ihm der Geist Obi-Wans und befiehlt ihm, den Sumpfplaneten Dagobah aufzusuchen, um dort den Yedi-Meister Yoda zu finden. In letzter Minute findet Han Solo den Freund und kann ihn retten.

Die Schlacht von Hoth

Die Truppen des Imperiums überfallen den Planeten Hoth, doch die Rebellen hatten von dem Angriff Wind bekommen und fanden noch genug Zeit, den Stützpunkt zu räumen. Ein spektakulärer Angriff der AT-AT-Walker gelingt. Vader erobert die Basis der Rebellen. Doch die meisten konnten entkommen. Luke flieht nach Dagobah und trifft dort Yoda, der erst etwas fremdelt, dann aber nimmt er Luke als Schüler an.

Han Solo und Prinzessin Leia flüchten im Millenium Falken, doch nach mehreren gelungenen Finten werden sie letztlich doch von Darth Vader geschnappt: in der Wolkenstadt Bespin, wo Lando Calrissian wohnt, ein alter Freund Solos. Der verrät ihn aus Angst vor den imperialen Kräften, später jedoch wechselt er auf die Seite der Rebellen.

Luke Skywalker lernt den Umgang mit der Macht. In einer Vision erfährt er, dass Han und Leia in Bespin in Gefahr sind. Gegen den Rat Yodas bricht er auf, um den beiden zu helfen. Wird er jetzt auf die dunkle Seite wechseln, wie Yoda fürchtet? Darth Vader wartet schon auf Luke, der für das Imperium eine immer größere Gefahr darstellt.

Das deutsche Filmplakat mit allen Helden. Bild: picture-alliance / Mary Evans Picture Library

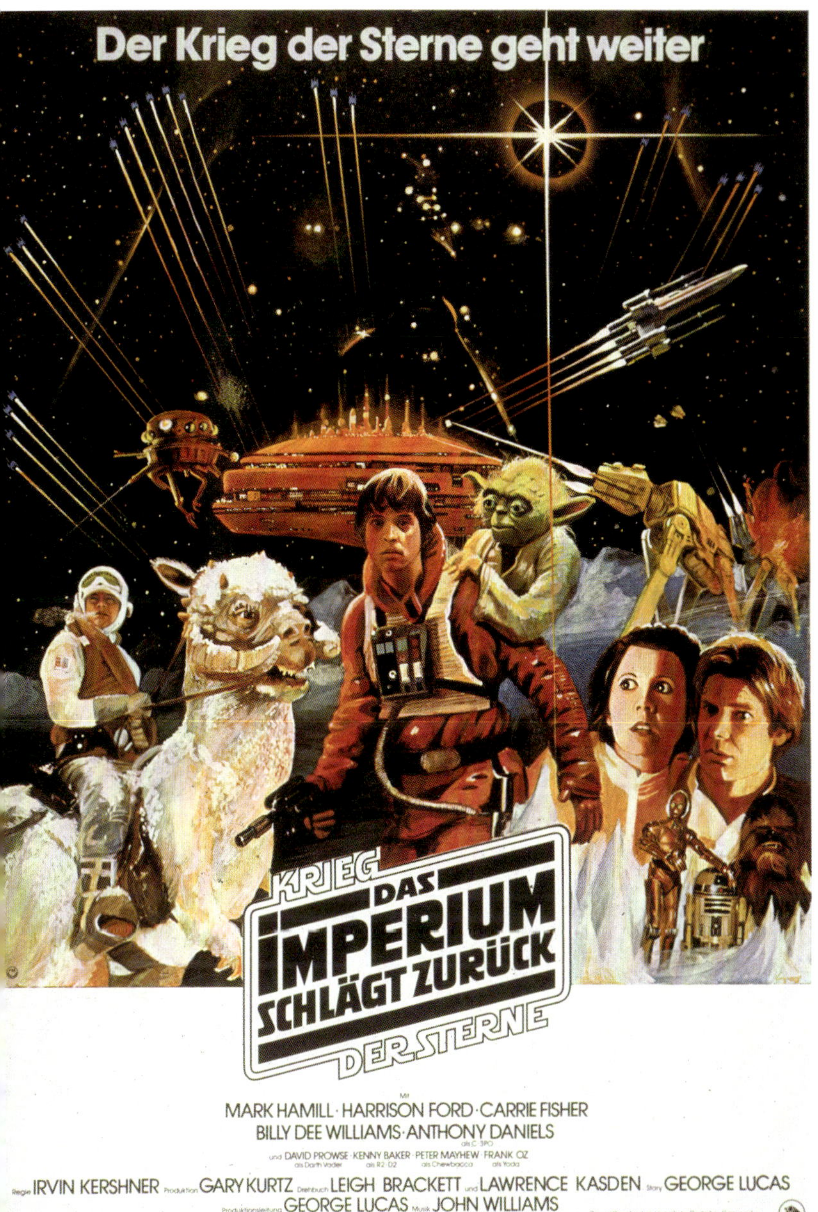

»Das Imperium schlägt zurück«

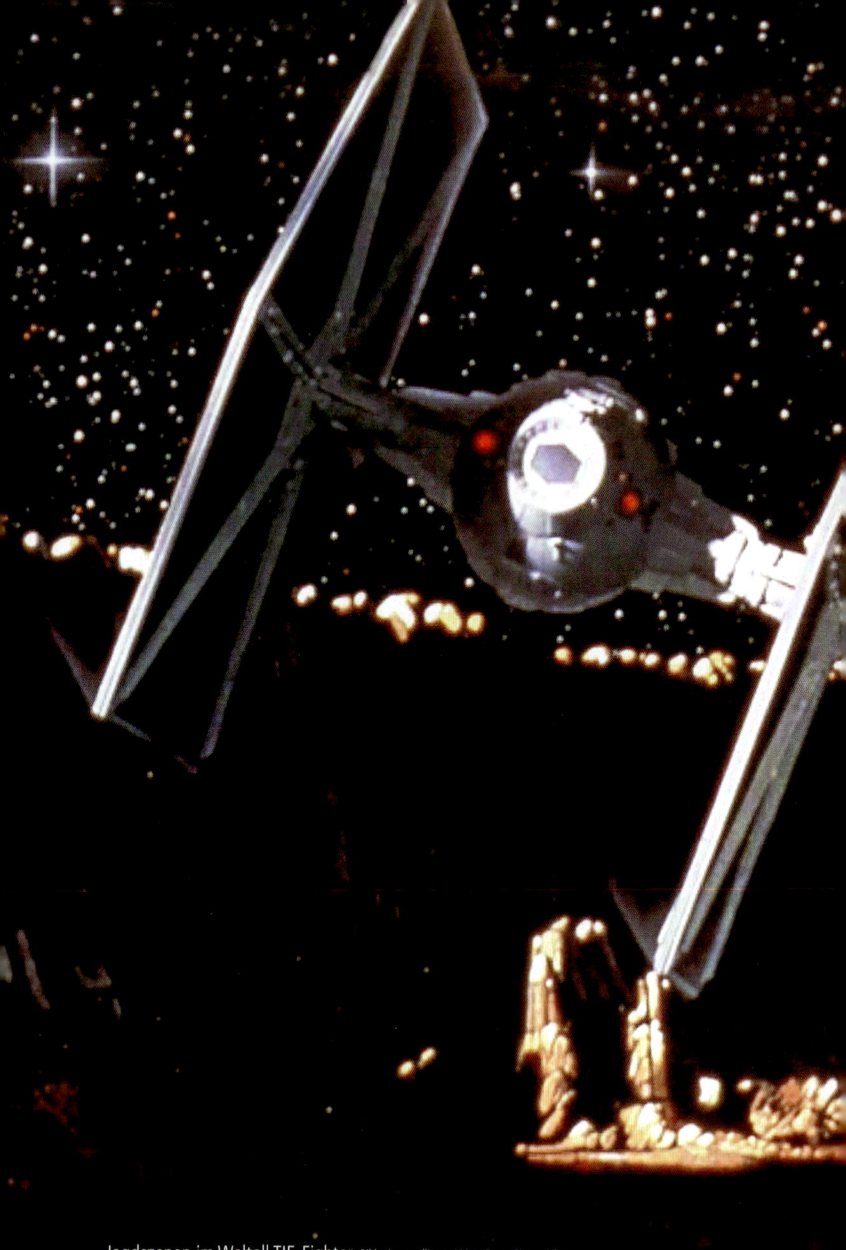

Jagdszenen im Weltall TIE-Fighter. Bild: picture-alliance / Mary Evans Picture Library

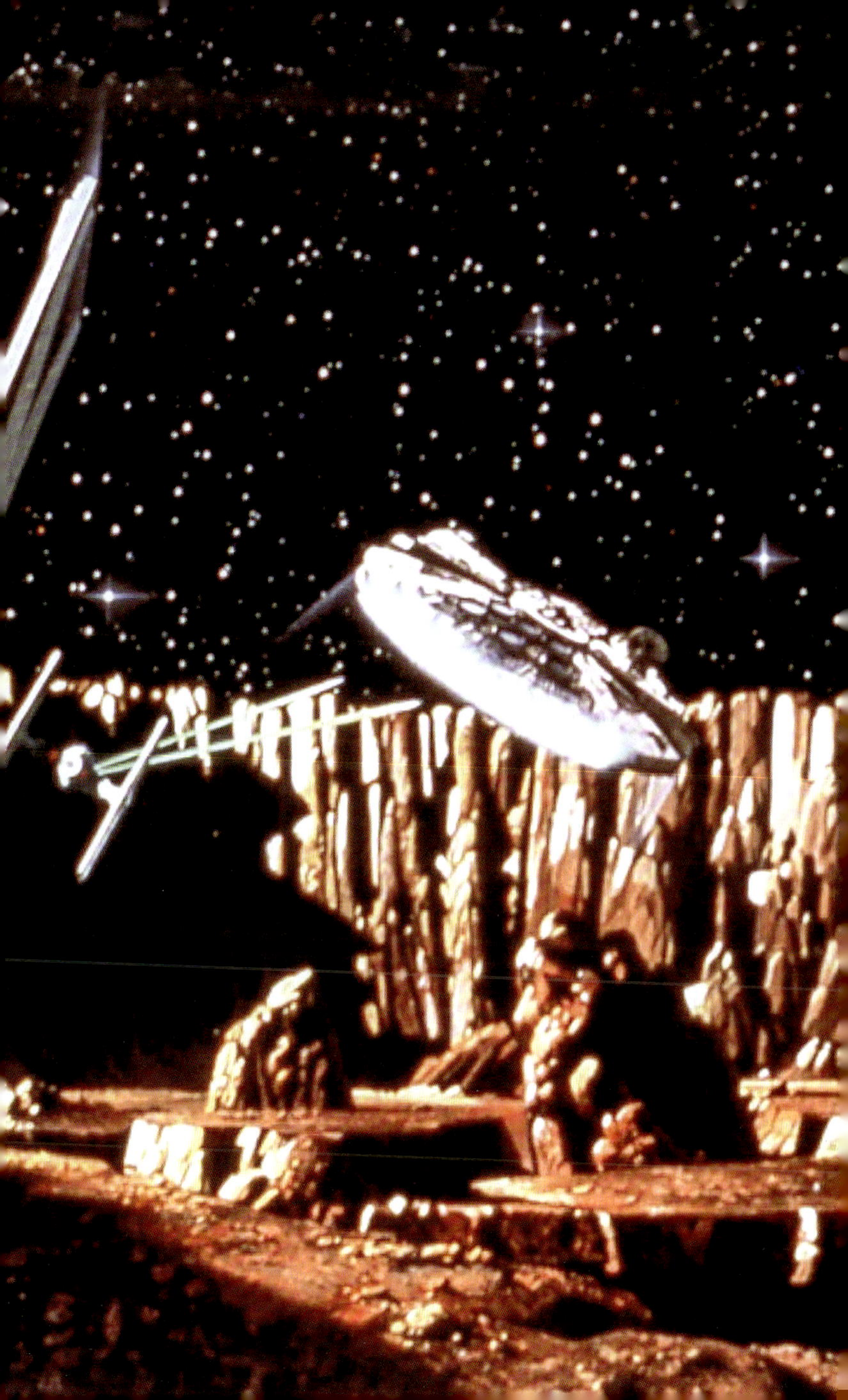

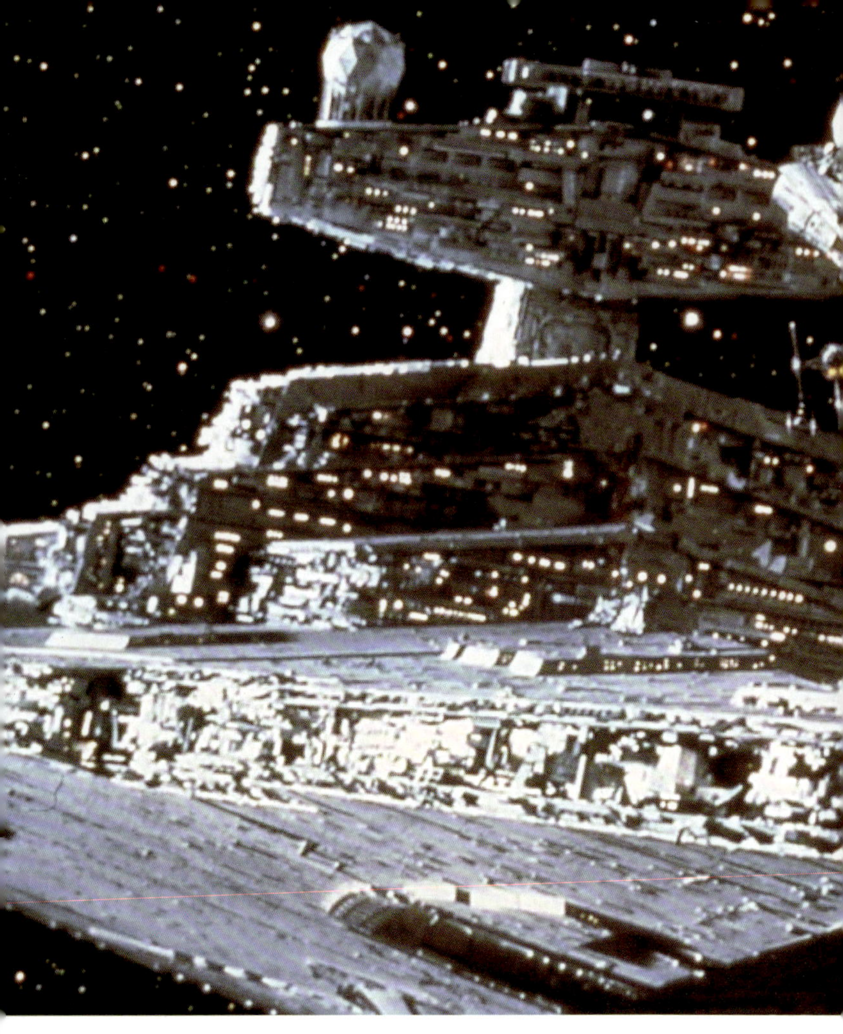

Han Solo wird in Karbonit eingefroren und von Boba Fett entführt, der das Kopfgeld verdienen will, das Jabba auf Solo ausgesetzt hat. Aber Han bekommt noch mit, dass Leia ihn liebt. Inzwischen hat Luke die Wolkenstadt erreicht und es kommt zum entscheidenden Duell mit Darth Vader. Luke ist dem ehemaligen Jedi-Ritter nicht gewachsen und verliert im Lichtschwertduell seine rechte Hand und damit auch sein Lichtschwert. Anakin Skywalker ist damals dasselbe passiert. Vader schlägt vor, mit ihm zusammen den Imperator zu stürzen und eine neue Dynastie zu gründen. Viel

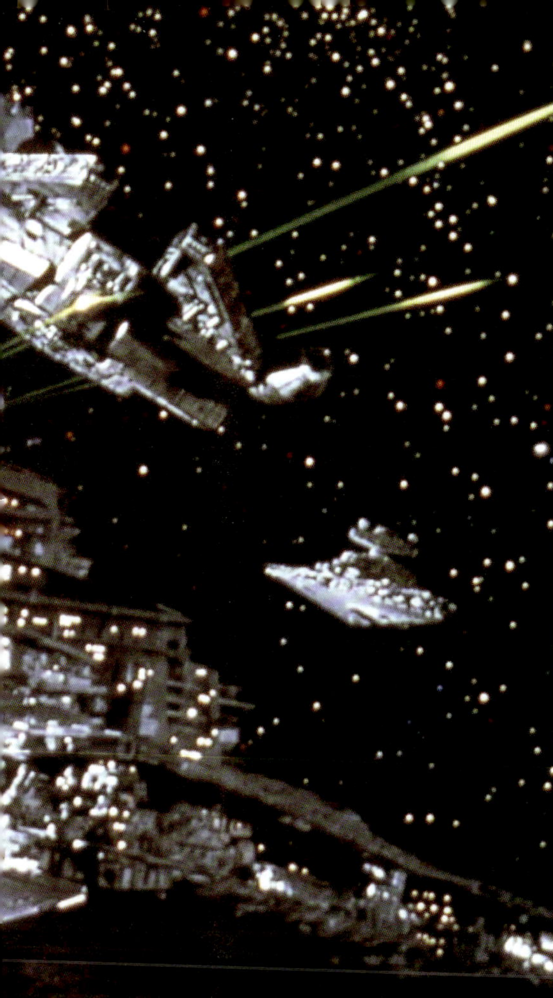

Ein imperialer Sternzerstörer ist eine fürchterliche Waffe. Im Vordergrund der Millenium Falke von Han Solo.

Bild: picture-alliance / Mary Evans Picture Library

mehr allerdings hat Luke das Geständnis Vaders erschüttert, dass er dessen Sohn sein soll.

Er rennt davon und gelangt mit Hilfe der Macht gerade noch rechtzeitig zum Millenium Falken, so dass er mit den Gefährten zur neuen Basis der Rebellen flüchten kann. Luke bekommt eine neue Hand, Lando und Chewbacca machen sich auf den Weg nach Tatooine, um Han Solo zu befreien. Der Schlag des Imperiums war gewaltig, doch letztlich hatte sich an der allgemeinen Lage nicht viel verändert.

Jedi-Meister Yoda

36

Der weise kleine Kämpfer

Zum ersten Mal tauchte Yoda 1980 in »Das Imperium schlägt zurück« auf. Da ist er fast 900 Jahre alt und lebt verborgen auf dem Planeten Dagobah. Yoda ist einer der größten Jedi-Meister aller Zeiten und – man sieht es ihm nicht an – ein unübertrefflicher Fechter. Er bildet Luke zum Jedi aus, weist aber auch darauf hin, dass er erst ein Jedi-Ritter wird, wenn er Darth Vader bezwingt.

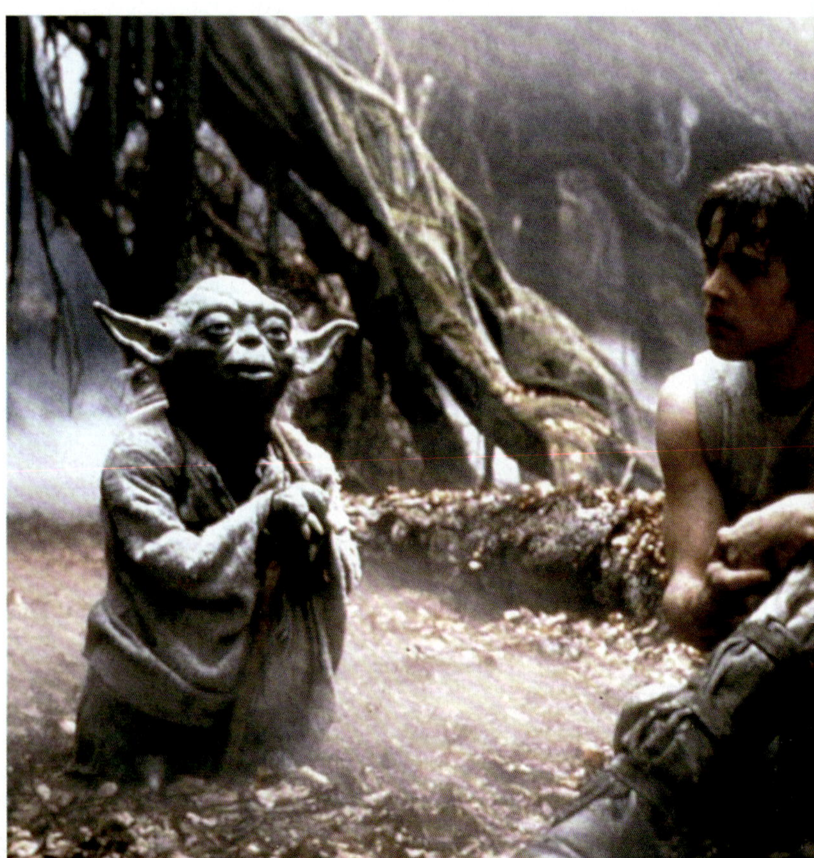

Das nur 66 Zentimeter große grüne Wesen hat eine eigentümliche Sprache, ein chinesisch gefärbtes Englisch/Deutsch im Stile eines Charlie Chan, und ein Äußeres, das an fernöstliche Mönche erinnert.

In der Prequel-Trilogie ist Yoda zusammen mit Mace Windu (siehe Kapitel 56) die Doppelspitze im Rat der Jedi. Es ist die Zeit der Klonkriege und der finstere Imperator, ein Sith und somit Erzfeind der Jedi, gibt seinen berüchtigten Vernichtungsbefehl 66 heraus, der die Ermordung aller Jedi fordert. Der nun folgenden »Bartholomäusnacht« (so heißt die Nacht im Jahr 1572, in der in Paris Tausende protestantischer Bürger auf offener Straße umgebracht wurden), entkommen nur wenige. Yoda und Obi-Wan Kenobi gehören zu den Überlebenden. Yodas Versuch, den Imperator auszuschalten, scheitert und er geht ins Exil, wo ihn Luke trifft. In der Episode VI sucht Skywalker Yoda noch einmal auf, doch da liegt er schon im Sterben.

In der Prequel-Trilogie wurde Yoda computeranimiert, weshalb er hier deutlich aktiver ist und an Actionszenen und Schwertduellen teilnehmen kann. Yoda ist in dieser Trilogie in jedem Teil dabei, in den anderen nur bei den beiden letzten Teilen – in der letzten Trilogie natürlich nur als Erscheinung. Außerdem tritt er in verschiedenen Serien auf.

Yoda ist eine der beliebtesten Gestalten des »Star Wars«-Universums. Man kann ihn sogar als Werbeikone bezeichnen, denn neben Darth Vader als Vertreter der dunklen Seite der Macht ist er als Vertreter der hellen Seite immer wieder präsent. Unzählige Puppen, Spielfiguren oder sogar Bausätze wuden mit ihm realisiert.

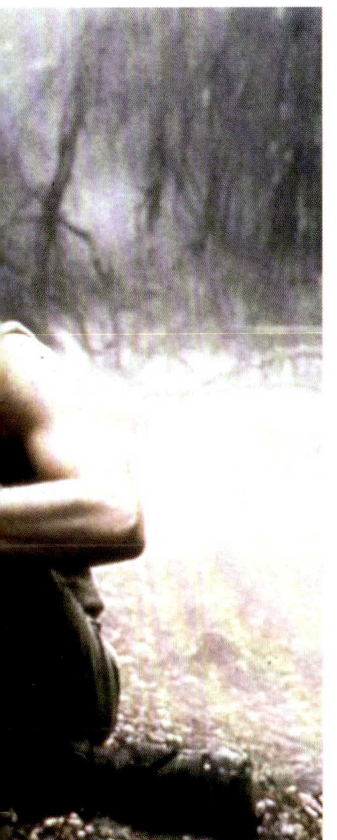

Der kleine Yoda ist ein weiser Mann. Er bildet Luke Skywalker nach einigem Zögern zum Jedi aus. Aufmerksam lauscht der junge Mann den Weisheiten seines Jedi-Meisters auf dem Planeten Dagobah.

Bild: picture-alliance / Mary Evans Picture Library

Masken und Figuren

Faszinierende Weltraumgestalten

37

Bereits im ersten Film waren viele Gestalten dabei, die sehr ungewöhnlich aussahen und mit denen es die Filmcrew schaffte, faszinierende Aliens zu kreieren. Es war ein Triumph der Maske und der Kostüme. Kein Wunder, dass der Oscar für Kostümdesign an John Mollo und sein Team ging. Mit »Das Imperium schlägt zurück« wurden die legendären Henson-Puppen eingeführt.

Jim Hanson und Frank Oz

Jim Henson war nicht nur für die beiden Puppen Ernie und Bert aus der »Sesamstraße« bekannt, sondern vor allem auch für die »Muppet Show«, die seit 1976 ein weltweites Publikum begeisterte. Immer mit dabei war der unvergleichliche Puppenspieler Frank Oz, der selbst den Fozzie-Bär und andere Gestalten spielte. Frank Oz war es auch, der dem kleinen Yoda Leben einhauchte und ihm im Original seine Stimme gab. Von Henson

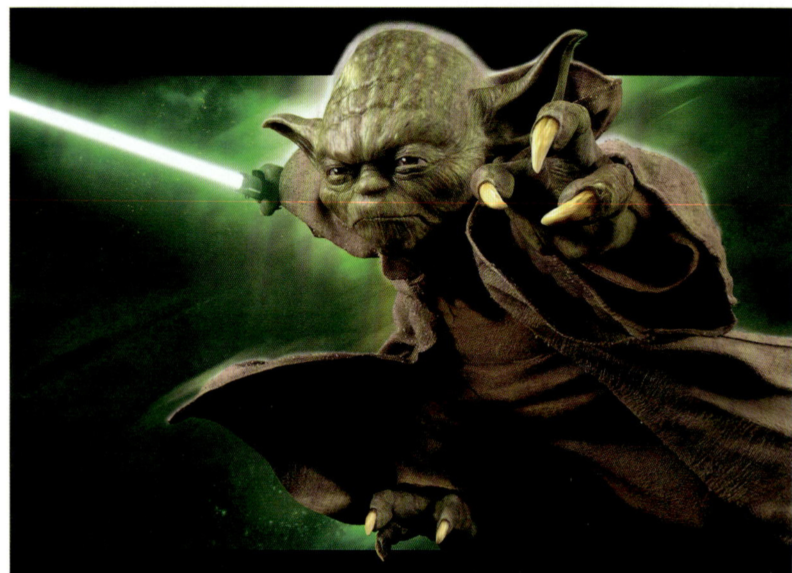

Yoda führte eine meisterhafte Klinge – besser gesagt Lichtklinge, oder? Bild: Newspress/TomTom

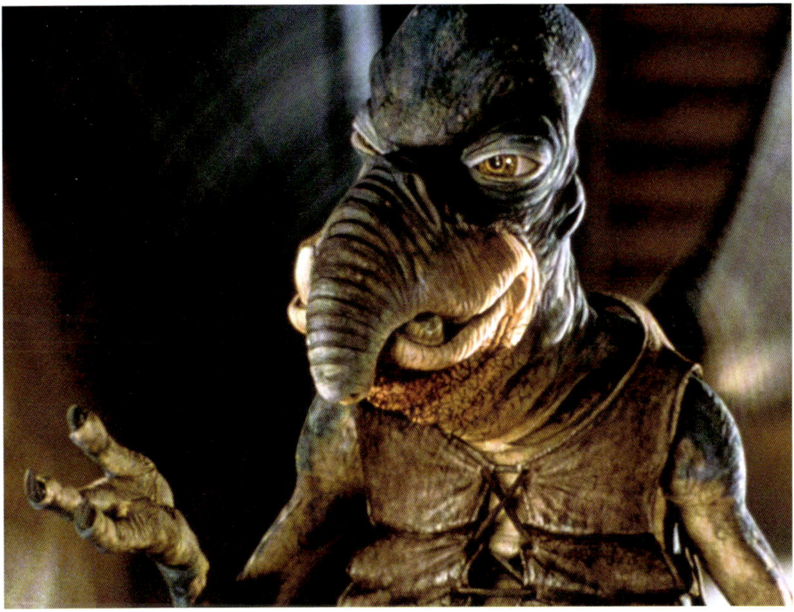

Dieser Toydarianer wurde mit dem Computer erschaffen. Das Ergebnis und auch die Ausleuchtung der Figur sind überzeugend. Bild: picture-alliance / Mary Evans Picture Library

stammte der Jabba, wie ihn sich Lucas bereits 1977 eingebildet hatte. Das war auf jeden Fall ein positiver Effekt der ansonsten umstrittenen Änderungen bei den Filmen der ersten Trilogie. Doch die Zeit der Puppen war irgendwann vorbei. Die Gestalten kamen aus dem Computer. Frank Oz wurde allerdings weiter als Stimme Yodas gebucht.

»Star Wars« wurde in den letzten Jahren dafür kritisiert, dass die Gestalten zu wenig bunt, weiblich und heutzutage auch divers seien. Wenn man aber schon den ersten Film sieht, erkennt man die allgemeine Toleranz der verschiedenen Rassen untereinander. Man mag sich oder nicht, aber die Rasse oder Herkunft spielt da keine Rolle.

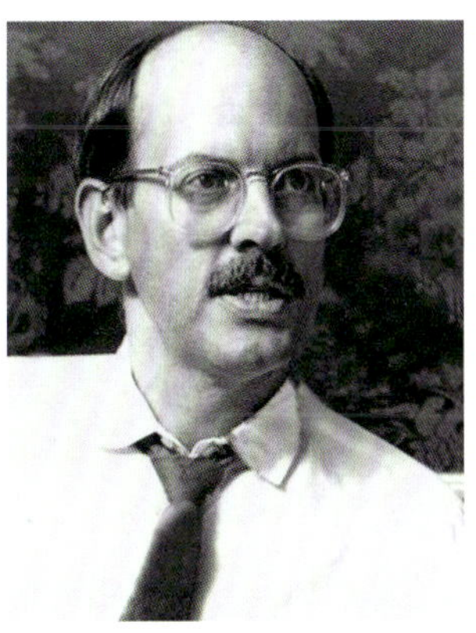

Puppenspieler Frank Oz im Jahr 1984. Er wurde in England geboren. Bild: Baltimore Sun

Furchteinflößende Feinde

Wenn das Imperium zurückschlägt

38

Zu den eindrucksvollsten Kampfmaschinen der Saga gehören sicher die AT-AT-Walker oder Allterrain-Angriffstransporter. Sie haben vier Beine für die Fortbewegung und dienen in der imperialen Armee. Die gepanzerten Monster, die etwas an Dinosaurier erinnern, sind stark bewaffnet und bei einer Höhe von rund 22 Metern und einer Länge um die 25 Meter erreichen sie Geschwindigkeiten von bis zu 60 km/h. Der Kampfläufer wurde von zwei besonders ausgebildeten Piloten und einem Kommandanten besetzt. Er besaß zwei schwere Laserkanonen an der Unterseite des Kopfes, die wechselndes Schnellfeuer abgeben konnten oder gleichzeitig abgefeuert werden konnten, wodurch sie eine höhere Durchschlagskraft erreichten. Zusätzlich waren sie mit vier Blastern gegen Infanterieangriffe ausgestattet und besaßen ein Doppellasergeschütz am Heck.

Angriff der AT-AT auf dem Eisplaneten Hoth. Die Kampfmonster wirkten auf die Gegner furchteinflößend. Bild: picture-alliance / Mary Evans Picture Library

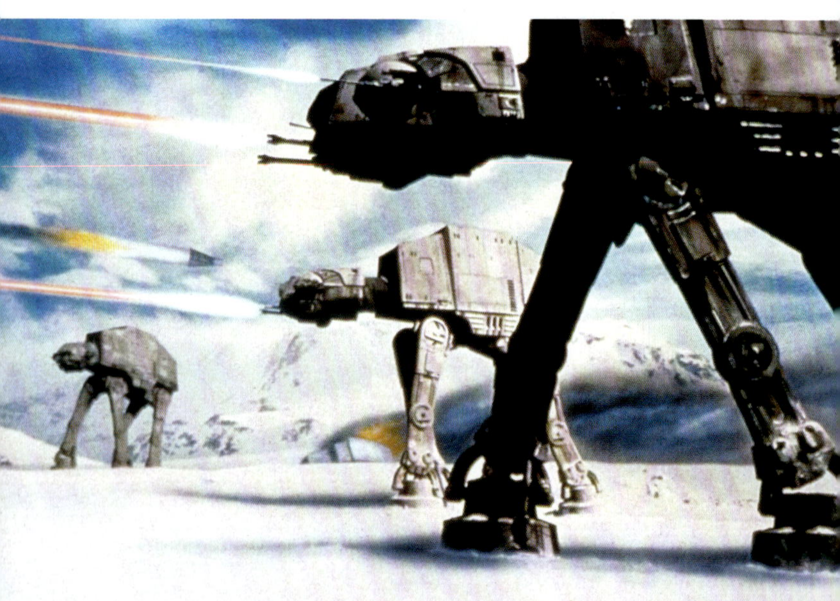

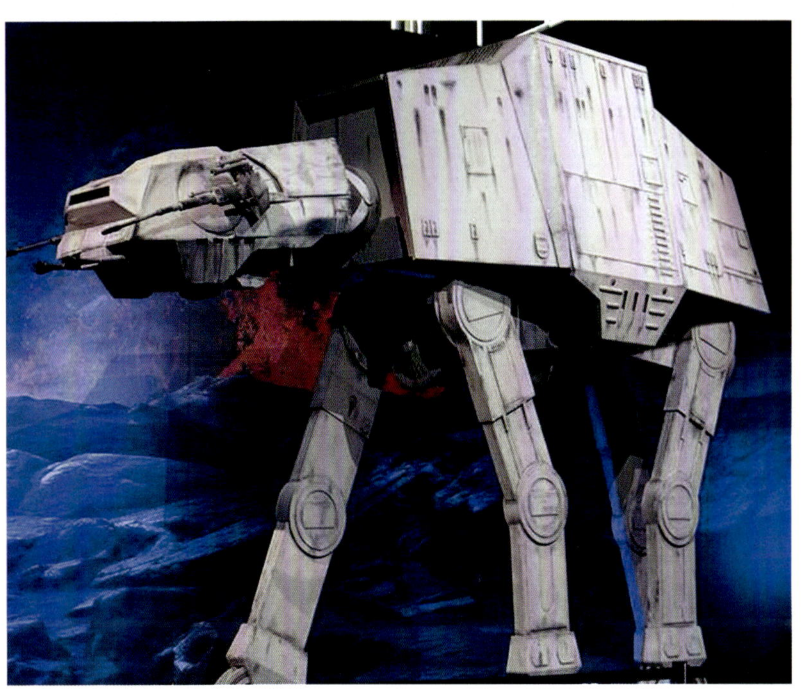

Schwachpunkte der AT-AT Allterrain-Angriffstransporter sind die Beine und der nur schwach gepanzerte Übergang vom Rumpf zum Kopf. Bild: Sammlung Michael Dörflinger

Im Kriegseinsatz

Diese Waffen hatten entscheidenden Anteil an der Niederlage der Rebellen in der Winterschlacht von Hoth. Auf diesem Eisplaneten hatten sich die Rebellen nach der Zerstörung des Todessterns im »Krieg der Sterne« versteckt, denn die Beseitigung der Gewaltherrscher war nicht geglückt. Die AT-AT wurden eingesetzt, um die Geschütztürme der Rebellen auszuschalten und den Generator für das Schutzschild des Planeten zu vernichten, um eine Invasion zu ermöglichen. Doch durch eine undichte Stelle sind die Rebellen gewarnt und können die Evakuierung des Stützpunkts in die Wege leiten.

Die Allterrain-Angriffstransporter, die bis zu vierzig Soldaten mit kompletter Ausrüstung transportieren können, spielen in mehreren Filmen der Saga mit. In »Das Imperium schlägt zurück« tauchen sie zum ersten Mal auf. Auch in der sechsten und siebten Episode treten sie in Erscheinung, sowie in der computeranimierten Serie »Star Wars Rebels«. Nach der Schlacht von Jakku wurden sie ausgemustert.

Sturmtruppen

39

Bedrohlich und faszinierend

Sie gehören zu den Gestalten, die auch die meisten kennen, die mit »Star Wars« nicht viel am Hut haben. Doch was sind Sturmtruppen historisch? Viele kennen vielleicht noch die Comics, die in den 1970er-Jahren zwischen »Micky Maus« und »Fix und Foxi« im Regal des Schreibwarengeschäfts standen. Kaum jemand wusste damals, dass diese Comics aus Italien stammten. Auch dass die »Lustigen Taschenbücher« nicht von Walt Disney aus den USA, sondern aus Italien kamen, wusste niemand. Doch diese Sturmtruppen waren seltsame Wehrmachtgestalten aus dem Zweiten Weltkrieg. Sturmtruppen gab es damals aber nicht mehr.

Historische Herleitung

Der Begriff stammt aus dem Ersten Weltkrieg. Die Sturmbataillone oder Stoßtrupps waren kleine, bestens ausgebildete Gruppen der deutschen Armee, die sich mit ihrer Taktik im Grabenkrieg besonders bewährten. Sturmtruppen hört sich natürlich gefährlich und aggressiv an. So ist es kein Wunder, wenn die Militärs des Imperiums diesen Namen bekommen.

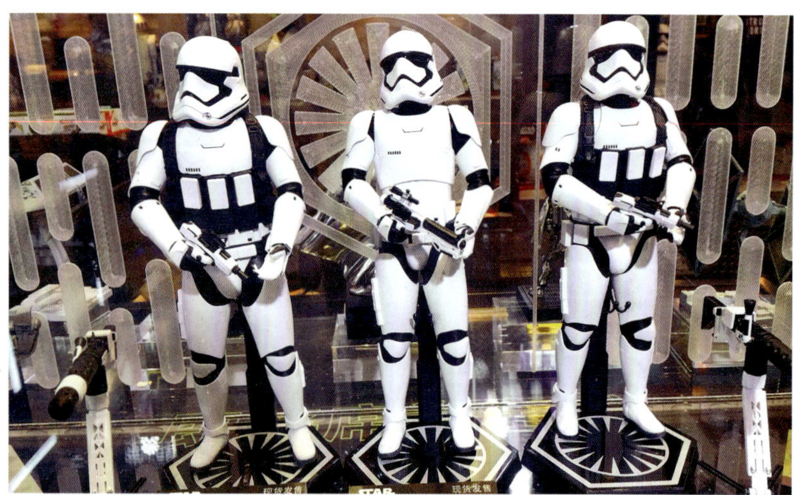

Die Uniform der Sturmtruppen ist heute legendär. Bild: Ilee wu/Flickr/C.C. 2.0

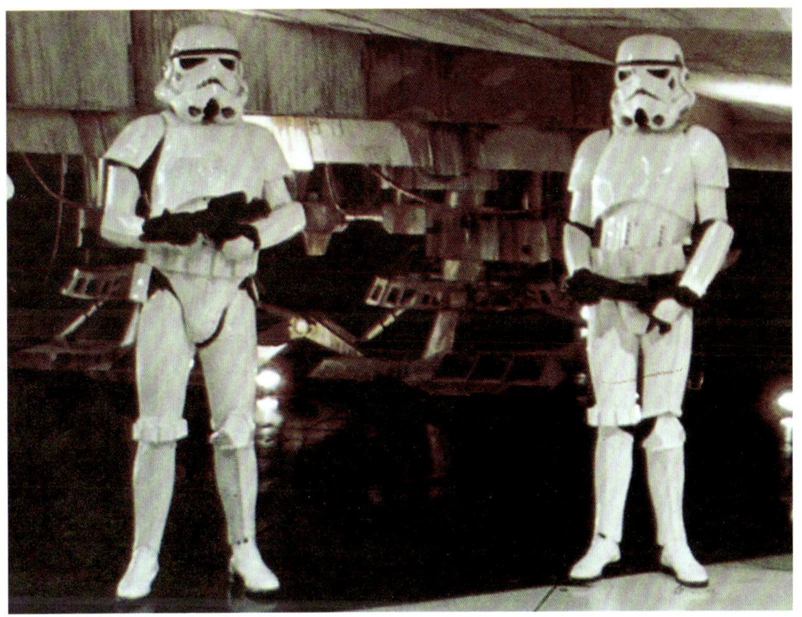

Die Uniformen der Sturmtruppen im ältesten »Star Wars«-Film »Krieg der Sterne sah noch etwas anders aus und hatte weniger Schwarz. Bild: picture-alliance / Mary Evans Picture Library

Ursprünglich waren das Elitetruppen des Imperiums, doch sie entwickelten sich zur Standardtruppe.

Die Sturmtruppen sind eine Infanterie, ausgerüstet sind sie standardmäßig mit Blastergewehren, die konzentrierte Ladungen aus Plasma verschießen. Dieses Plasma kann betäuben oder töten. Das macht sie verwandt mit den Phasern aus »Raumschiff Enterprise«.

Das Ende

Nach dem Untergang des Imperiums waren die Sturmtruppen plötzlich überflüssig. Sie zerstreuten sich und bildeten Söldnereinheiten. Das erinnert stark an die Freikorps, die sich nach dem Ende des Kaiserreichs in Deutschland aus Truppen der kaiserlichen Armee bildeten. Teilweise waren sie aktiv als militärische Gruppierungen, die das Imperium – in Deutschland das Kaiserreich – wiederherstellen wollten.

Als sie sich aufmachten, Leia zu befreien, zogen sich Han Solo und Luke Skywalker Rüstungen der Sturmtruppen an, um unbemerkt in ihre Nähe zu gelangen. Besonders interessant machte die Sturmtruppen die totenkopfähnliche Gesichtsmaske, die sie zu gleichförmigen Kampfmaschinen machten.

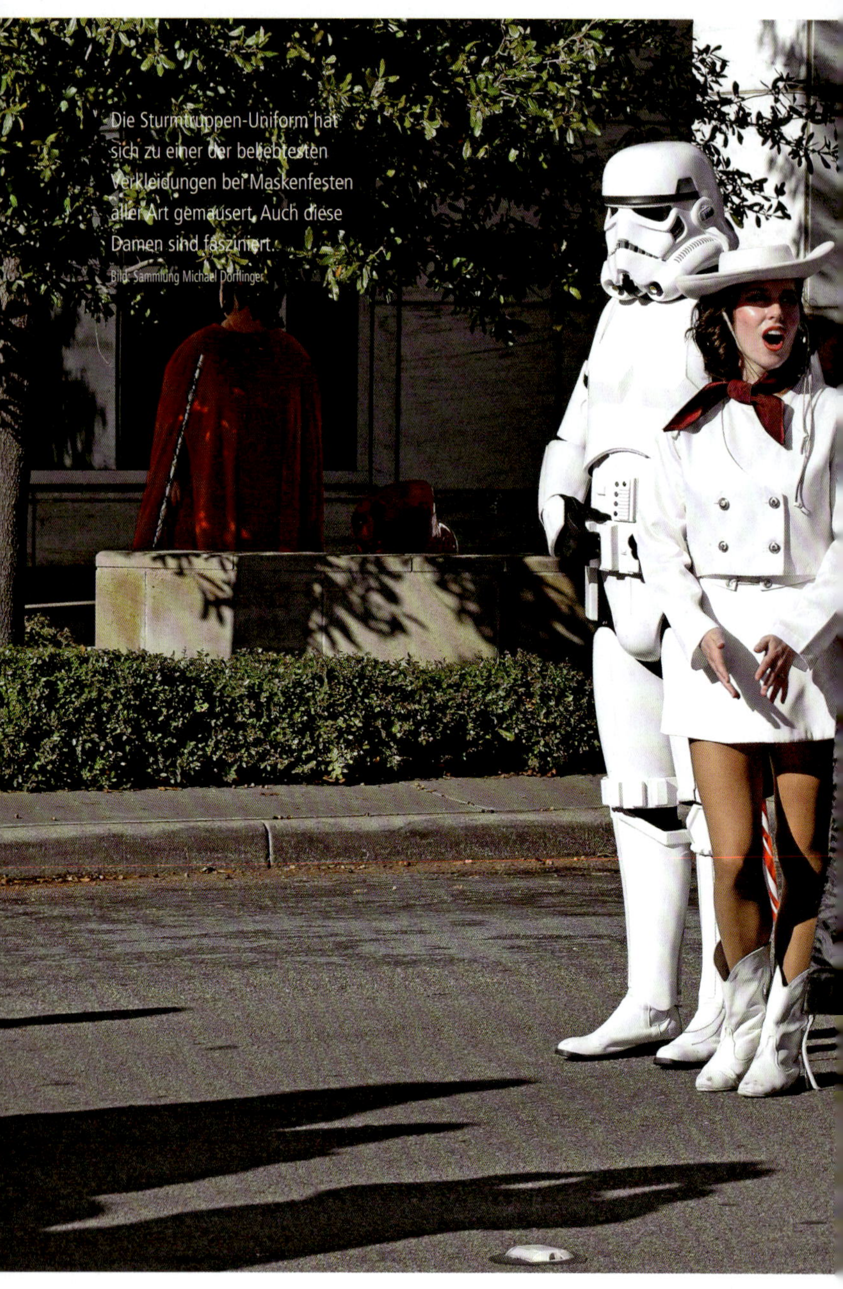

Die Sturmtruppen-Uniform hat sich zu einer der beliebtesten Verkleidungen bei Maskenfesten aller Art gemausert. Auch diese Damen sind fasziniert.

Bild: Sammlung Michael Dorflinger

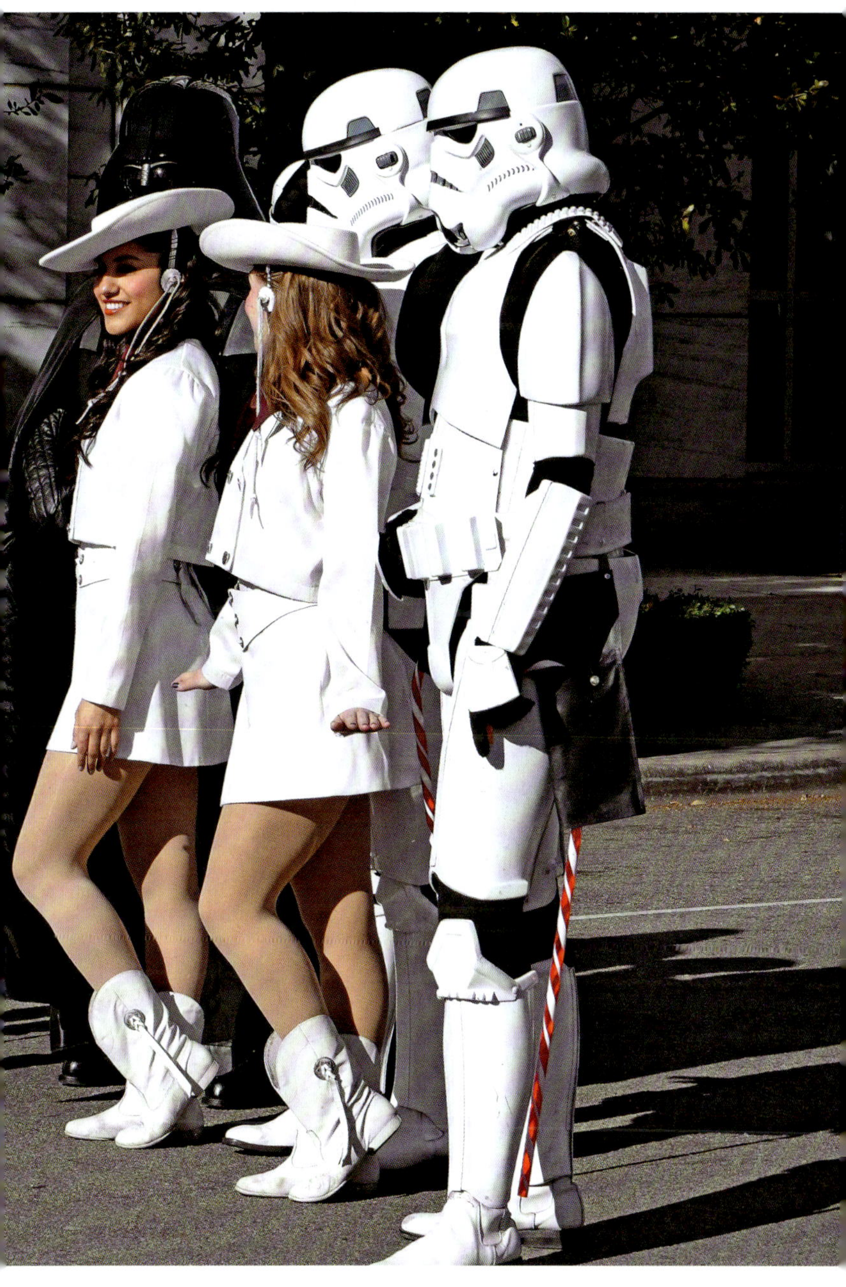

Regisseure von »Star Wars«

Nicht immer war es George Lucas

40

Nach den gesundheitlichen Problemen, die George Lucas während der Dreharbeiten zu »Krieg der Sterne« erlitt, machte es Sinn, die Arbeit an der Fortsetzung auf mehrere Schultern zu verteilen. Für die Ausarbeitung seiner Story zum Drehbuch fand er Lawrence Kasdan. Die Regiearbeit übertrug er einem alten Bekannten, dem 20 Jahre älteren Irvin Kershner, der 1983 den letzten Auftritt Sean Connerys als James Bond in »Sag niemals nie« realisieren sollte. Kershner und Lucas einte eine gemeinsame Leidenschaft für die Filme des japanischen Regisseurs Akira Kurosawa. Kershner machte seine Sache gut und wurde von der Kritik gelobt. George Lucas übernahm die Rolle des ausführenden Produzenten – zusammen mit Gary Kurtz, der schon im ersten Teil als Produzent in Erscheinung getreten war.

»Die Rückkehr der Jedi-Ritter« sollte wieder mit einem eigenen Regisseur realisiert werden. George Lucas hatte der Vorführung eines Rohschnitts des Weltkriegsthrillers »Die Nadel« mit Donald Sutherland beigewohnt und sich sofort dazu entschieden, den Regisseur Richard Marquand zu engagieren.

Anders als bei den Fortsetzungen der ersten Trilogie setzte sich Lucas bei den

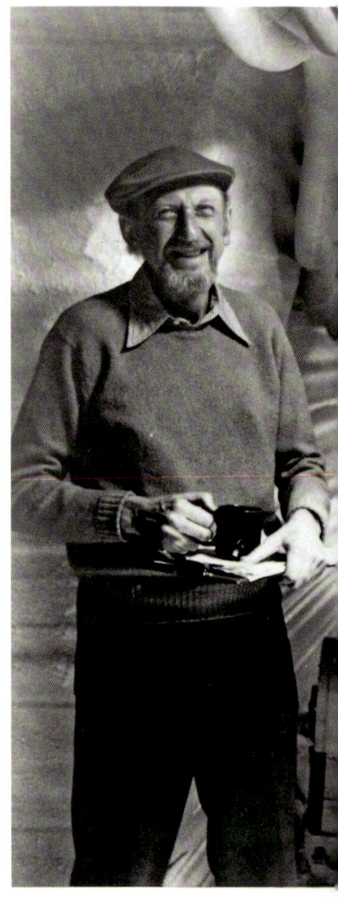

Am Set von »Das Imperium schlägt zurück« stellen sich der Regisseur Irvin Kershner, die ausführenden Produzenten Gary Kurtz und George Lucas sowie der Drehbuchautor Lawrence Kasdan dem Fotografen. Bild: picture alliance / Mary Evans Picture Library

drei Prequel-Filmen wieder selbst in den Regiesessel. Nach einer Pause von zwanzig Jahren. Doch altbacken war das, was Lucas hier umsetzte, garantiert nicht. Im Gegenteil. Was die Special Effects und die Aufnahmetechnik anging, war seine Arbeit wieder mal innovativ und beispielgebend, nicht zuletzt dank seiner Firma Industrial Light & Magic.

Das Arbeiten war nun anders als vor zwanzig Jahren. Der Dreh im Studio und an Schauplätzen in Italien und Tunesien dauerte drei Monate, die Nachbearbeitungen am Computer hingegen, bei der hunderte von Leuten im Einsatz waren, eineinhalb Jahre. Lucas hatte außerdem die Drehbücher wieder selbst geschrieben.

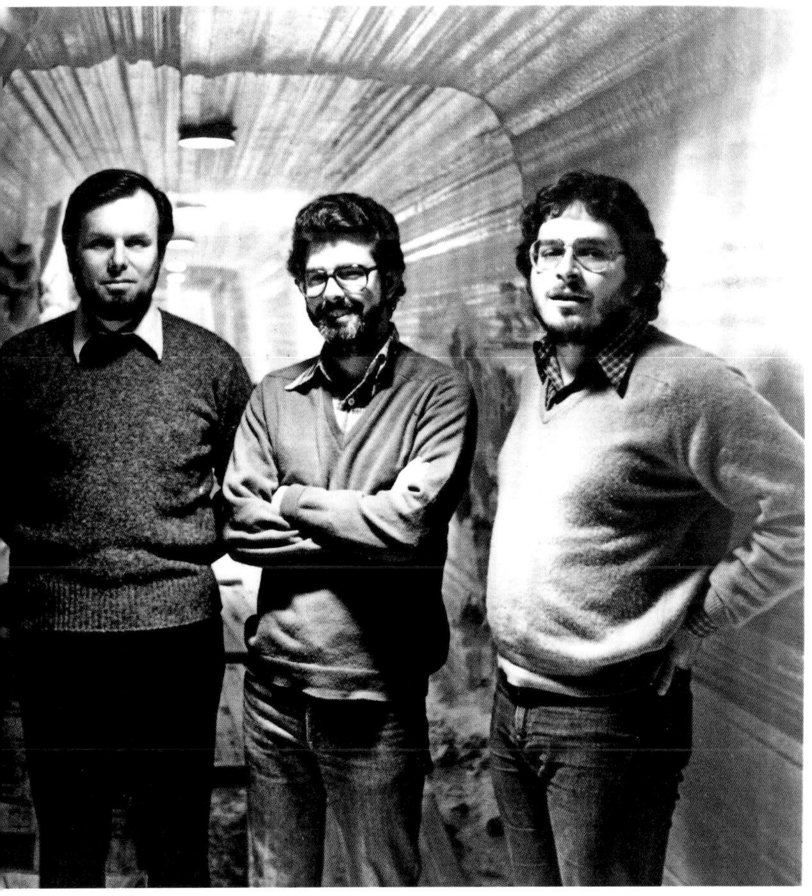

Die Disney-Ära

Die dritte Trilogie kam unter der Ägide von Disney heraus. Als Regisseur wurde Jeffrey Jacob, genannt J. J., Abrams gewonnen, der auch am Drehbuch mitarbeitete, für das wieder Lawrence Kasdan verantwortlich war. Abrams war zuerst als Autor im Filmgeschäft tätig. Sein Regiedebüt war »Mission Impossible III« im Jahr 2006. Den Job bekam er, weil der Hauptdarsteller und Produzent Tom Cruise sich mit dem etatmäßigen Regisseur zerstritten hatte. Drei Jahre später realisierte er den neuen »Star Trek«-Kinofilm, in dem die Figuren der originalen Besatzung um Kirk und Spock wieder zu sehen sind. So gewann er erste Berührung mit dem Science-Fiction-Film.

George Lucas stand nach dem Verkauf von Lucasfilm nicht mehr in der Verantwortung, aber er gab Abrams so manchen wertvollen Tipp. J.J. Abrams sollte später die neunte Episode verfilmen. In der Episode VIII fungierte er als ausführender Produzent. Auf dem Regiesessel durfte Rian Johnson Platz nehmen, der auch das Drehbuch verfasst hatte.

Zuletzt noch ein interessantes Detail: Für den Film »Solo: A Star Wars Story« zeichnete Ron Howard als Regisseur verantwortlich. Der hatte damals bei dem Jugendwerk von George Lucas: »American Graffiti«, als Schauspieler mitgewirkt.

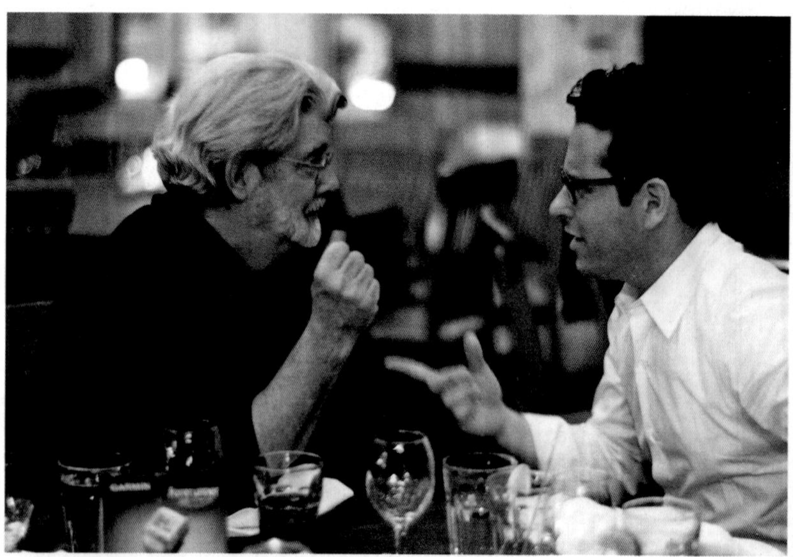

George Lucas und der Regisseur J.J. Abrams im Gespräch. Bild: Joi/C.C. 2.5

41 Die Geschichtenerzähler

Drehbücher der »Star Wars«-Saga

George Lucas wurde nach dem ersten Film für sein Drehbuch zum Teil stark kritisiert. Seine Dialoge seien »spaßig, aber manchmal ausgesprochen hölzern«. Für den zweiten Teil engagierte er Leigh Brackett, die schon 1946 am Drehbuch zu »Tote schlafen fest« mitgearbeitet hatte. Sie fertigte einen Entwurf an, aber tragischerweise starb sie kurz danach. So wurde Lawrence Kasdan engagiert, der zusammen mit Lucas auch das Drehbuch der Episode VI schrieb und 2015 noch einmal in Erscheinung treten sollte, als er zusammen mit J. J. Abrams und Michael Arndt das Drehbuch der Episode VII verfasste. Die Drehbücher des Prequels machte Lucas. In der dritten Trilogie erarbeiteten die Regisseure das Drehbuch, teils mit anderen.

42 Die Macher

Produzenten der »Star Wars«-Saga

Bei den ersten beiden Filmen »Krieg der Sterne« und »Das Imperium schlägt zurück« war Gary Kurtz Produzent. Diese Aufgabe hatte er bereits bei »American Graffiti« wahrgenommen. Doch dann gab es Meinungsverschiedenheiten und Lucas holte sich Howard G. Kazanjian. Für die Prequel-Trilogie engagierte Lucas Rick McCallum, mit dem er bereits die Fernsehserie »Die Abenteuer des jungen Indiana Jones« produziert hatte. Danach war McCallum an der Wiederveröffentlichung der Episoden IV bis VI beteiligt, die vor der neuen Serie überarbeitet und verbessert noch einmal in die Kinos kamen.

Bei »Star Wars: Das Erwachen der Macht« 2015 trat Kathleen Kennedy als Produzentin in Erscheinung, die 2012 als Präsidentin von Lucasfilm eingesetzt worden war. Kennedy hatte früher eng mit Steven Spielberg zusammengearbeitet und hatte bis dato Kassenschlager wie »E.T.«, »Jurassic Park« oder »Sixth Sense« betreut. Teilweise holte sie J.J. Abrams, den Regisseur, an ihre Seite.

Die helle Seite triumphiert

»Die Rückkehr der Jedi-Ritter« (1983)

43

Das Imperium baut einen neuen Todesstern. Han Solo ist immer noch auf Tatooine gefangen. Skywalker schleust die beiden Droiden C-3PO und R2-D2 bei Jabba ein. Dann erscheint ein geheimnisvoller Kopfgeldjäger, der Chewbacca gefangen hat und nun seine Belohnung will. In der Nacht schleicht er sich zum gefrosteten Han Solo und taut ihn auf. Es ist die verkleidete Leia! Doch die Befreiungstat wird entdeckt. Solo landet in Chewbaccas Zelle, die Prinzessin wird leicht bekleidet an Jabbas Thron angekettet. Später wird auch noch Luke gefangen und die Lage scheint aussichtslos. Doch wie durch ein Wunder können sie sich befreien. Leia schafft es, Jabba zu töten und kommt so ebenfalls frei.

Noch einmal sucht Skywalker Yoda auf, um seine Ausbildung zum Jedi-Ritter abzuschließen. Doch er trifft einen Sterbenden. Yoda kann ihm noch versichern, dass Darth Vader sein Vater ist und er zum Jedi-Ritter wird, wenn er ihn besiegt, dann lebt er nicht mehr. Sein Körper geht in der Macht auf. Da erscheint Obi-Wan und erklärt Luke, dass Leia seine Zwillingsschwester ist.

Der zweite Todesstern

Die Rebellen haben herausgefunden, dass der neue Todesstern einen Schutzschild hat, dessen Generator sich auf dem Waldmond Endor befindet. Ziel ist es, diesen Generator zu zerstören, um den Todesstern angreifen zu können. Endor wird allerdings von den Truppen des Imperators gut bewacht, so dass dieser Angriff kein Spaziergang wird. Es kommt zu Kämpfen, Leia verliert den Kontakt zur Gruppe und stößt auf einen Ewok, das sind haarige kleine Wesen, mittelalterlich gekleidet und friedliebend. Nach einigen Auseinandersetzungen mit den argwöhnischen Zwergengestalten können die bärenhaften Gestalten als Verbündete gewonnen werden. So gelingt es auch, den Generator zu zerstören. Die Szenen auf dem Waldmond Endor wurden im Grizzly Creek Redwoods State Park im Norden Kaliforniens gedreht.

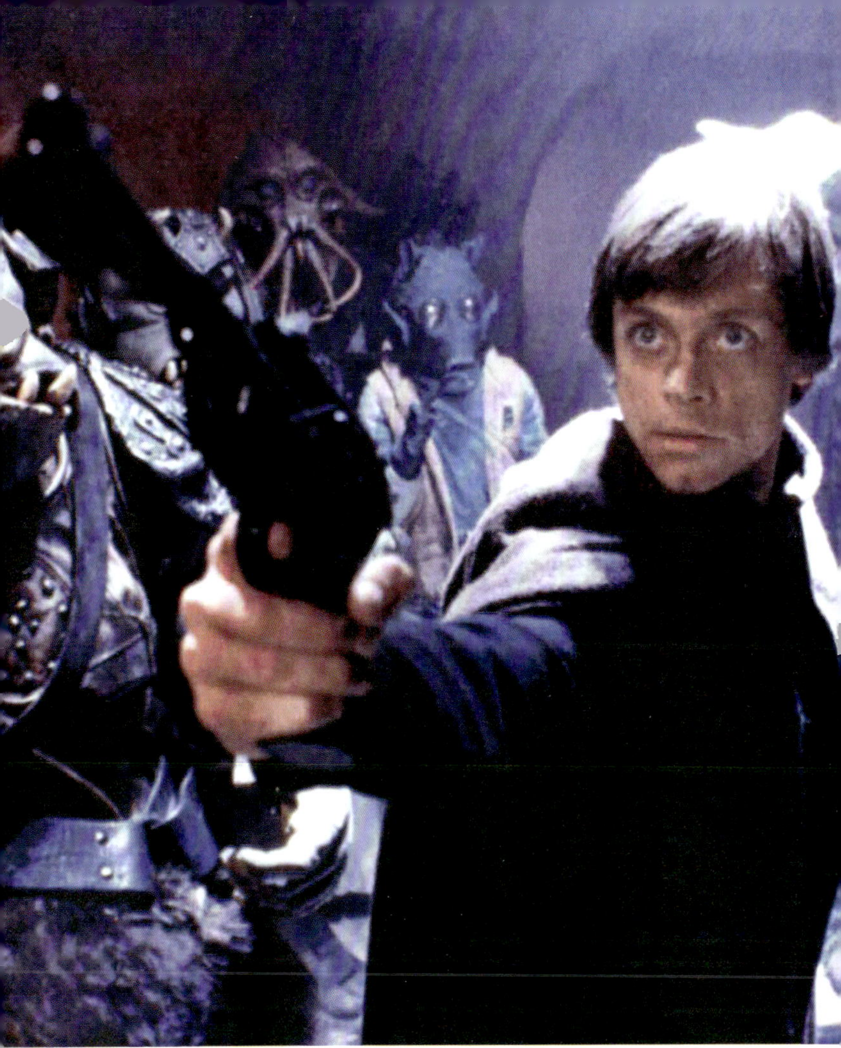

Luke Skywalker will Jedi-Ritter werden. Bild: Sammlung Thomas Anderson

Luke Skywalker hat sich gefangen nehmen lassen, um zu versuchen, seinen Vater wieder auf die helle Seite der Macht zu ziehen. Der Imperator wiederum will Luke auf die dunkle Seite holen. Auf dem Todesstern kommt es zum großen Showdown. Der Imperator zeigt Luke, dass der Todesstern schon funktionsfähig ist und die Rebellenschiffe chancenlos sind. Luke will wütend auf den Imperator eindringen, doch Darth Vader wirft sich schützend dazwischen. Es kommt zum Lichtschwertduell. Würde Luke Vader töten, wäre er der dunklen Seite verfallen. Er siegt, lässt Vader aber leben. Das bringt den Imperator auf die Palme. Er versucht, Luke mit Machtblitzen zu töten. In höchster Not bittet Luke seinen Vater um Hilfe. Da erwachen die väterlichen Gefühle des früheren Anakin Skywalker und er wirft mit letzter Kraft den Gewaltherrscher in einen Reaktorschacht. Er ist auf die helle Seite zurückgekehrt. Luke nimmt ihn in der Raumfähre mit, die beiden versöhnen sich. Darth Vader lässt seine Maske abnehmen, damit er

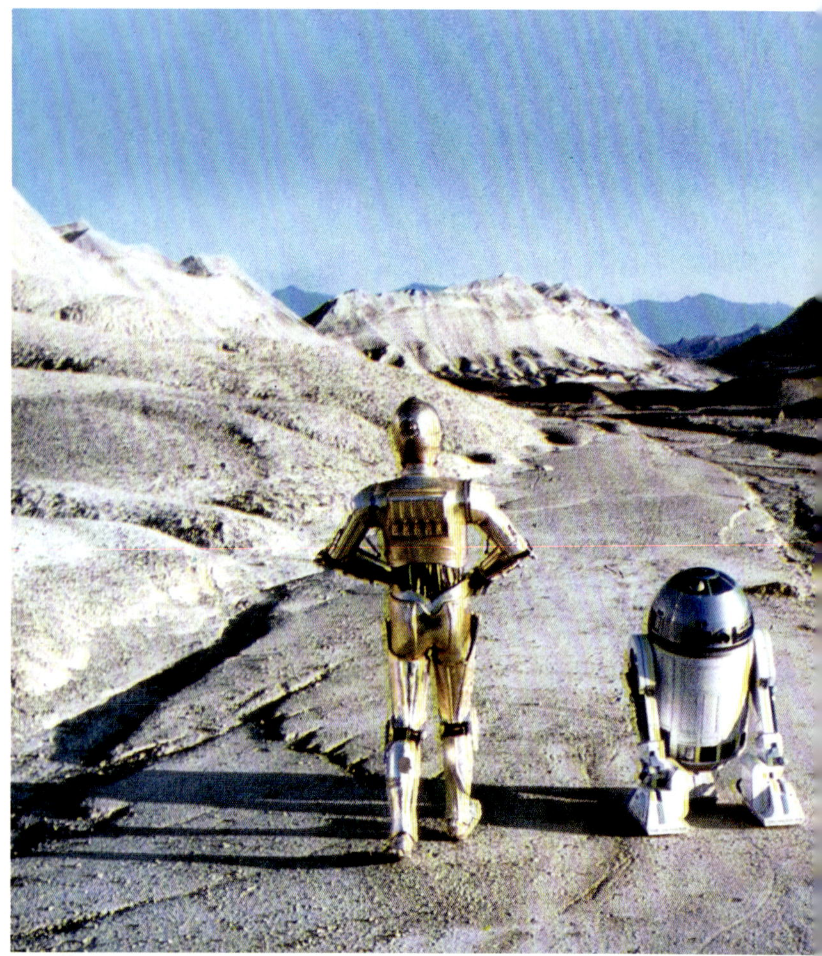

Sohn Skywalker noch einmal sehen kann. Damit legt er auch symbolisch seine Existenz als Darth Vader ab. Vater Skywalker stirbt. Die Fähre verlässt den Todesstern, der dank Han Solos Einsatz auf Endor nun keinen Schutzschirm mehr hat. Jetzt kann der zweite Todesstern vernichtet werden.

Hin zu einer besseren Zeit

Die Macht des Imperiums ist gebrochen, der Galaktische Bürgerkrieg ist endlich zuende. Das ist der Beginn der neuen Republik, einer Zeit der Freiheit. Die erste Trilogie, die später zur zweiten wurde, findet ein richtig gutes Ende. Anakin Skywalker wird feierlich eingeäschert. Am Abend tauchen vor Luke Skywalker die Machterscheinungen von Obi-Wan Kenobi, Yoda und Anakin Skywalker auf. Diese Szene wurde 2004 verändert. Inzwischen war Episode II gedreht worden, in der Hayden Christensen den jungen Anakin spielte. So wurde in der neuen DVD-Version der Schauspieler Sebastian Shaw, der 1983 den jungen Skywalker-Vater in dieser Szene gespielt hatte, in einer Neuaufnahme durch Christensen ersetzt.

In den USA kam der Film am 25. Mai 1983 in die Kinos, genau sechs Jahre nach dem ersten Teil. In der Bundesrepublik Deutschland mussten die Filmfans bis zum 9. Dezember 1983 warten. »Die Rückkehr der Jedi-Ritter« bekam einen Sonderoscar für visuelle Effekte und wurde viermal nominiert.

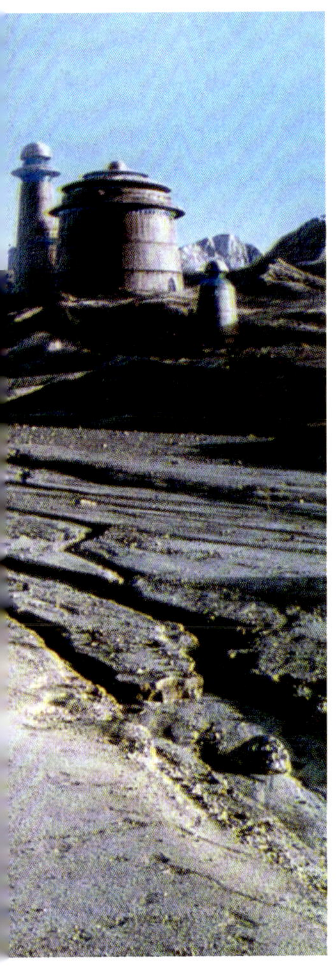

Die beiden sympathischen Droiden C-3PO (links) und R2-D2 auf dem Weg zu Jabbas Palast auf dem Wüstenplaneten Tatooine, der rechts im Hintergrund zu sehen ist. Es gilt der Befreiung von Han Solo, der in der vorherigen Episode von Boba Fett hierher geschafft worden war. Bild: Picture alliance / Mary Evans Picture Library

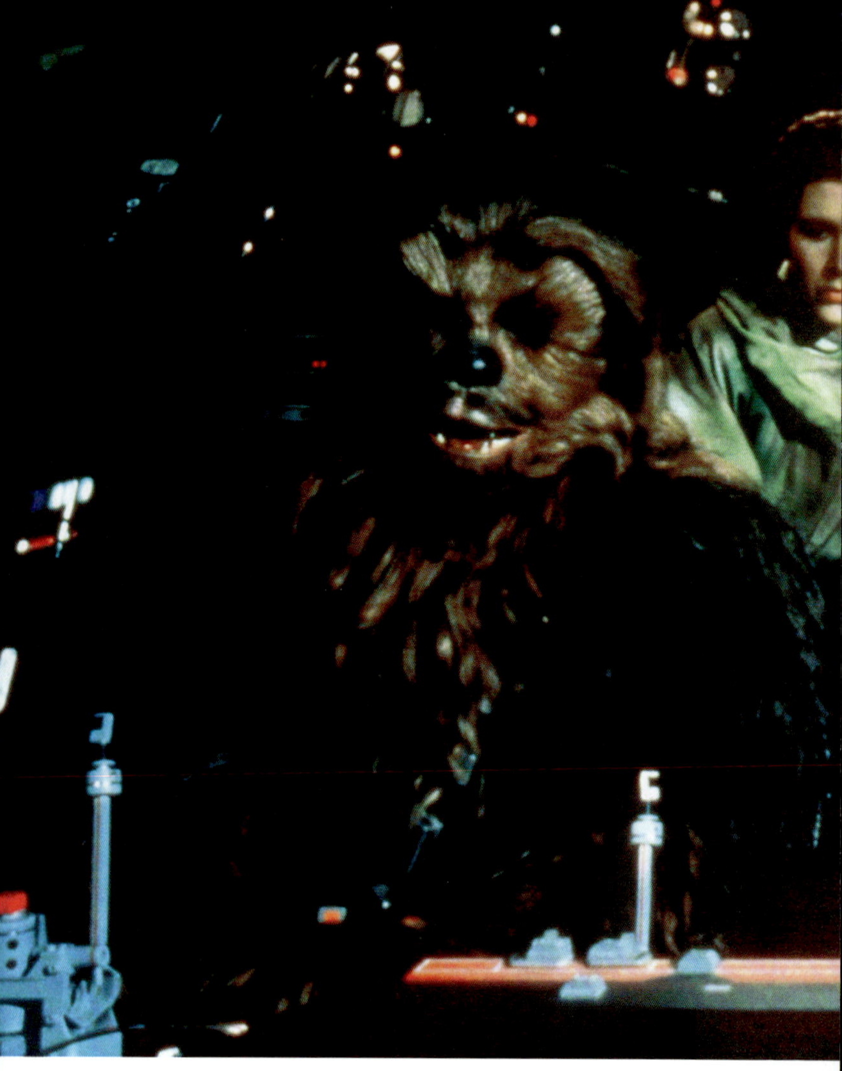

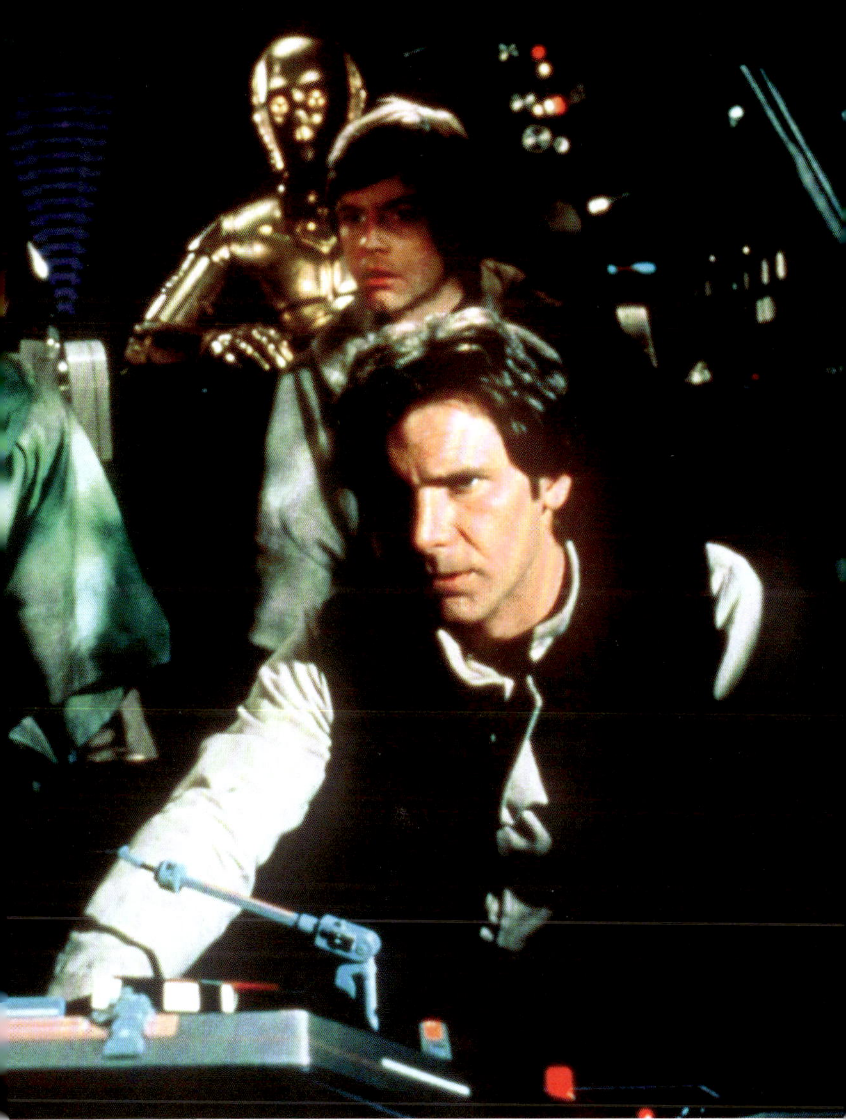

Chewbacca, Prinzessin Leia, C-3PO, Luke Skywalker und Han Solo im Millenium Falken. Der Entscheidungskampf mit dem Imperium wird in »Die Rückkehr der Jedi-Ritter« entschieden, die Galaxie wird von der Gewaltherrschaft befreit. Bild: picture alliance/United Archives /United Archives / kpa Publicity

Reagans »Krieg der Sterne«

Der Wirbel um SDI

44

Im März 1983 wurde schon viel über das bald in die Kinos kommende dritte Abenteuer der »Star Wars«-Saga spekuliert. Aus dem Oval Office verkündete US-Präsident Ronald Reagan seine neuesten Pläne zur Verteidigung des Landes und seiner Verbündeten. Unter der Bezeichnung Strategic Defense Initiative (SDI) sollten umfangreiche Forschungs- und Entwicklungsschritte unternommen werden, um einen möglichen Angriff sowjetischer Langstreckenraketen frühzeitig abfangen zu können. Weil das Projekt auch den Einsatz von Waffen vorsah, die im Weltraum stationiert werden sollten, sprach man in der Öffentlichkeit auch gern vom »Star Wars«-Programm.

1983 stand der Ost-West-Konflikt, der sogenannte Kalte Krieg, an einem kritischen Punkt. Im NATO-Doppelbeschluss von 1979 war festgeschrieben, dass die USA in Europa Mittelstreckenraketen stationieren würden, wenn Verhandlungen mit der Sowjetunion bis 1983 kein Abrüs-

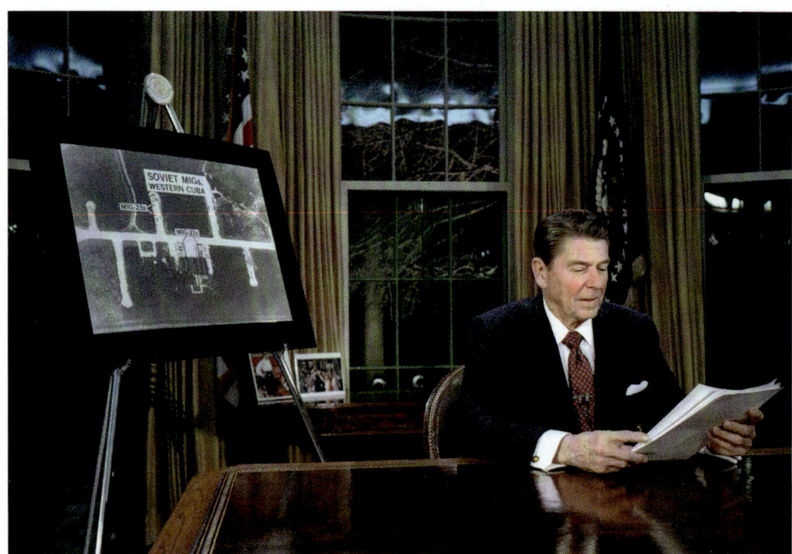

US-Präsident Ronald Reagan hielt am 23. März 1983 seine berühmt gewordene SDI-Rede. Links eine Luftaufnahme eines sowjetischen Stützpunkts auf Kuba. Bild: White House Photographic Collection

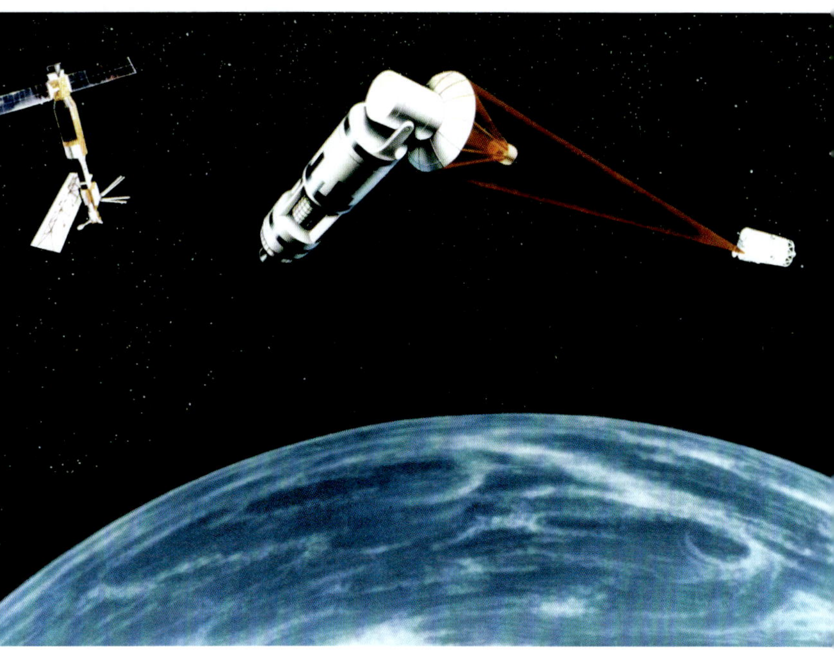

Eine Grafik, wie man sich die Laserwaffen im Weltraum vorstellte, die feindliche Raketen im All abschießen sollten. Bild: U.S. Air Force

tungsabkommen erzielen sollten. Dieser Plan erweckte die Friedensbewegung, die in jenen Jahren immer mehr Anhänger gewann. Doch die Bundesregierung hielt am Doppelbeschluss fest und stimmte der Aufstellung atomarer Pershing-Raketen zu. Die Fronten von Warschauer Pakt und NATO waren verhärtet. Reagan, als rauhbeiniger Cowboy bekannt, beharrte auf seiner Politik der Abschreckung. Mit dem SDI-Programm sollten die USA vor einem russischen Erstschlag gesichert werden. Dafür sollten Laserwaffen, hochleistungsfähige Zielgeräte oder modernste Artillerie vom Boden aus beitragen. Der Raketenschutzschirm barg aber für viele Skeptiker die Gefahr, dass die Sowjets möglicherweise angreifen würden, bevor das neue System funktionierte – was bis heute noch nicht der Fall ist.

In Deutschland war die politische und öffentliche Kontroverse geprägt von antiamerikanischer Haltung und der großen Angst vor einem Atomkrieg. Die SPD war strikt gegen das Programm, die Regierungsparteien zeigten sich zur Zusammenarbeit mit den USA bereit. Unter den Gegnern des Programms war der Slogan »Kein Krieg der Sterne!« bekannt. Zum Glück beendete der Mauerfall 1989 diese Diskussion.

Science-Fiction in Hollywood

Grandiose Filme

45

Unter den erfolgreichsten Filmen der Welt findet man überraschend viele Science-Fiction-Stoffe. Darunter werden die Fantasy-Filme eingereiht. Die Grenzen sind fließend. Die Plätze 1 und 3 besetzen die beiden Avatar-Filme des erfolgreichen David Cameron. Diese Mischung aus realen Gestalten und Computeranimation traf offenbar den Nerv der Zeit nach der Jahrtausendwende. Dazwischen liegt einer der von Disney produzierten Superhelden-Filme der Marvel-Comics.

Gleich hinter »Titanic«, wieder von James Cameron, folgt der erfolgreichste »Star Wars«-Film »Das Erwachen der Macht«. Als »Krieg der Sterne« 1977 herauskam, katapultierte er sich an die Spitze der Statistik. Im gleichen Jahr brachte Steven Spielberg den Film »Unheimliche Begegnung der dritten Art« in die Kinos. Hier geht es um die Landung von friedlichen Außerirdischen, die von der amerikanischen Regierung verfolgt werden. Fünf Jahre später zeigte Steven Spielberg mit »E.T. – Der Außerirdische« eine ähnliche Geschichte. Diesmal ist ein kleines grünes Männchen gelandet und ein Junge tut alles, um ihn vor den Behörden in Sicherheit zu bringen.

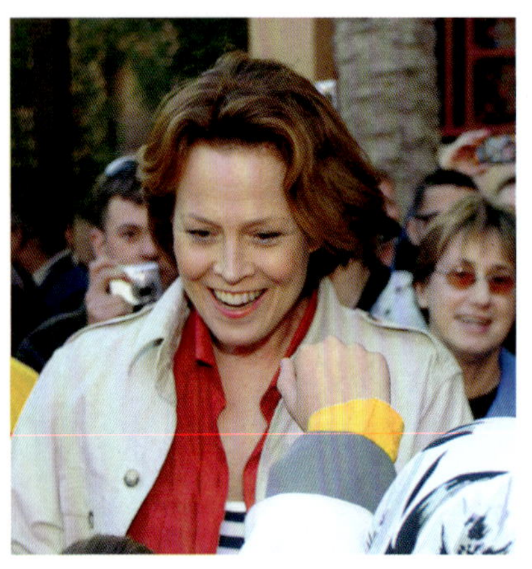

Unter Fans fühlt sich die Schauspielerin Sigourney Weaver deutlich wohler als unter Aliens. Bild: Sammlung Michael Dörflinger

Eine andere Art der Science-Fiction präsentierte die »Alien«-Filmreihe. 1979 kam der erste Film heraus, der sehr viele Elemente des Horrorfilms in die Weltraumthematik brachte. Die arme Sigourney Weaver musste in vier der bislang sechs Filmen einige unappetitliche Szenen erleben. Die »Alien«-Reihe glänzte vor allem mit atemberaubenden visuellen Effekten, die zwei Oscars und zwei Nominierungen erhielten.

Interessant am Rande ist die Liste der erfolgreichsten Filme in Deutschland. Da schaffte es nur »Star Wars: Das Erwachen der Macht« auf Platz 43.

Kostüme und Uniformen

Bewusste Anleihen und Fantasie

46

Die Ähnlichkeit des Helms von Darth Vader mit dem deutschen Stahlhelm des Ersten Weltkriegs, wo ihn erstmals die Sturm-Bataillone trugen, ist bekannt. Noch ähnlicher ist er den in schwarze Uniformen gekleideten SS-Truppen. Seine Atemmaske im ersten Film erinnert an die Gasmasken aus dem Ersten Weltkrieg.

Interessant ist die Uniform von Moff Jerjerrod, die sich stark an die der Japaner im Zweiten Weltkrieg anlehnt. Bei den Sturmtruppen, die ganz in Weiß sind, soll an Skelette mit Totenköpfen erinnert werden.

Dagegen hat etwa Han Solo eine Kleidung, die an den Wilden Westen erinnert und damit beim Betrachter gleich positive Gefühle erzeugt. Yoda oder Ben Kenobi haben mit ihren Kutten etwas Mystisches, Geheimnisvolles an sich, das schon ihre besondere Position als Jedi-Meister und mit der Macht Verbundene zeigt.

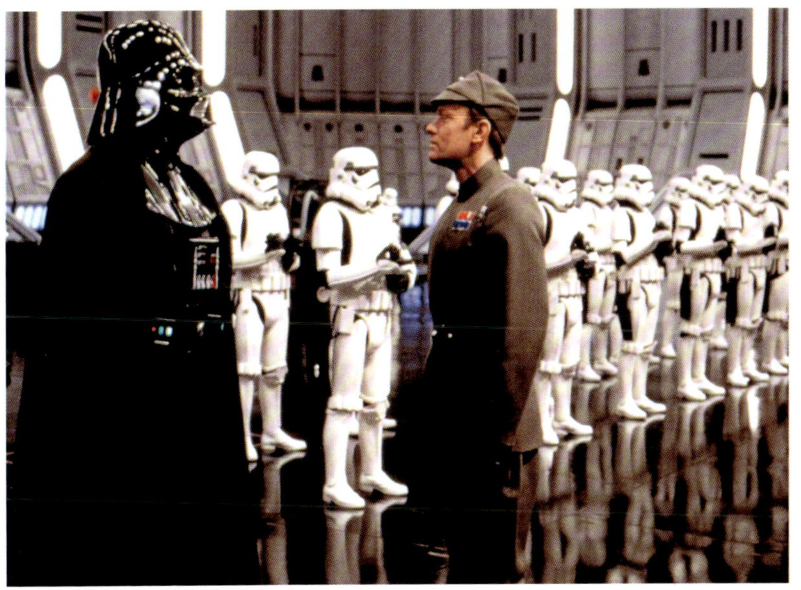

Darth Vader mit »deutschem« Helm, Moff Jerjerrod mit »japanischer« Kopfbedeckung in »Die Rückkehr der Jedi-Ritter«. Bild: picture alliance / PictureLux/The Hollywood Archive / Cinema Legacy Collection/The Hollywood Archive

»Spaceballs« von Mel Brooks

»Star Wars« auf die Schippe genommen

47

1987 brachte der damals unglaublich beliebte Komiker, Drehbuchautor und Regisseur Mel Brooks den Film »Spaceballs – Mel Brooks' verrückte Raumfahrt« heraus. Mit Filmen wie »Frankenstein junior«, »Silent Movie« oder »Die verrückte Geschichte der Welt« hat er Klassiker der Parodie hervorgebracht, die auch heute noch eine Wiederholung wert sind. Bei »Spaceballs« hat er sich den Science-Fiction-Filmen angenähert – und damit vor allem die berühmtesten Streifen, die »Star Wars«-Trilogie, aufs Korn genommen.

Eine irre Handlung

In dem Film geht es um den Planeten der Spaceballs, dessen Überleben bedroht ist. Der Präsident weiß nur einen Ausweg: Es braucht die geheime Zahlenkombination des Planeten Druidia, der damit ein schützendes Kraftwerk regelt. Sein finsterer Plan sieht vor, die Prinzessin zu entführen und die Kombination zu erpressen. Lord Helmchen, eine Anspielung auf Darth Vader, soll den Raub der Prinzessin Vespa ausführen. Er hat ebenfalls einen schwarzen Helm, allerdings deutlich größer, und eine schwarze Uniform. Der Schurke ist sehr klein und wirkt ein bisschen wie ein zweiter Woody Allen.

Mit seinem gigantischen Kommandoschiff »Spaceball 1« gelingt Helmchen der Anschlag. Doch Vespas Vater, König Roland, weiß sich zu helfen und bittet den Weltraumabenteurer Lone Starr um Hilfe. Bereits der Name macht klar, das ist ein anderer Han Solo. Der hat natürlich auch einen treuen Begleiter, den Möter Waldi – halb Mensch, halb Köter wurde damals zu einem häufig gebrauchten Ausspruch. Gespielt wurde er vom grandiosen John Candy. Bill Pullman spielt in einer seiner ersten Rollen den Lone Starr. Den beiden gelingt die Rettung der Prinzessin und ihrer Roboter-Zofe, die an C-3PO erinnert. Sie landen bei Yoghurt, der Lone Starr einen Saft schenkt, der ihm große Macht verleiht. Damit gelingt es ihm, in einem Lichtschwertduell den Bösewicht Helmchen zu besiegen. Am Ende steht ein Happy End mit der Prinzessin.

Die Anspielungen auf »Star Wars« sind nicht zu übersehen, doch Mel Brooks hat sich auch bei vielen anderen Science-Fiction-Filmen und -Serien bedient. Am Ende hat dann sogar noch der Millenium Falke von Han Solo einen Cameo-Auftritt auf dem Landungsdeck eines Restaurants.

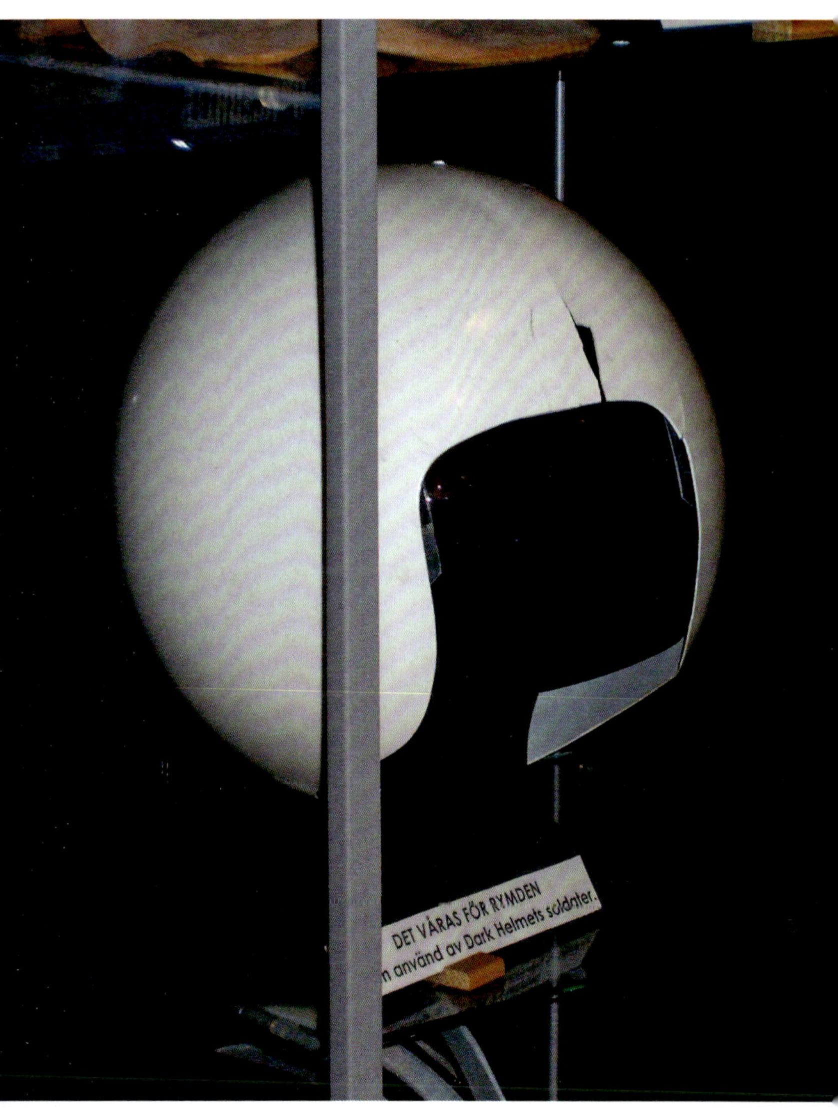

Dies ist einer der Helme, die in »Spaceballs« getragen wurden. Er liegt irgendwo zwischen Calimero-Hut und einer Bowlingkugel. Bild: Egon Eagle

Kritiker

48

An »Star Wars« scheiden sich die Geister

Die »Star Wars«-Trilogien gehören nach ihren Einspielergebnissen zu den erfolgreichsten Spielfilm-Reihen aller Zeiten. Die Anhänger lieben sie. Wie aber sieht es bei den Rezensenten aus? Schauen wir uns mal ein bisschen um. Bereits der erste Film der Reihe wurde 1977 von den einen in den höchsten Tönen gelobt, von anderen dagegen eher kritisch beäugt. Der Großteil der US-Presse zeigte sich begeistert und sogar in der eher unterkühlten New York Times wurde er zum »schönsten Film überhaupt« gekürt (»the most elaborate, most expensive, most beautiful movie serial ever made«).

Doch so mancher sah die kleinen Defizite, nach dem Motto »Der erste Film war gar nicht schlecht, auch wenn erst bei Minute 30 ein kompetenter Schauspieler auftaucht.« Besonders die Rezensenten der bundesdeutschen Bildungspresse schienen sich im Kino gelangweilt zu haben. Ihnen war der Film natürlich zu flach Schwarz-Weiß.

Neue Filme und Veränderungen

Die beiden anderen Filme kamen nicht ganz so gut weg, was sich interessanterweise auch bei der Oscar-Verleihung widerspiegelte. Viele Fans der Reihe standen der »Special Edition« ähnlich reserviert gegenüber wie viele Kritiker, die die Veränderungen ablehnten und darauf hinwiesen, dass die neuen Techniken bald veralten und das Gesamtbild unstimmig wird. Und dann war da noch Han Solos Schuss (siehe Kapitel 51).

Die Kritik der Prequel-Trilogie entsprach weitgehend einer Analyse des Hollywood-Films der 21. Jahrhunderts allgemein: es fehle an Witz, die Handlung sei eher langatmig, die Schauspieler überzeugen nicht so recht, man hängt sich an altbewährte Stoffe an – aber die Special Effects und die computergenerierten Außerirdischen sind hervorragend.

Begeisterten Enthusiasten stehen Gleichgültige und erbitterte Feinde gegenüber. Doch das geschieht nur, wenn es sich um ein wirklich einflussreiches und wichtiges Werk handelt. Dieses Phänomen kann man oft beobachten. Man denke nur an die Wagnerianer, die Richard Wagners Werk wie eine Religion verehrten, und ihre Gegner; oder an die Freudianer und ihre Widersacher, die die Psychoanalyse ablehnen. »Star Wars« ist trotz aller Mängel, die die Saga haben mag, ein Phänomen mit weitreichenden Auswirkungen auf die Kultur und die Gesellschaft.

So teuer waren die Filme

49

Die Budgets, die zur Verfügung standen

Diese Tabelle zeigt die unglaubliche Entwicklung der Produktionskosten der drei Trilogien. Hinzu kommen die beiden Filme »Rogue One« mit 262 Millionen US-Dollar und »Solo« sogar mit 275 Millionen Budget.

Film	Budget
Krieg der Sterne (Star Wars: Episode IV – Eine neue Hoffnung)	11.000.000 US-Dollar
Das Imperium schlägt zurück	23.000.000 US-Dollar
Die Rückkehr der Jedi-Ritter	32.500.000 US-Dollar
Star Wars: Episode I – Die dunkle Bedrohung	115.000.000 US-Dollar
Star Wars: Episode II – Angriff der Klonkrieger	115.000.000 US-Dollar
Star Wars: Episode III – Die Rache der Sith	115.000.000 US-Dollar
Star Wars: Das Erwachen der Macht	306.000.000 US-Dollar
Star Wars: Die letzten Jedi	262.000.000 US-Dollar
Star Wars: Der Aufstieg Skywalkers	275.000.000 US-Dollar

Einspielergebnisse

50

Rekorde, Rekorde, Rekorde

Die Zahlen an den Kinokassen bedeuteten für Lucasfilm meist Rekorde. »Krieg der Sterne« wurde zum erfolgreichsten Film aller Zeiten, 1982 von »E.T.« verdrängt, stand aber nach der »Special Edition« 1997 wieder vorn. Doch schon im November des gleichen Jahres kam »Titanic«. Im Hinterkopf zu merken: Inflation und steigende Ticketpreise erhöhen die Summe.

Film	Einspielergebnis
Krieg der Sterne (Star Wars: Episode IV – Eine neue Hoffnung)	775.400.000 US-Dollar
Das Imperium schlägt zurück	549.000.000 US-Dollar
Die Rückkehr der Jedi-Ritter	482.400.000 US-Dollar
Star Wars: Episode I – Die dunkle Bedrohung	1.027.000.000 US-Dollar
Star Wars: Episode II – Angriff der Klonkrieger	656.700.000 US-Dollar
Star Wars: Episode III – Die Rache der Sith	849.000.000 US-Dollar
Star Wars: Das Erwachen der Macht	2.064.600.000 US-Dollar
Star Wars: Die letzten Jedi	1.055.000.000 US-Dollar
Star Wars: Der Aufstieg Skywalkers	1.072.800.000 US-Dollar

Die Special Edition von 1997

51

Wieder in die Kinos in neuer Fassung

1992 (in Deutschland 1993) rieben sich einige Cineasten verwundert die Augen, denn ins Kino kam ein Film, den sie eigentlich schon seit zehn Jahren kannten: »Blade Runner« mit Harrison Ford in der Hauptrolle. Es war der vermutlich erste »Director`s Cut« der Filmgeschichte. Viele erfolgreiche Filme bekamen in den Jahren darauf solche Neufassungen. George Lucas hatte 1994 mit dem Drehbuch der Prequel-Trilogie begonnen. Sicher auch, um das Interesse der Fans neu einzuheizen und die Neugier auf »Die dunkle Bedrohung« zu vergrößern, sollte die klassische Trilogie überarbeitet und als »Special Edition« noch einmal in die Kinos kommen.

Aus »Krieg der Sterne« wird Episode IV

»Krieg der Sterne« war in den Jahren nach 1977 mehrmals in die Kinos zurückgekehrt: 1978, 1979, 1981 und 1982 lief er noch einmal in den amerikanischen Kinos. 1981 hatte der Film in Amerika einen neuen Namen bekommen: »Star Wars. Episode IV – A New Hope«, denn »Das Imperium schlägt zurück« war im Vorjahr gleich mit dem Untertitel »Episode V« an den Start gegangen. Damit wurde klar, dass noch drei Episoden fehlten, die vor dem »Krieg der Sterne« spielen würden.

Im Januar 1997 kam »Krieg der Sterne: Episode IV – Eine neue Hoffnung – Special Edition« in die Kinos. Viele älter Gewordene fühlten sich an ihre Jugend erinnert und strömten in die inzwischen auch deutlich moderneren Filmtheater. Sie wurden nicht enttäuscht, denn der Film war technisch überarbeitet und viele Special Effects wurden mit Hilfe des Computers neuer und besser gebracht. Vieles, das Lucas bereits 1977 vorgeschwebt hatte, konnte nun mit neuer Technik umgesetzt werden. Dadurch änderte sich auch der Inhalt etwas. So trat Jabba in der Form der späteren Folgen auf, in der ersten Fassung war auf ihn verzichtet worden, weil man keine rechtzeitige Umsetzung der Figur mehr geschafft hatte. Jetzt verhandelt Harrison Ford mit dem fetten Ungetüm, was dem Film nur gut tut.

Die Szenen in Mos Eisley waren eine ideale Spielwiese für die Animateure. Sie wurden durch die Zuspielung neuer Touristen mit urigen Gestalten und Gesichtern neu bevölkert. In der Weltraumbar Chalmuns Cantina, wo Luke und Obi-Wan eine Reisemöglichkeit suchen, wurde eine Szene geändert, die bei den Fans lange für Kontroversen sorgte. Han Solo

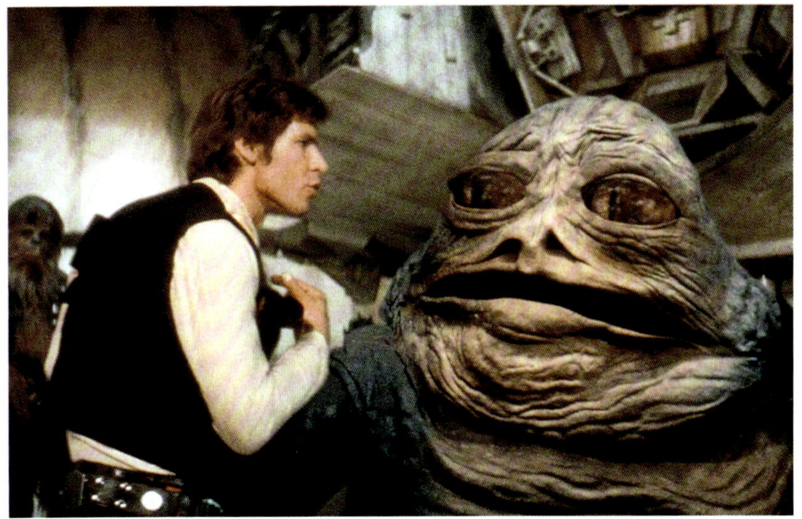

Han Solo diskutiert mit Jabba in der Special Edition. Bild: picture alliance/United Archives /Publicity Still

hat mit dem Kopfgeldjäger Greedo eine Auseinandersetzung und erschießt ihn. In der überarbeiteten Fassung schießt Greedo zuerst, verfehlt Han aber und wird dann getötet. So sieht das eher nach Notwehr aus. Lucas wollte seiner Leia keinen eiskalten Killer zumuten. Und John Wayne schießt auch nie zuerst.

Was für die Macher nur ein Detail zu sein schien, war für die Fangemeinde Anlass zu großen Diskussionen. Die Aussage »Han shot first!« (»Han hat zuerst geschossen!«) wurde legendär. Dahinter steckte, dass die Kritiker die Wandlung Solos vom zwiespältigen Charakter zum Helden der Trilogie dadurch verwässert sahen. Noch dazu ist es für einen Kopfgeldjäger schon äußerst schwach, wenn er aus dieser Entfernung vorbeischießt. – Die Szene wurde in späteren Versionen noch mehrfach überarbeitet.

Im Abstand von einem Monat wurden alle drei modernisierten Filme der Trilogie neu gezeigt. Die Kinokassen klingelten. Diese Fassungen wurden auf VHS für die heimischen Videorekorder herausgebracht. 2004 kam eine DVD-Edition heraus. Lucas ließ die Filme für diesen Anlass von der Firma Lowry Digital Images noch einmal nach dem neuesten Stand der Technik digital restaurieren. Außerdem kam es zu weiteren kleinen Veränderungen, etwa die Einbindung von Hayden Christensen (siehe Seite 83).

Als 2011 eine Edition für BluRay-Geräte auf den Markt kam, waren erneut verschiedene Dinge geändert worden. Eine (bisher?) letzte Fassung kam unter dem Dach von Disney 2019 heraus.

Wie alles anfing

52

»Episode I – Die dunkle Bedrohung« (1999)

Es war nicht überraschend, dass irgendwann mal etwas kommen würde, denn bereits 1980 wurde der zweite »Star Wars«-Film »Das Imperium schlägt zurück« mit dem Zusatz »Episode V« versehen. Ein Jahr später erschien eine Neufassung des ersten Spielfilms mit dem neuen Untertitel »Episode IV – A New Hope«. Die Fans konnten sich somit ausrechnen, dass es auf jeden Fall noch drei Filme geben würde. Doch wann? Sechzehn Jahre nach dem letzten Teil der »Star Wars«-Trilogie überraschte George Lucas mit einem vierten »Star Wars«-Film, der die Episode I zeigen sollte.

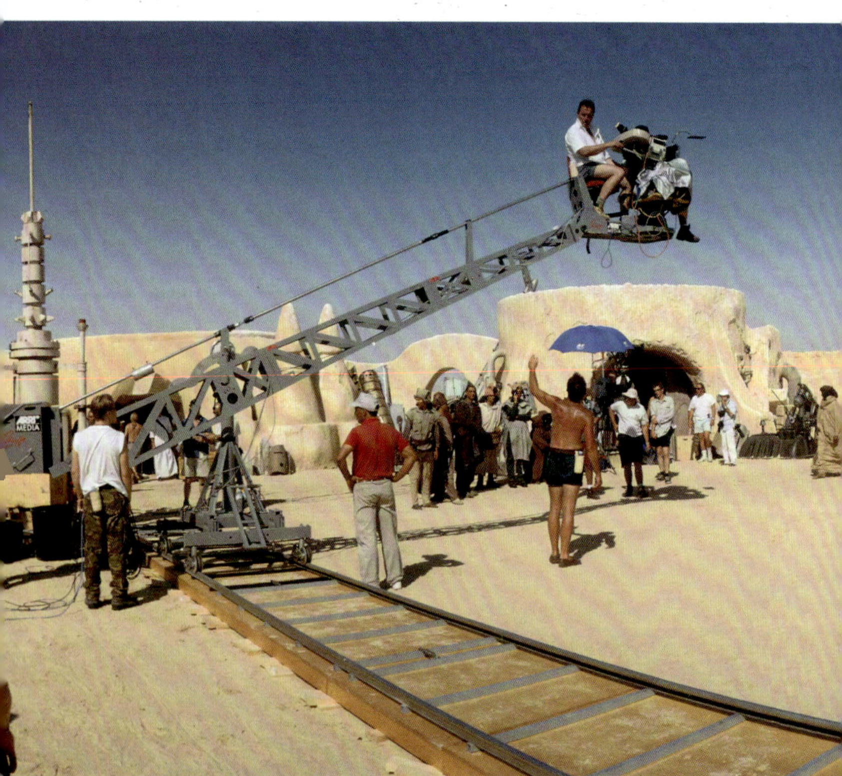

Mit Liam Neeson, Ewan McGregor und Nathalie Portman holte sich George Lucas weltbekannte Namen ins Boot. Auch in der zweiten Reihe leuchtete es mit Samuel L. Jackson und Keira Knightley nicht weniger. Der als erster Teil einer weiteren Trilogie konzipierte Film sollte die Vorgeschichte zu den Abenteuern um Luke Skywalker und Han Solo erzählen. Einige alte Bekannte der ersten Trilogie spielten wieder mit. Yoda, C-3PO und R2-D2 waren dabei – außerdem der jugendliche Obi-Wan Kenobi, den in der Trilogie Alec Guinness verkörpert und vergeistigt hatte.

Lucas hatte bereits angekündigt, dass es in der neuen Trilogie um die Entwicklung von Darth Vader ging. In diesem Film ist er ein Junge namens Anakin Skywalker.

Der idyllische Planet Naboo wird von der Handelsföderation, einem Businesstrust mit militärischem Arm, bedroht. Dahinter steckt der Bösewicht Sheev Palpatine alias Darth Sidious, der es später zum Imperator

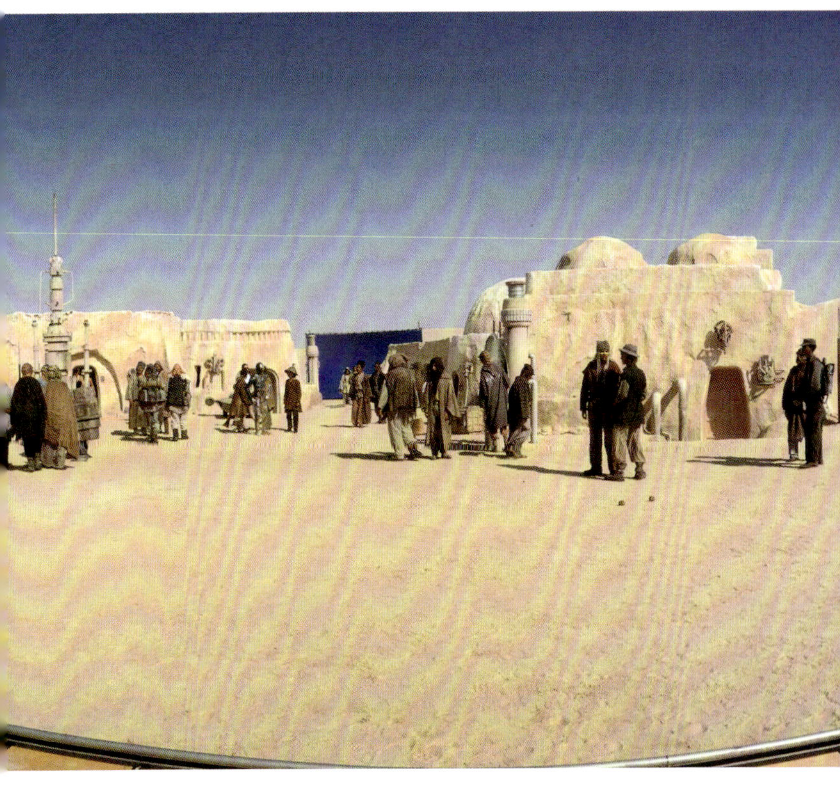

bringen sollte. Der Kanzler des Galaktischen Senats schickt die beiden Jedi-Ritter Qui-Gon Jinn und dessen Schüler Obi-Wan Kenobi nach Naboo, um Verhandlungen mit den Parteien zu führen. Doch die Handelsföderation sendet ihre Droidenarmee aus, um den Planeten zu besetzen. Die zwei Jedi sollen sterben. Doch ihnen gelingt mit Padmé Amidala, der Königin von Naboo, die Flucht mit einem Raumschiff, das allerdings einige Treffer einstecken und repariert werden muss. So sind die Helden zur Notlandung auf dem Wüstenplaneten Tatooine gezwungen – die Fans kennen diesen Planeten bereits als die spätere Heimat von Luke Skywalker.

Der kleine Skywalker

Es kommt zu Schwierigkeiten, weil Qui-Gon nicht die passenden Devisen für die Ersatzteile hat. Da treffen sie plötzlich auf ein Kind, das ihnen einen Vorschlag macht: Er würde in einem Podrennen teilnehmen und gewinnen und so den Flüchtlingen die Ersatzteile sichern. Der Bub hat den Namen Anakin Skywalker und er ist ein Sklave des Schrotthändlers. Qui-Gon schlägt ein und wettet mit dem Schrotthändler um die Ersatzteile und zusätzlich um die Befreiung des Jungen von der Sklaverei.

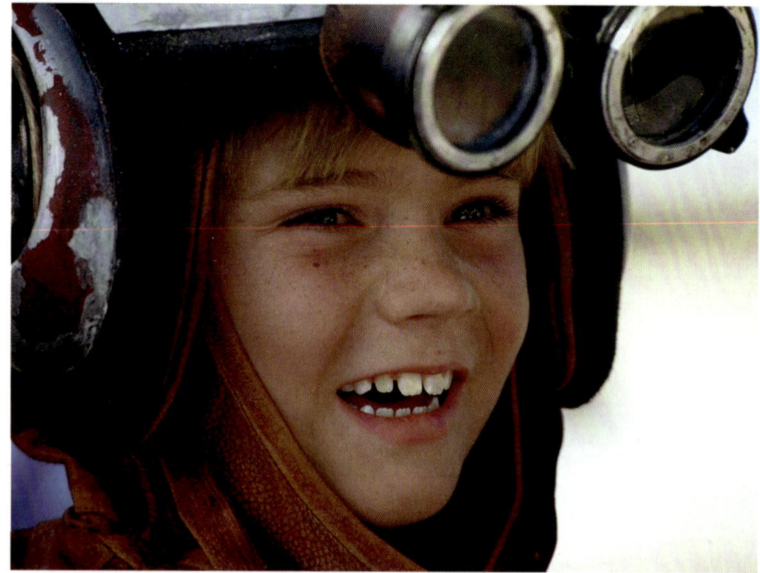

Der Knabe Anakin Skywalker, gespielt von Jake Lloyd, der später leider geisteskrank wurde.

Bild: picture alliance/United Archives /United Archives / kpa Publicity

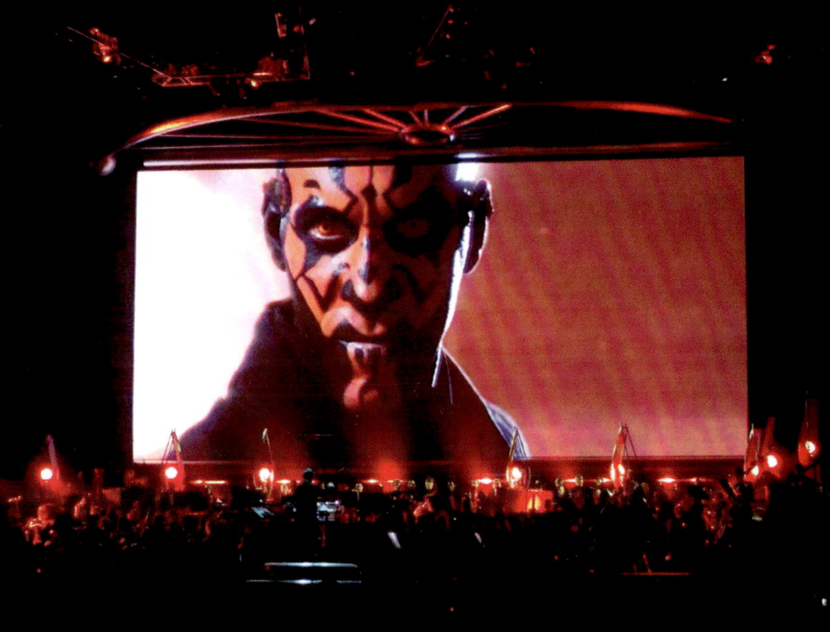

Der gruslige Darth Maul soll die beiden Jedi ermorden. Das klappt zunächst nicht. Später kann er Qui-Gon töten, wird aber dann von Obi-Wan Kenobi besiegt. Bild: Sammlung Michael Dörflinger

Wenig überraschend gewinnt der Junge, ist nun frei und darf die Helden begleiten mit der Aussicht, zum Jedi ausgebildet zu werden.

Diplomatische Schritte scheitern, doch Amidala macht die Bekanntschaft mit dem Gungar Jar Jar Binksund. Sie gewinnt mit ihm und seiner Armee einen Verbündeten, denn auch sie sind mit der Handelsföderation im Clinch. So kommt es zum entscheidenden Kampf. Amidala gelingt es mit ihren Leuten, den Chef der Besatzerarmee gefangen zu nehmen. Anakin versteckt sich in einem Raumjäger-Cockpit und aktiviert versehentlich den Autopiloten, der ihn zum Kontrollschiff der Handelsföderation führt, das gerade von Raumschiffen der Naboo angegriffen wird. Mit ziemlich viel Dusel kann er das Kontrollschiff vernichten. Damit wird die Droidenarmee der Handelsföderation ausgeschaltet.

Doch das große Drama der Entscheidungskämpfe beginnt, als Qui-Gon Jinn und Obi-Wan Kenobi auf den teuflischen Darth Maul treffen. Dem gelingt es, Qui-Gon zu erledigen, doch gegen Kenobi muss er unterliegen. Palpatine wird zum neuen Kanzler, Anakin soll von Obi-Wan zum Jedi-Ritter ausgebildet werden.

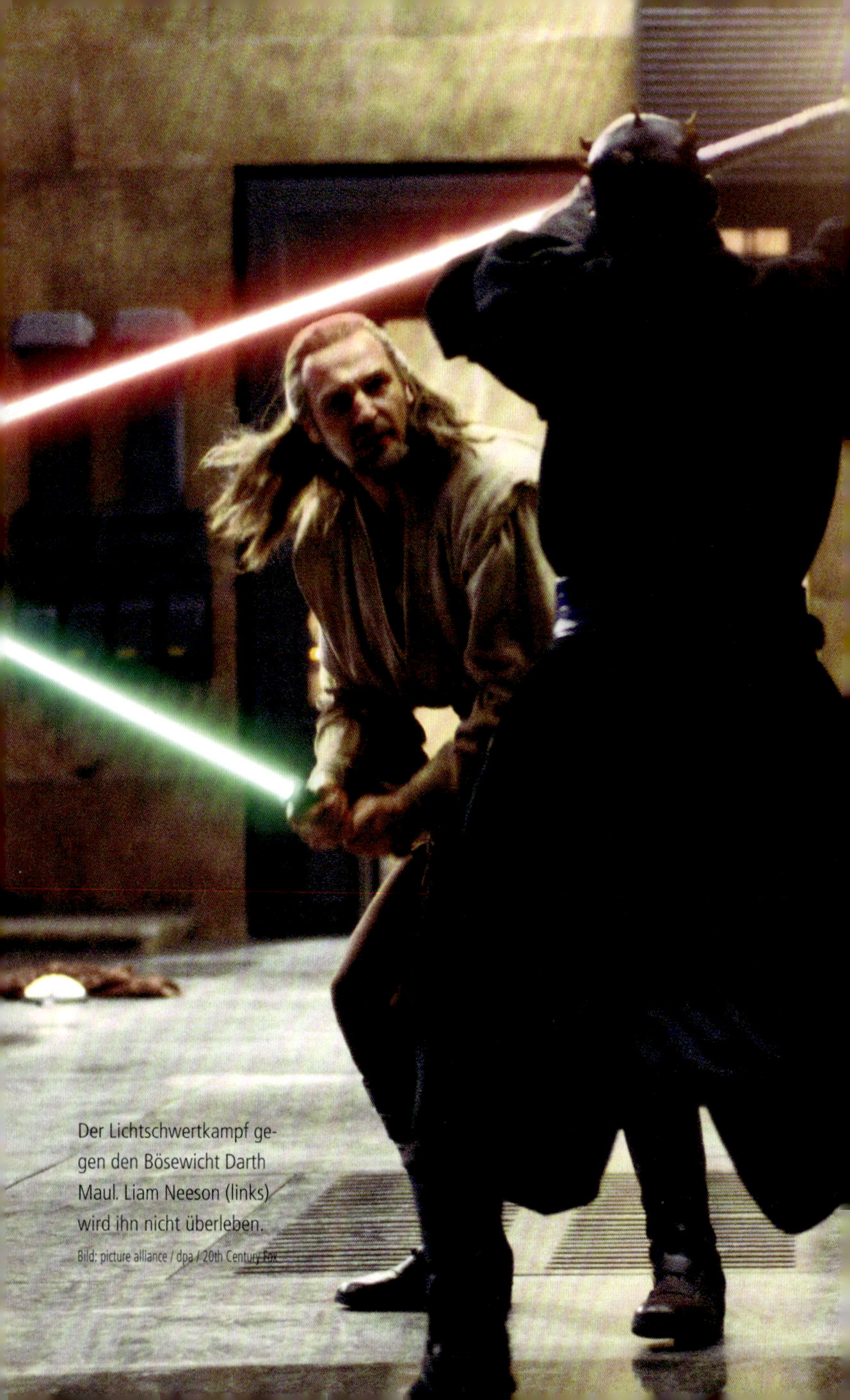

Der Lichtschwertkampf gegen den Bösewicht Darth Maul. Liam Neeson (links) wird ihn nicht überleben.

Bild: picture alliance / dpa / 20th Century Fox

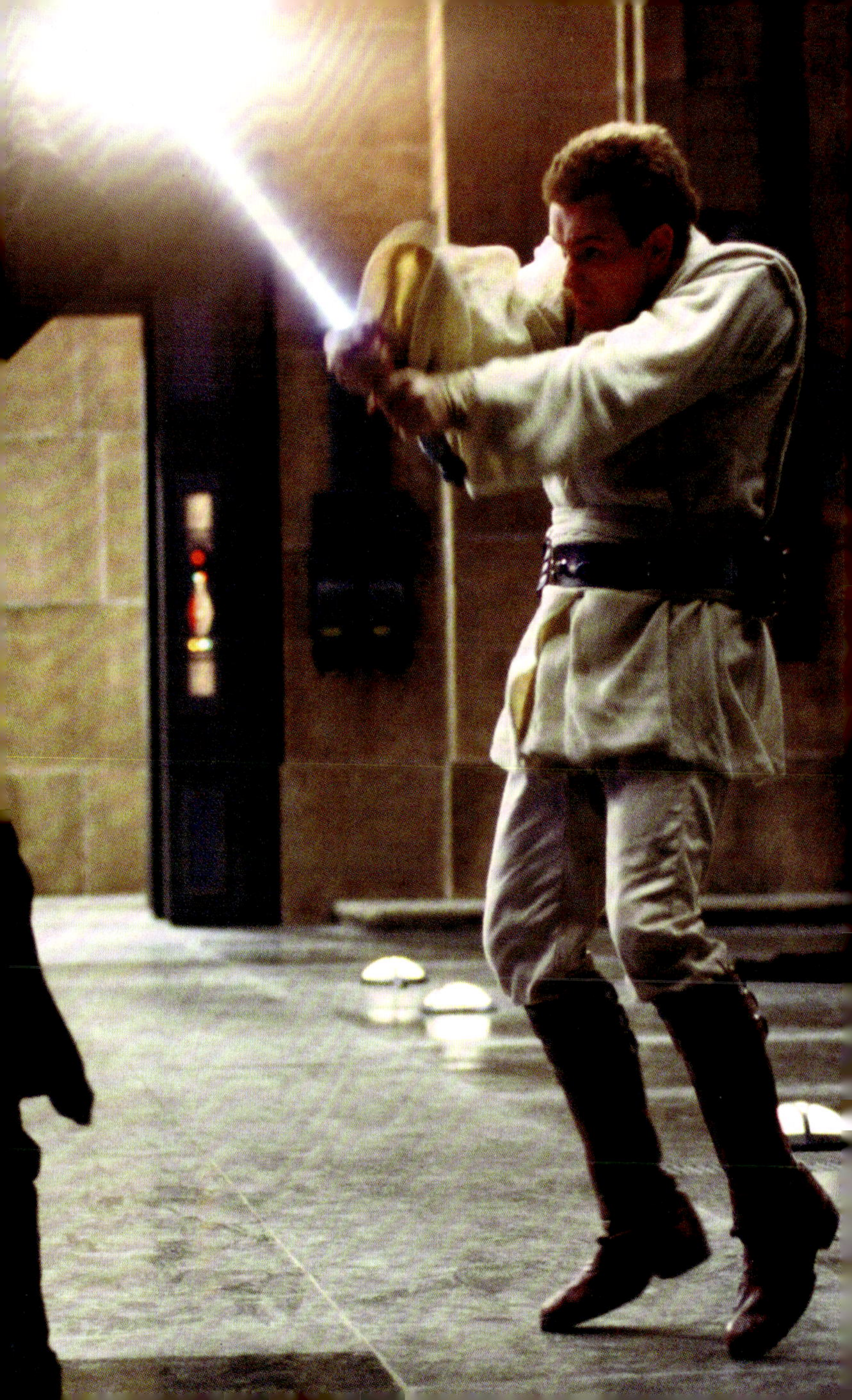

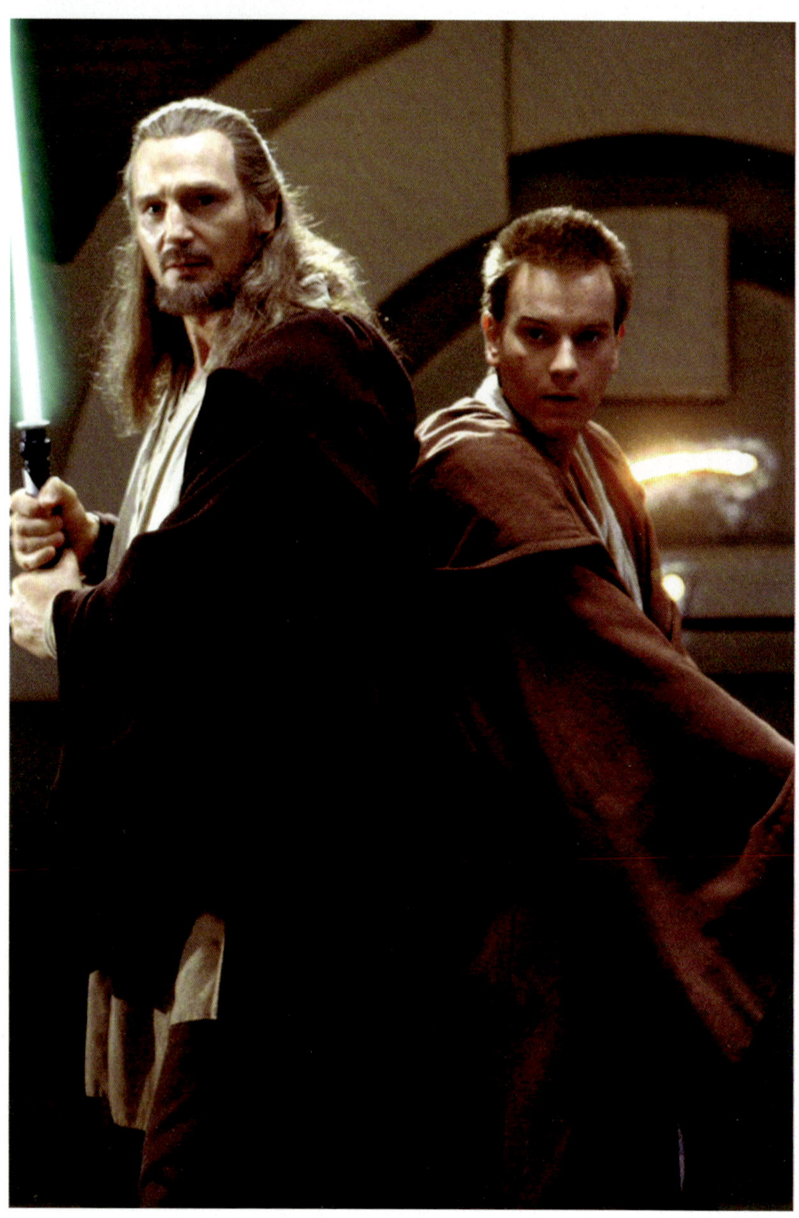

Links Liam Neeson als Qui-Gon Jinn, rechts Ewan als Obi-Wan Kenobi. Die beiden erscheinen in »Die dunkle Bedrohung« gemeinsam vor der Kamera. Bild: picture-alliance / Mary Evans Picture Library

Obi-Wan Kenobi

53

Der Jedi-Meister mit tragender Rolle

Als Alec Guinness als Ben Kenobi in »Krieg der Sterne« auftauchte, war das eine kleine Sensation. Er spielte den alten Jedi-Meister, der den jungen Anakin ausgebildet hatte, der ihn aber enttäuscht und auf die dunkle Seite wechselt. Obi-Wan Kenobi, so sein richtiger Name, wird in der Prequel-Trilogie als junger Mann eingeführt, der sich zu einem Jedi-Meister entwickelt. Hier spielt ihn wieder ein Brite, der Schotte Ewan McGregor. Obi-Wan kann den Oberschurken Sith-Lord Darth Maul besiegen.

In einem Lichtschwertduell kann er Darth Vader besiegen und ihm die Gliedmaßen abtrennen. Doch der Bösewicht überlebt dank futuristischer Technik. Später opfert Obi-Wan sich, um den Freunden die Flucht zu ermöglichen. Darth Vader kann ihn töten, doch Kenobi erscheint durch die Kraft der Macht dem jungen Luke immer wieder und gibt ihm entscheidende Ratschläge. 2022 wurde ihm eine eigene Serie gewidmet (siehe S. 126).

Qui-Gon Jinn

54

Obi-Wans Ausbilder

Dieser Jedi-Meister ist nicht nur ein außergewöhnlicher Kämpfer, sondern auch ein eigenwilliger Charakter, was ihn immer wieder in Konflikt mit den Jedi-Führern bringt. Er befreit den jungen Anakin Skywalker aus der Sklaverei. Für ihn ist er der Auserwählte, der die Sith besiegen soll. Leider hat er mit dieser Einschätzung nicht recht. Und es kommt noch schlimmer: Der Sith-Lord Darth Maul, der große Bösewicht der ersten Episode, erweist sich als überlegener Gegner und im Kampf gegen Qui-Gon und Obi-Wan kann der den Jedi-Meister besiegen. Qui-Gon gelingt es als erster Gestalt der »Star Wars«-Saga, mit der Macht zu verschmelzen. So kann er in der Episode II als Machtgeist erscheinen.

Der Darsteller Qui-Gons, Liam Neeson, spielte in der Serie »Obi-Wan Kenobi« nach über zwanzig Jahren diese Rolle noch einmal. Als einer der wenigen Schauspieler der »Star Wars«-Filme gelang es Neeson, als Darsteller für einen Preis nominiert zu werden.

Padmé Amidala

55

Die Heldin der Prequel-Trilogie

Die Königin (später Senatorin) von Naboo wurde von Natalie Portman gespielt. Sie ist die Mutter von Luke und Leia. Ihre Geschichte und die Liebe zu Anakin Skywalker, die so grausam endet, werden in den Episoden I bis III gezeigt. Ihr Reich wird von der Handelsföderation belagert, sie selbst entführt. Den Jedi Qui-Gon Jinn und Obi-Wan Kenobi gelingt es, sie zu befreien.

Einige Jahre später verliebt sie sich in Anakin Skywalker und die beiden heiraten heimlich, was er als Jedi eigentlich nicht darf. Sie schafft es nicht, ihren Mann vom Abdriften ins Lager der Bösen abzuhalten. Im Gegenteil: Er wird handgreiflich und verletzt sie so schwer, dass sie nach der heimlichen Geburt der Zwillinge, bei der Obi-Wan beisteht, verstirbt.

Padmé Amidala taucht auch in zwei Serien auf.

56

Mace Windu

Mit Yoda oberster Jedi-Meister

Dieser Jedi-Meister war einer der außergewöhnlichsten Jedis überhaupt. Der von Hollywood-Legende Samuel L. Jackson dargestellte Mace Windu hatte starke Bedenken gegen die Figur Anakin Skywalker, doch mit seiner Skepsis konnte er sich nicht durchsetzen. Mit Yoda ist er einer der beiden Vorsitzenden im Hohen Rat der Jedi. Im Verlauf der Klonkriege erweist er sich als Held.

Während der Schlacht von Geonosis tötet er den Kopfgeldjäger Jango Fett, dessen Sohn, beziehungsweise Klon, Boba der Zuschauer schon aus der ersten Trilogie kennt. Der junge Boba versucht seit diesem Augenblick alles, um Windu zu töten. Ihm gelingt das nicht, doch der Jedi-Meister hat noch andere Gegner. Zum Beispiel Darth Sidious, den späteren Imperator Palpatine, den er zu überwinden trachtet. Doch zeigt sich, dass er gegen diesen Bösewicht, vor allem wenn Anakin Skywalker ihm hilft, keine Chance hat. Mace Windu stirbt. Darsteller Jackson hat sich ein lilafarbenes Lichtschwert gewünscht und bekommen.

57

»Star Wars« in 3D

Bislang nur ein Film

George Lucas hatte 2010 verkündet, dass er alle sechs bisherigen »Star Wars«-Filme in einer 3D-Version neu veröffentlichen wollte. Seit »Avatar« im Vorjahr als 3D-Film in die Kinos gekommen war, glaubte die Branche an eine neue Goldgrube. 2012 kam »Star Wars: Episode I – Die dunkle Bedrohung« als 3D-Fassung wieder in die Kinos. 102,7 Millionen US-Dollar hat diese Fassung weltweit eingespielt. Die Erstfassung hingegen hatte rund 924 Millionen US-Dollar verdient. Nach der Übernahme von Lucasfilm durch Disney wurde verkündet, dass die anderen fünf Teile erst einmal nicht in 3D umgewandelt werden sollen.

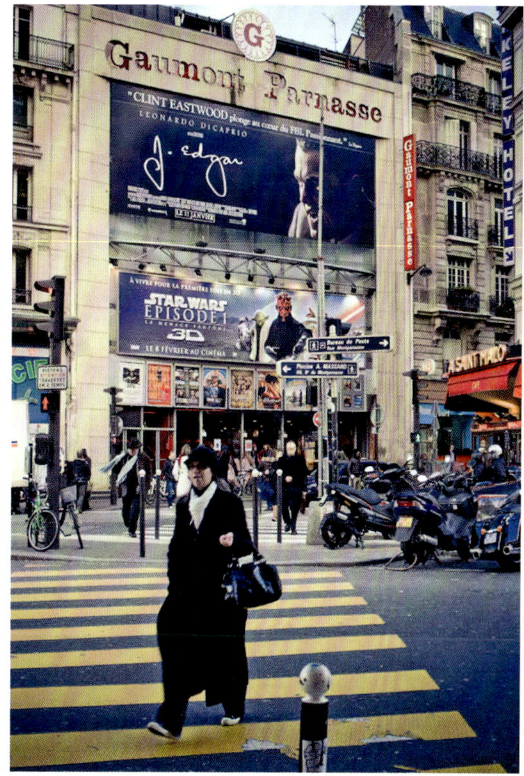

Im Pariser Kino Gaumont Parnasse wurde die 3D-Version von »Star Wars: Episode I – Die dunkle Bedrohung« gezeigt. Weitere Adaptionen gibt es bislang noch nicht.

Bild kimdokhac/C.C. 2.0

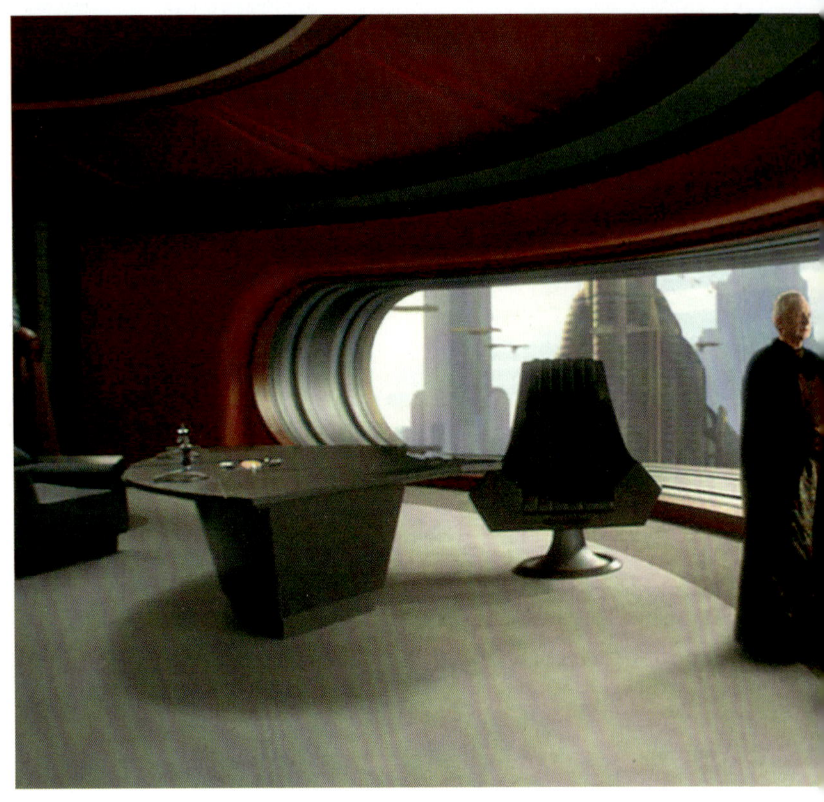

58 Das Böse bringt Gewalt

»Episode II – Angriff der Klonkrieger« (2002)

Der zweite Teil der Vorgeschichte zur klassischen Trilogie ist eine Liebesgeschichte vor dem Hintergrund eines sich anbahnenden Bürgerkriegs. Episode II spielt rund zehn Jahre nach dem ersten Teil. Padmé Amidala ist inzwischen Senatorin des Planeten Naboo. Sie gerät in politische Intrigen und nach einem Attentat werden ihr Obi-Wan Kenobi und Anakin Skywalker als Schutz zugeteilt. Obi-Wan reist nun durch die Galaxie, um herauszufinden, wer hinter den Anschlägen steckt. Padmé Amidala und Anakin verkleiden sich und machen sich auf den Weg nach Naboo, wo sie

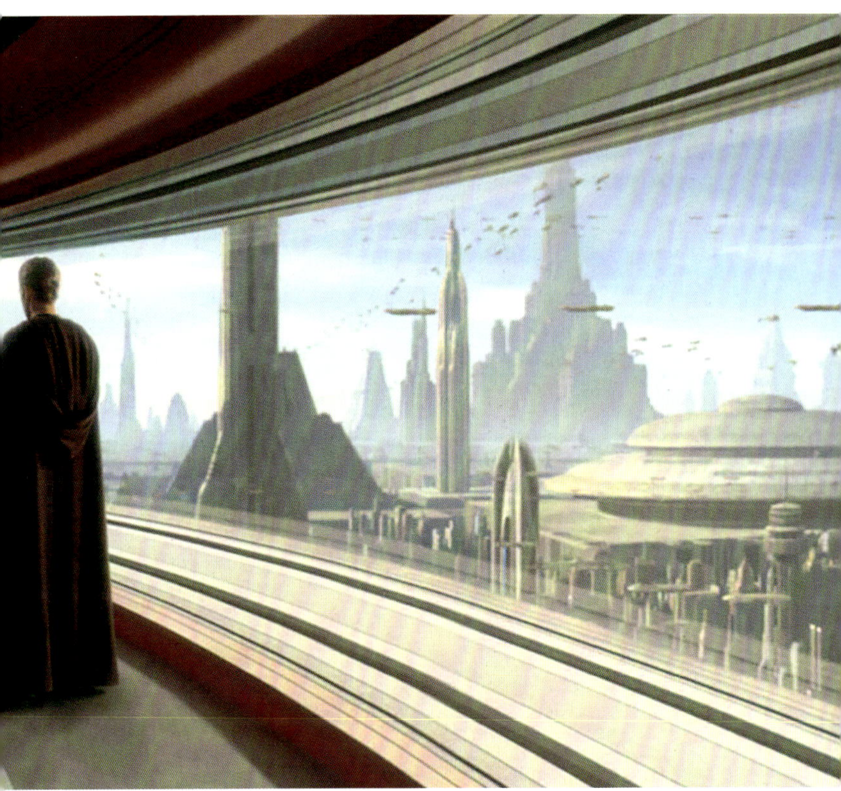

Anakin Skywalker vor dem Senat. Bild: picture alliance/United Archives /United Archives / kpa Publicity

sich verstecken. Doch Anakin treibt es um, er hat Sorge um seine Mutter auf Tatooine. Zurecht, denn als die beiden auf dem Wüstenplaneten landen, erfährt der junge Skywalker, dass sie entführt wurde. Die Täter sind Sandleute. Anakin gelingt es, die übel zugerichtete Mutter zu finden, doch er trifft auf eine Sterbende.

Anakins blinde Wut und Count Dooku

Zum ersten Mal zeigt sich in Anakin die dunkle Seite. Er metzelt alle Sandleute nieder und verschont auch Frauen und Kinder nicht. Klar, dass er damit gegen den Ehrenkodex der Jedi handelt.

Obi-Wan scheint die Ermittlung des Attentäters zu gelingen. Sein Verdacht richtet sich gegen den gefährlichen Kopfgeldjäger Jango Fett, den er zum Planeten Geonosis verfolgt. Jango Fetts Sohn Boba, der schon aus der ältesten Trilogie bekannt ist, ist eigentlich sein Klon.

Dooku, ein Vorläufer Darth Vaders

Auf Geonosis tritt erstmals Count Dooku auf, ein ehemaliger Jedi-Meister, der sich aber zum Abtrünnigen entwickelt hat. Einmal mehr glänzt in dieser Rolle Christopher Lee, der in den 1960ern als Dracula den Kinogängern das Gruseln lehrte. Er hat sich mit der Handelsföderation und anderen Verschwörern getroffen, um neue Umsturzpläne zu beraten. Obi-Wan gelingt es, diese Konferenz zu belauschen. Als Preis für den Einsatz seiner Druidenarmee hatte der Vertreter der Handelsföderation Amidalas Tod verlangt.

Leider wird Obi-Wan gefangen. Dooku will ihn mit der scheinbaren Lüge für seine Sache gewinnen, dass Siths die Republik unterwandert hätten. Die Siths sind die jahrhundertelangen schärfsten Feinde der Jedi. Sie verkörpern die dunkle Seite der Macht, es sind Menschen, die nach dem Recht des Stärkeren leben, für die Mitmenschlichkeit keine Tugend ist. Im »Star Wars«-Universum gibt es seitenlange fantastisch-geschichtliche Darstellungen über die Siths.

Zusammen mit den beiden allbekannten Droiden R2-D2, C-3PO und der Senatorin macht sich Anakin Skywalker auf, seinen Lehrer Obi-Wan zu befreien. Doch das misslingt und auch sie werden verhaftet. Der Rat der Jedi in der Hauptstadt hat von den Ereignissen erfahren und sendet unter dem Kommando von Mace Windu alle einsatzfähigen Jedi-Ritter nach Geonosis. Sie kommen rechtzeitig, um die Gefangenen vor dem Tod zu retten, doch stehen sie einer gewaltigen Droidenarmee gegenüber. Zwar gelingt es Mace, Jango Fett im Duell zu besiegen, aber es schaut so aus, als sollten sie alle zusammen heroisch untergehen.

Doch wie Blücher bei Waterloo kommt Meister Yoda mit einer riesigen Armee von Klonkriegern. Es entfesselt sich ein Krieg, der den ganzen Planeten erfasst. Raumschiffe bekämpfen sich, ein Special Effect jagt den anderen. In der Zwischenzeit heften sich die Helden an die Fersen des Schurken Dooku. Doch Obi-Wan, Anakin und Meister Yoda gelingt es nicht, ihn zu fassen. Im Gegenteil: Dooku trennt Anakin den Unterarm ab und flieht zu seinem Sith-Meister Darth Sidious alias Kanzler Palpatine. Sie haben ihr Ziel erreicht, den Bürgerkrieg. Für Anakin und Padmé gibt es ein Happy End. Sie heiraten, jedoch nur heimlich, denn als Jedi ist dem jungen Skywalker ein solcher Schritt verboten. Es sind düstere Zeiten, denn die Republik befindet sich in einem gewaltigen Bürgerkrieg.

Computeranimiert

59

»The Clone Wars« (2008–2020)

2003 kam eine Zeichentrick-Serie heraus, die unter dem Namen »Star Wars: Clone Wars« die Zeit zwischen »Star Wars: Episode II – Angriff der Klonkrieger« und »Star Wars: Episode III – Die Rache der Sith« erzählt. Dabei handelte es sich um lediglich drei Minuten lange Folgen, in der dritten Staffel waren sie zwölf Minuten lang. Lucasfilm setzte drei Jahre später seine hohe Kompetenz in Sachen Computeranimation ein und produzierte zwischen 2008 und 2014 diese Serie quasi neu. »Star Wars: The Clone Wars« wurde in sieben Staffeln mit insgesamt 133 rund zwanzigminütigen Folgen produziert.

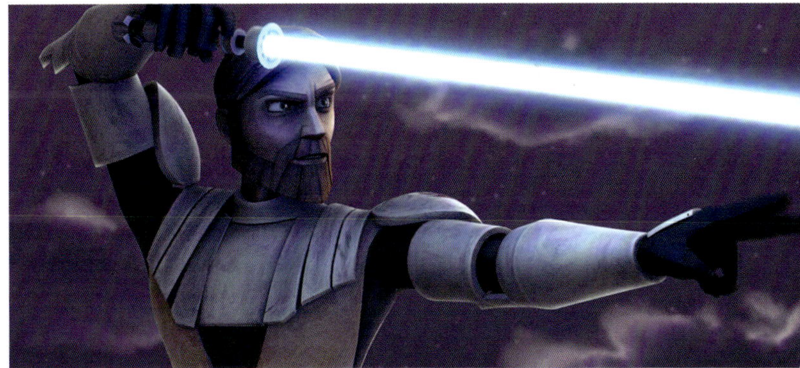

Die Serie komplett aus dem Computer erweiterte das Universum von »Star Wars« in eine neue Dimension, die sich fortsetzen sollte. Bild: picture-alliance/ dpa / warner

In der Galaxie toben die Klon-Kriege, ein gewaltiger Bürgerkrieg. Droiden-Armeen der Separatisten erschüttern die von den Jedi-Rittern verteidigte Republik. Obi-Wan Kenobi und Anakin Skywalker kämpfen für das Gute. Bei der Belagerung des Hauptplaneten Coruscants verteidigen die Jedi-Meister Mace Windu, Yoda und Saesee Tiin gegen General Grievous und seine Schurken. Palpatine spielt als Kanzler noch in der Liga der Guten. Im deutschen Fernsehen und auf DVD wurden aus den Folgen drei Filme zusammengestellt.

60

Microserien

»Die Mächte des Schicksals« und andere

Nach der Serie »Clone Wars« entstanden in der Zeit nach der Übernahme von Lucasfilm durch Disney mehrere sogenannte Microserien, das sind Serien mit nur wenigen Folgen. Als erste gilt die 2017 auf dem YouTube-Kanal von Disney veröffentlichte, eigentlich nur aus kurzen Teasern bestehende Serie »Blips«, die die Lust auf den nächsten Kinofilm »Star Wars: Die letzten Jedi« wecken sollte.

Disney macht Lust auf mehr

»Die Mächte des Schicksals« waren eine weitere Animationsserie in zwei 16-teiligen Staffeln. Die Folgen waren wieder extrem kurz, rund drei Minuten. Das Besondere war, dass hier vor allem weibliche Gestalten eine Rolle spielten. Die zweite Staffel wurde in Deutschland nie gezeigt.

Zwei Staffeln unter dem Titel »Galaxy of Adventures« mit insgesamt 52 Folgen wurden im Star-Wars-Kids-YouTube-Kanal veröffentlicht. Diese Serie richtete sich explizit an kleinere Kinder. Auch sie war wieder eine Art Teaser für den bald erscheinenden neuen »Star Wars«-Film. Der Stil dieser wiederum wenige Minuten dauernden Folgen lehnte sich an die Mangas und Anime-Filme aus Japan an. Im gleichen Jahr wurde an derselben Stelle eine weitere Anime-Kinderserie gezeigt. Sie sollte ebenfalls den neuen Kinofilm »Star Wars: Der Aufstieg Skywalkers« bewerben. Die Länge der Filmchen lag bei rund zwei Minuten.

2021 wurde wieder eine Microserie auf dem Star-Wars-Kids-YouTube-Kanal herausgebracht. »Galaxy of Creatures«, so der Name der Serie, lehnt sich an die Serie »Galaxy of Adventures« an. Bislang nur im englischsprachigen Original auf dem englischen Star-Wars-Kids-YouTube-Kanal wurde »Galactic Pals« gezeigt. Auch dies sind wieder kurze Animationsfilmchen.

Gelungene Werbung

Mit diesen Serien, die mehr oder weniger eine neue Art der Werbung darstellten, erweiterten Lucasfilm beziehungsweise Disney ihr Marketing in einem neuen Genre. YouTube wird als Plattform immer wichtiger, die junge Generation bewegt sich weit mehr online als dass sie vor der Glotze sitzt. Doch diese Generation ist eine extrem kaufkräftige Spezies, bei der es sich lohnt, sie zum Kinogang zu verführen.

Fortsetzung der »Clone Wars«

»Star Wars: The Bad Batch« (seit 2021)

61

Am »Star Wars«-Tag 2021 (siehe Kapitel 80) konnte man den Pilotfilm einer weiteren Animationsserie auf Disney+ sehen, die in der Welt von »Star Wars« spielt. Dieser etwa 70 Minuten lange Film schließt sich an die Serie »The Clone Wars« an, kann zeitlich somit zwischen »Star Wars: Episode II – Angriff der Klonkrieger« und »Star Wars: Episode III – Die Rache der Sith«, ja teilweise sogar während des dritten Films verortet werden.

Aus Schaden wird man klug

In der industriellen Produktion kommt es immer wieder vor, dass in einer produzierten Einheit eine dabei ist, bei der irgendetwas nicht in Ordnung ist, sei es der Werkstoff, weil irgendeine Verunreinigung passiert ist oder aus anderen Gründen. Man spricht dann von einer schlechten Charge. Bad batch ist nichts anderes als der englischsprachige Begriff für eine solche schlechte Charge oder Schaden-Charge. In dieser Serie ist damit eine Gruppe von Klonkriegern gemeint, die Kloneinheit 99. Bei diesen Soldaten wurde durch eine Genmutation ein verändertes Bewusstsein geschaffen, so dass sie sich nicht blind der Order 66 des neuen Kaisers Palpatine ergeben und zur Ausführung, dem Massenmord an den Jedi, schreiten, sondern sich mit den Hintergründen befassen. Die Folge davon ist, dass die Einheit bis auf einen desertiert. Von den imperialen Truppen verfolgt, erleben sie in voraussichtlich drei Staffeln mit je 16 Folgen à 24 Minuten allerlei Abenteuer und werden in die politischen Ereignisse im neu entstandenen Imperium verwickelt. Diese Einheit tauchte bereits in der siebten Staffel der Serie »The Clone Wars« auf. Dadurch ist die Verbindung zu der vorhergehenden Serie hergestellt.

Die Hauptfiguren

Bekanntlich sind die Klonkrieger ja Replikationen des Kopfgeldjägers Jango Fett. Die Kloneinheit 99 bestand aus Sergeant Hunter, Wrecker, Tech, Echo und Crosshair. Crosshair lehnte eine Desertion ab, er blieb dem neuen Imperator treu ergeben. So wird er zum Gegner seiner ehemaligen Kameraden. Den vier fliehenden Klonkriegern schließt sich ein weiblicher Klon namens Omega an, die als medizinische Assistentin in der Klonfabrik auf Kamino tätig war.

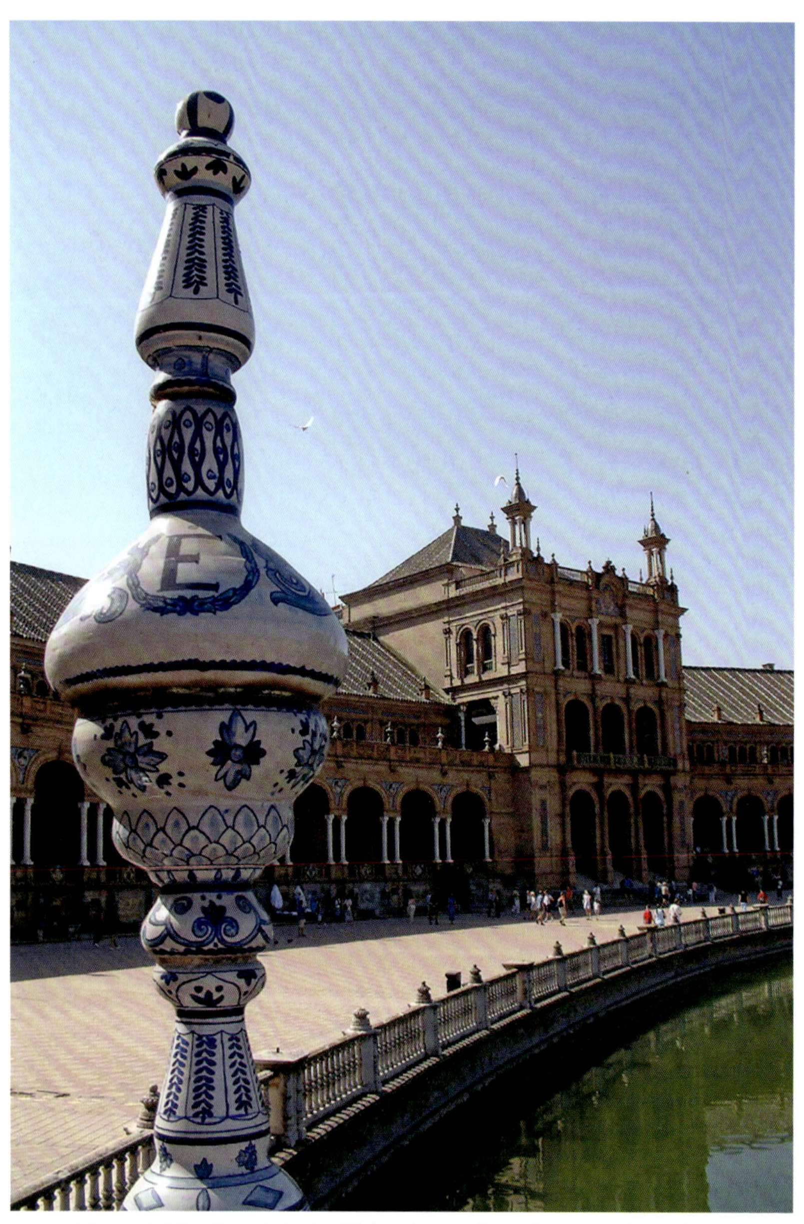

Oben und nächste Doppelseite: Der Königspalast von Theed, der Hauptstadt des Planeten Naboo, steht in Wirklichkeit in Sevilla in Andalusien. Bilder: JuliJuli/Pixelio.de/ Sammlung Michael Dörflinger

»Star Wars« in Spanien 62

Die Plaza de España

Sevilla: Dort war der singende Barbier zuhause, dort lebte und arbeitete die berühmte Carmen der gleichnamigen Oper, auch Beethovens »Fidelio« oder der »Vampir von Sevilla« spielen dort. Die heißeste Stadt Europas glänzt mit einer weitgestreckten Altstadt und faszinierenden Bauwerken. Dazu gehört auch die Plaza de España südlich der Innenstadt.

Anders als man meinen könnte, wenn man sich das Ensemble des Platzes ansieht, stammen die Gebäude aus der Zeit zwischen 1924 und 1928, denn hier sollte 1929 die Iberoamerikanische Ausstellung stattfinden, die genutzt wurde, um die Beziehungen zwischen Spanien und den ehemaligen Kolonien in Lateinamerika zu zelebrieren. Entstanden war ein sehr gelungenes Ensemble aus Gebäuden, einem Kanal und Brücken, das den Maria-Luisa-Park abschließt.

Filmkulisse mit Tradition

1962 drehte der britische Regisseur David Lean, ein Mann mit dem unübertroffenen Blick für grandiose Landschaften, den biografischen Film »Lawrence von Arabien«, in dem der Kampf des britischen Archäologen Thomas E. Lawrence an der Seite der Araber im Ersten Weltkrieg gezeigt wird. Der Großteil des Films wurde in Jordanien und in der Wüste gedreht, doch für die Szenen in Kairo, wo Lawrence mit der britischen Politik und der Armee wegen deren Nahost-Strategie hadert, zog das Filmteam nach Sevilla. Das Gebäude auf der Plaza de España wurde als das Große Hauptquartier der britischen Armee verwendet. Dank der maurischen Verzierungen passte das sehr gut.

Für Aufnahmen des 2002 erschienenen Films »Star Wars: Episode II – Angriff der Klonkrieger« wurde das halbrunde Gebäude auf dem Platz als Königlicher Palast von Theed auf dem Planeten Naboo verwendet. Hier lebte die Königin Padmé Amidala, dargestellt von Nathalie Portman. Sie wird später die Mutter von Luke Skywalker und Leia Organa. Die Szenen in Sevilla wurden später im Computer bearbeitet und wirken dadurch anders. Die Innenaufnahmen des Palastes wurden nicht in Sevilla gemacht. Für sie zog das Set nach Caserta bei Neapel, der ehemaligen Residenz des Königreichs beider Sizilien. Der Planet Naboo wird in der Prequel-Trilogie zum Schauplatz, ebenso bei den Serien »The Clone Wars« und »Geschichten der Jedi«.

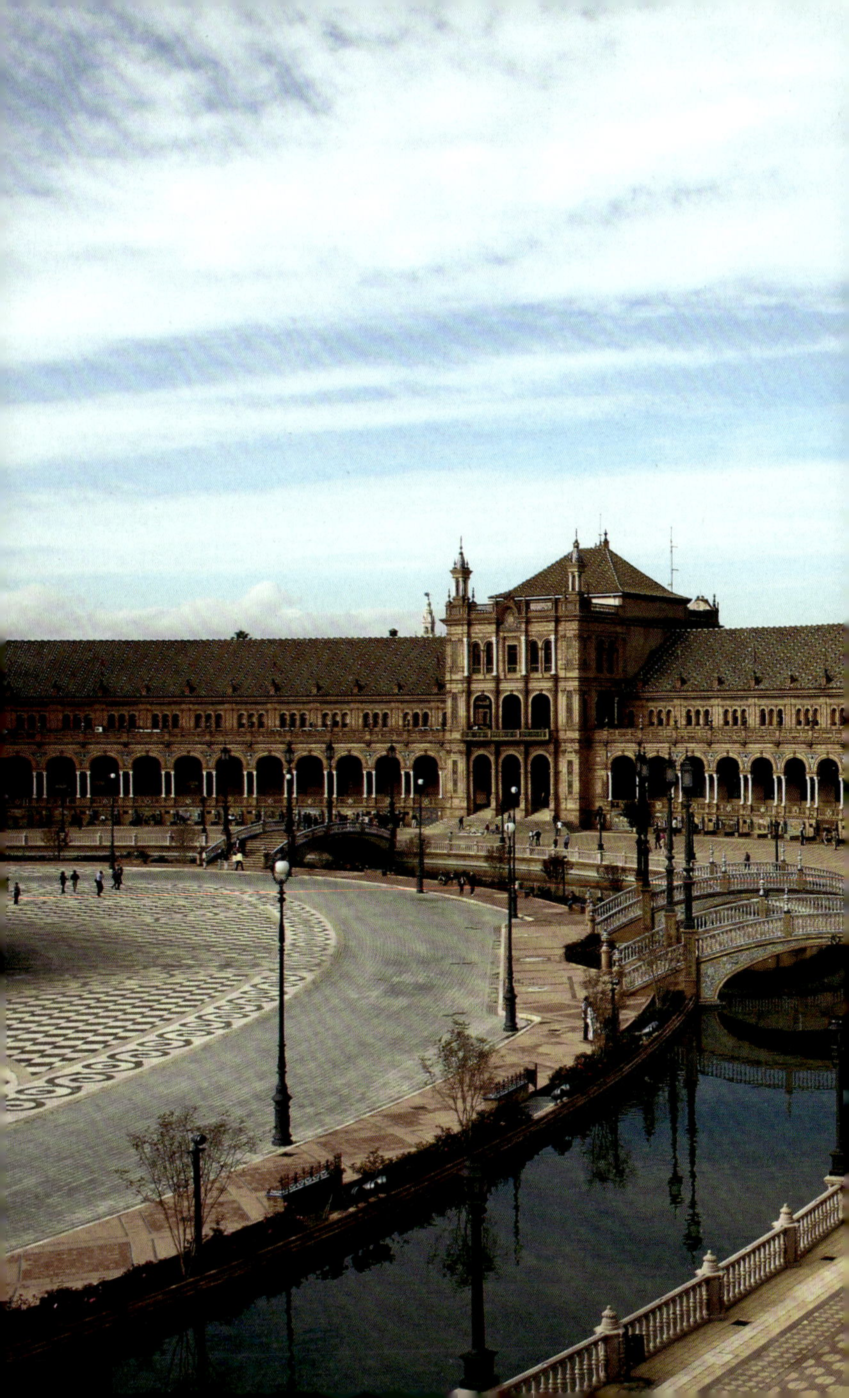

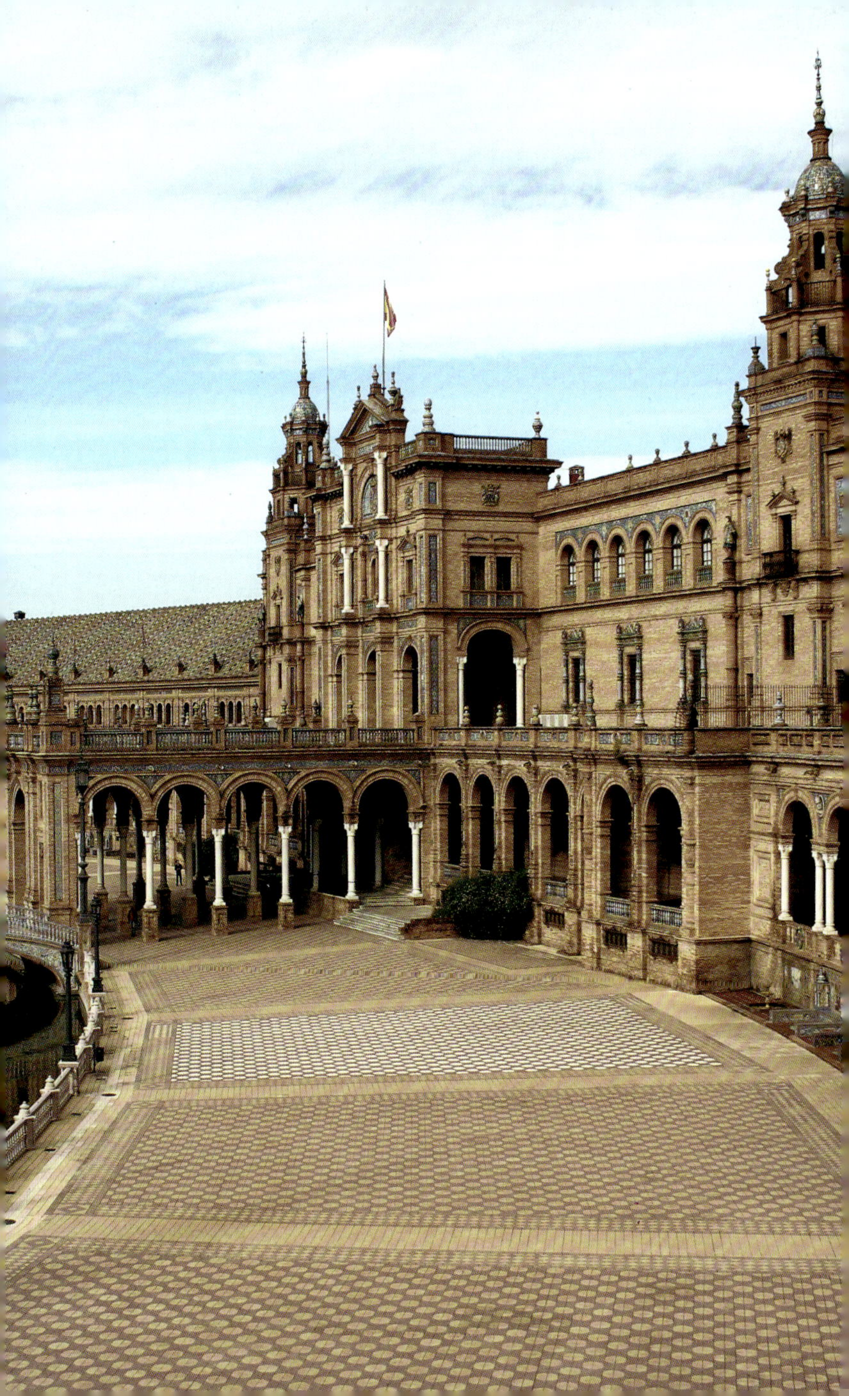

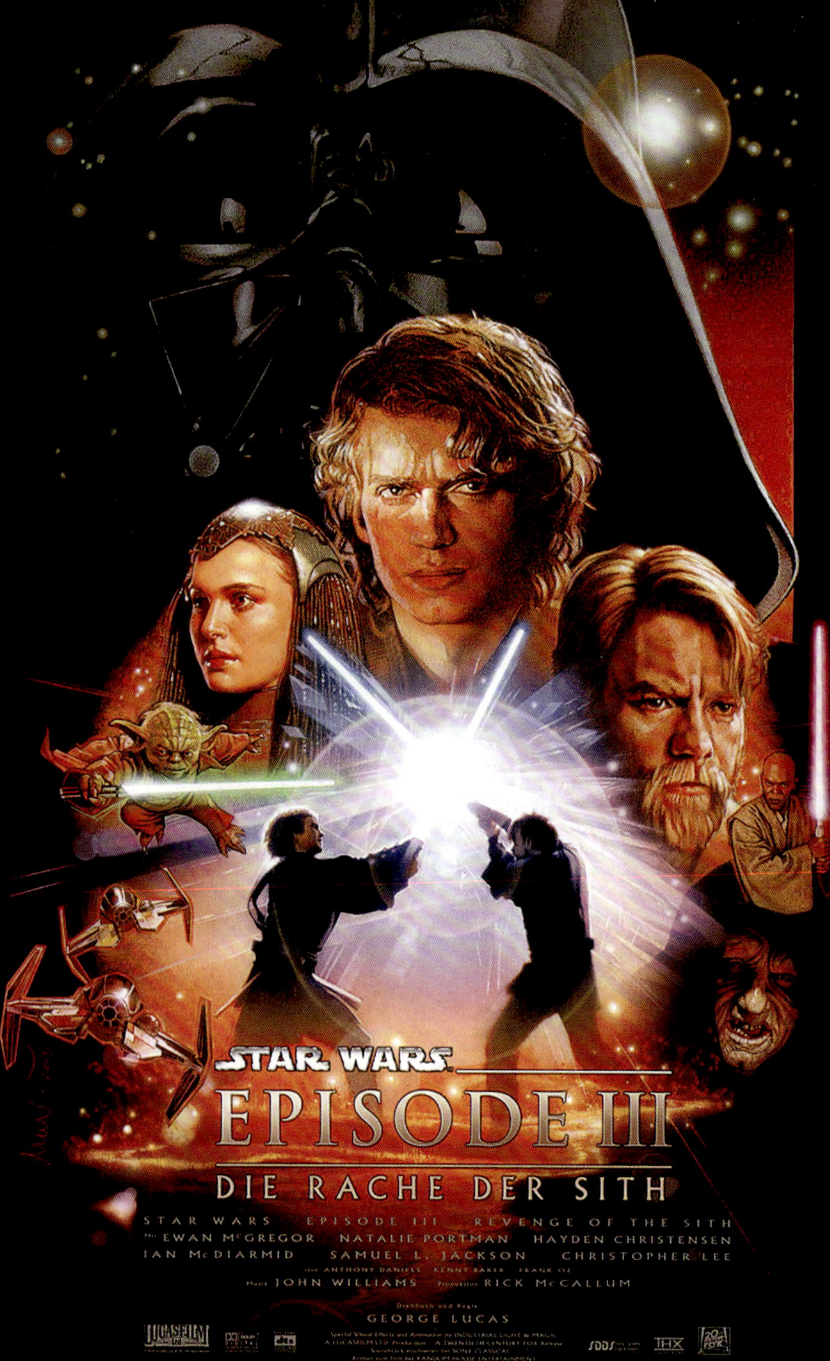
STAR WARS
EPISODE III
DIE RACHE DER SITH
STAR WARS EPISODE III REVENGE OF THE SITH
EWAN McGREGOR NATALIE PORTMAN HAYDEN CHRISTENSEN
IAN McDIARMID SAMUEL L. JACKSON CHRISTOPHER LEE
ANTHONY DANIELS KENNY BAKER FRANK OZ
JOHN WILLIAMS RICK McCALLUM
GEORGE LUCAS
LUCASFILM
THX

Darth Vader wird geboren

63

»Episode III – Die Rache der Sith« (2005)

Es sind wohl rund drei Jahre vergangen. Der Bürgerkrieg, der den Namen Klonkriege trägt, tobt immer noch, Kanzler Palpatine regiert mit Kriegsrecht. Noch immer hält er seine Fassade aufrecht, sein Doppelleben bleibt unentdeckt. Da gelingt es den Leuten unter Count Dooku und dem Droidengeneral Grievous, den Kanzler aus der Hauptstadt zu entführen. Obi-Wan und Anakin stellen sich an die Spitze einer Rettungsaktion, die in eine heftige Weltraumschlacht mündet. In deren Verlauf kann der zum Kriegshelden gereifte Anakin den Count Dooku besiegen und auf Befehl des Kanzlers hin schlägt er ihm den Kopf ab. Wieder einmal verletzt Anakin den Kodex der Jedi. Doch es war ein Schachzug Palpatines, um den jungen Skywalker enger an sich zu binden. Er überträgt ihm die ehrenvolle Aufgabe, als sein persönlicher Repräsentant im Jedi-Rat zu sitzen. Damit will er dieses Gremium besser unter seine Kontrolle bekommen. Anakin erhält wiederum vom Rat der Jedi die Aufgabe, den Kanzler zu überwachen. Ein Meister-Titel wird ihm allerdings verweigert. Der Kanzler nutzt das aus, Anakin gegen die Jedi aufzuhetzen. Die Führer des Rates der Jedi sind Yoda und Mace Windu.

Der separatistische Oberbefehlshaber General Grievous, eine roboterhafte, animierte Gestalt, soll von Obi-Wan erledigt werden. Auf dem Planeten Utapau kommt es zur Schlacht, in deren Verlauf Grievous unterliegt und ausgeschaltet wird.

Währenddessen macht sich Yoda auf, den von Feinden belagerten Wookiees auf dem Planeten Kashyyyk beizustehen. Es ist das Volk von Chewbacca, der in der Vorgeschichte-Trilogie erstmals auftritt.

Zwiespältiger Anakin Skywalker

Anakin schwankt nun immer mehr zwischen den Jedi und dem Kanzler. Dieser verspricht ihm nun, Padmé vor dem Tod zu bewahren, und bietet ihm die Macht an. Gleichzeitig deckt er ihm seine wahre Identität auf. Seine Freundschaft zu dem Förderer und die Sorge um seine Frau hindern ihn, wie es seine Aufgabe gewesen wäre, den Feind der Jedi zu töten. Aber er verrät ihn an die Jedi. Mace Windu und einige Leute wollen den Kanzler

Gegenüberliegende Seite: Das deutsche Filmplakat der Episode III. Bild: picture alliance/United Archives /United Archives / kpa Publicity

festsetzen. Im Kampf bleibt nur Windu übrig. Es gelingt ihm, Palpatine-Darth Sidious zu entwaffnen, und als er von dessen Machtblitzen angegriffen wird, lenkt er die mit seiner Waffe ins Gesicht des Gegners, das sich zur Fratze verformt. Dann will Windu ihn töten. Doch Anakin beharrt darauf, ein Gericht müsse ihn verurteilen. Er verhindert Windus Todesstoß und der Sith-Lord kann den Jedi-Meister vernichten. Anakin stellt sich jetzt völlig in den Dienst des Kanzlers und wechselt auf die dunkle Seite der Macht. Der Lord ernennt ihn zu seinem Schüler und gibt ihm den Sith-Namen Darth Vader. Seine erste Aufgabe ist der Überfall auf den Jedi-Tempel und die Vernichtung der Gegner der Sith, was er nur zu genau erledigt.

Als Kanzler gibt Sidious den Klonkriegern den Befehl, alle Jedi zu töten, wo sie sich auch befinden. Sie waren ja bisher mit ihnen verbündet. Ein fürchterliches Gemetzel beginnt, dem nur Obi-Wan Kenobi und Yoda entgehen. Nach dieser Nacht der langen Messer erklärt Sidious die Republik

Sondermünze anlässlich des dritten Teils. Bild: Kevin Dooley/Flickr/C.C. 2.0

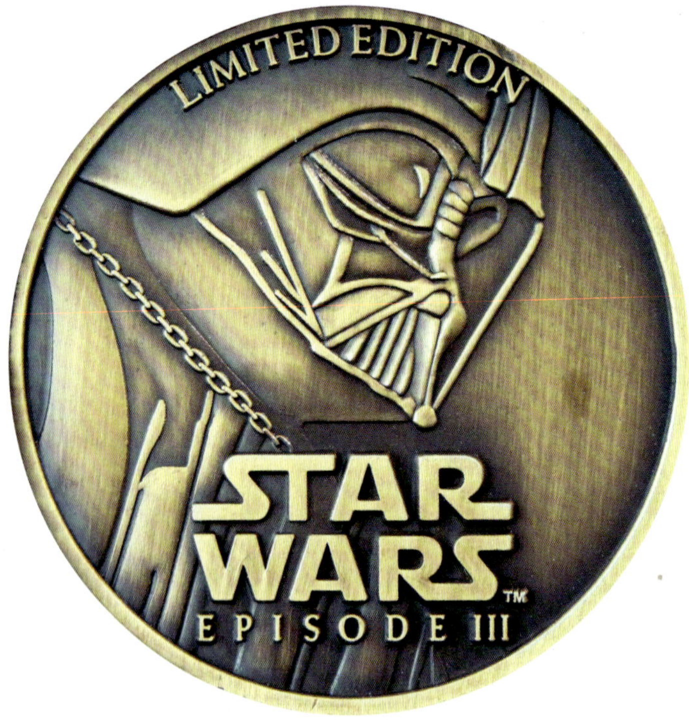

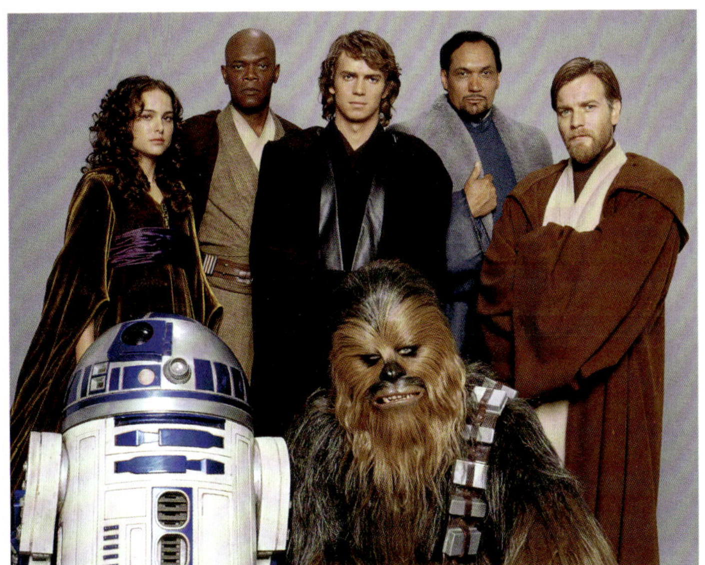

Sie sehen alle richtig brav aus auf diesem Bild: Natalie Portman (Padmé Amidala), Samuel L. Jackson (Mace Windu), Hayden Christensen (Anakin Skywalker), Jimmy Smits (Bail Organa), Ewan McGregor (Obi-Wan Kenobi), Kenny Baker (R2-D2) and Peter Mayhew (Chewbacca).

Bild: picture alliance / PictureLux/The Hollywood Archive / R4820

für abgeschafft und proklamiert sich zum Imperator. Alle Untaten werden den toten Jedi in die Schuhe geschoben. Das ist der Beginn der Neuen Ordnung. Senator Bail Organa, der Zeuge der Morde geworden ist, bietet den beiden Jedi-Meistern ein Versteck. Sie finden heraus, dass Skywalker für das Tempelmassaker verantwortlich ist. Obi-Wan und Padmé treffen Anakin auf dem Planeten Mustafar. Der Verblendete will Padmé töten, aber Obi-Wan geht dazwischen und es kommt zu einem Entscheidungskampf. Obi-Wan kann ihm die restlichen Gliedmaßen abtrennen, Vader fällt in den Lavasand und brennt. Obi-Wan schreckt davor zurück, ihm den Todesstoß zu versetzen und überlässt ihn seinem Schicksal. Mit Padmé fliegt er davon. Der neue Imperator findet Darth Vader gerade noch rechtzeitig. Mit Hilfe komplizierter Technik kann er ihn am Leben erhalten, jetzt wird Anakin zu dem Darth Vader, den man aus der ersten Trilogie kennt.

Padmé bringt die Zwillinge Luke und Leia zur Welt und stirbt. Senator Organa adoptiert Leia, Obi-Wan bringt Luke zu den Pflegeeltern nach Tatooine. Yoda zieht sich auf den Planeten Dagobah zurück. Der Triumph des Imperiums scheint vollkommen.

Micky Maus und Co.

64 Das Disney-Universum kauft Lucasfilm

Die Walt Disney Company feiert 2023 ihren hundertsten Geburtstag. Grund genug zum Feiern gibt es allemal, denn seit dem ersten Micky-Maus-Film 1928 ging es steil nach oben. Bis heute einsamer Rekord sind die 26 Oscars, die Walt Disney einheimsen konnte. Einer davon war für den 1937 in die Kinos gekommenen ersten abendfüllenden Zeichentrickfilm »Schneewittchen und die sieben Zwerge«.

Walt Disney setzte 1955 seinen Traum um und eröffnete in Anaheim südlich von Los Angeles das Disneyland, einen Freizeitpark, der von Gestalten seiner Filme bevölkert ist, und wo man sich bei vielerlei Attraktionen seinem Vergnügen hingeben kann.

In den 1990ern wurden wieder viele sehr erfolgreiche Zeichentrickfilme produziert. »Arielle, die Meerjungfrau«, »Der König der Löwen« oder »Tarzan« waren noch klassische Zeichentrickfilme. Doch bereits in dieser Zeit begann man mit der Computeranimation, die ja heute als das Nonplusultra der Trickfilmbranche gilt. »Toy Story« feierte Triumphe. Disney hatte aber immer wieder Filme mit realen Schauspielern in die Kinos gebracht.

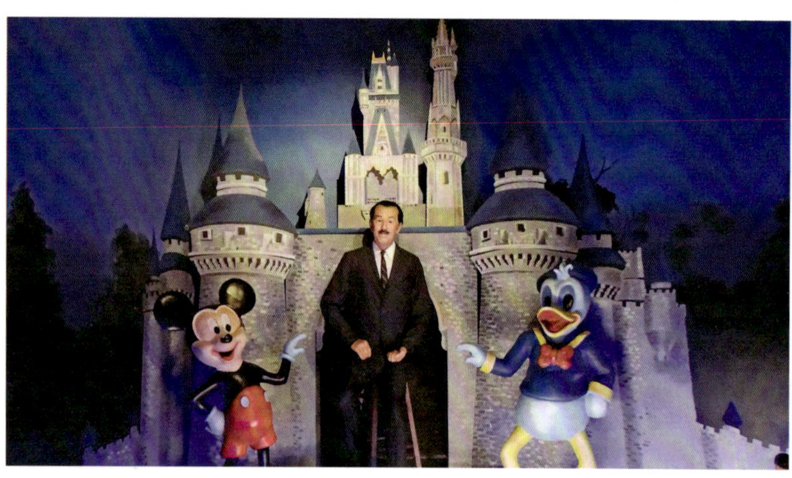

Micky Maus und Donald Duck präsentieren Walt Disney, den Gründer des Unterhaltungsgiganten. Disney ist bereits 1966 gestorben. Bild: Sammlung Michael Dörflinger

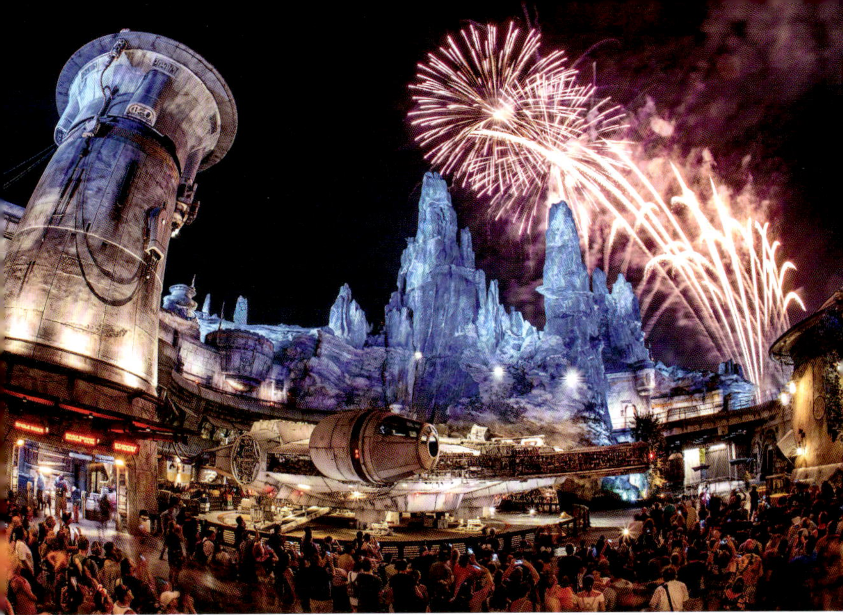

Der Millenium Falke ist seit 2019 eine besondere Attraktion der Galaxy`s Edge in den Disney Hollywood Studios. Bild: Sammlung Michael Dörflinger

Dieses Know-how war es wohl, das George Lucas 2011 dazu brachte, sein Unternehmen Lucasfilm an Disney zu verkaufen. Durch diese Übernahme explodierte die Produktion von »Star Wars«-Veröffentlichungen geradezu. Im Jahr 2015 erschien »Star Wars VII: Das Erwachen der Macht«, 2016 »Rogue One: A Star Wars Story«, im Dezember 2017 folgte dann »Star Wars VIII: Die letzten Jedi«, alles begleitet von Serien, Animationsserien, Computerspielen und jeder Menge Marketing.

Seit 2020 werden Dokumentationsfilme in der Reihe Disney Gallery produziert, die den Zuschauern einen Einblick in die Produktion eines Films oder einer Serie bieten. Durch den Streamingkanal Disney+ wurde es nötig, genügend Material aufzubauen, dass es sich lohnt, den Dienst zu abonnieren.

Disney kann es sich durch seine Megagewinne leisten, immer mehr aufzukaufen. So gehören zu Disney die 20th Century Fox, ABC, National Geographic. Zu Disney gehören auch die Marvel Studios, die mit ihren Superhelden-Streifen die erfolgreichste Filmserie aller Zeiten stellen.

In den Disney-Parks ist heute viel »Star Wars« zu sehen – oder man kann zum Beispiel mit dem »Star Wars Hyperspace Mountain« als Raumschiffpilot gegen TIE-Fighter kämpfen.

65 Zwischen III und IV

»Rogue One: A Star Wars Story« (2016)

Nach dem ersten Teil der dritten Trilogie sollte der »Star Wars«-Fan mehr über die Ereignisse zwischen dem Prequel und der klassischen Trilogie erfahren. Dafür wurde eine neue Reihe geschaffen: »A Star Wars Story«. Der Kinofilm hatte ein Budget wie einer der Trilogie, bekannte Figuren der Saga kommen am Rande vor. Die Handlung tragen andere, nämlich eine Gruppe der Rebellen, die alles dafür gibt, die Baupläne des ersten Todessterns zu stehlen und in die Hände der Rebellen gelangen zu lassen. Diese Pläne spielen dann in »Krieg der Sterne«/»Star Wars: Episode IV – Eine neue Hoffnung« eine entscheidende Rolle. Die Tochter des zum Bau des Todessterns gepressten Wissenschaftlers Galen Erso, Jyn, will ihren Vater befreien und die Baupläne an die Rebellen ausliefern. Für diesen Film hat man die beiden Stars Mads Mikkelsen als Jyns Vater und Forest Whitaker engagiert, den bereits in »The Clone Wars« auftretenden Rebellenführer Saw Gerrera.

66 Der junge Han Solo

»Solo: A Star Wars Story« (2018)

Nach dem großen Erfolg von »Rogue One« sollte mit diesem Film die Reihe »Star Wars Story« erweitert werden. Die Idee war klasse, Publikumsliebling Han Solo in seiner Jugend zu zeigen. Als Drehbuchautor konnte Lawrence Kasdan gewonnen werden, der bereits an den Episoden V bis VII beteiligt war. Wir haben in Kapitel 5 die wichtigsten Inhalte dieses Films mitbekommen.

Schon um 2005 hatten sich George Lucas und sein Team Gedanken darüber gemacht, eine Serie zu erschaffen, in der die Jugendzeit von Han Solo erzählt wird. Umgesetzt wurden diese Pläne allerdings erst unter der Ägide von Disney. Hauptdarsteller Alden Ehrenreich setzte sich gegen dreitausend andere Bewerber durch. Der Bandenchef, für den Han arbeitet, wurde von Woody Harrelson gespielt. Solos bester Freund Chewbacca hat wieder mal eine große Rolle.

Vorgeschichte von »Rogue One«

»Star Wars: Andor« (seit 2022)

67

In drei Staffeln wird seit 2022 eine Vorgeschichte zu »Rogue One« erzählt, bei der Rebellenkapitän Cassian Andor, der im Spielfilm Jyn bei ihren Einsätzen begleitet hatte, die Hauptrolle spielt. In der Serie geht es um die Umformung der losen Rebellengrüppchen zu einer fest strukturierten Organisation. Wie im Film wird Andor von Diego Luna gespielt. Er hatte bereits in Streifen wie »Frida« oder »Open Range« mitgespielt. In »Dirty Dancing 2« hatte man ihm die Hauptrolle gegeben.

Andor war in jungen Jahren auf die schiefe Bahn geraten. Die Serie zeigt seine Entwicklung zum loyalen Mitglied der Rebellen in ihrem Kampf gegen die Diktatur des Imperators. Die Serie zeigt dem Zuschauer den Alltag in der Zeit des Imperiums. Das sind genug Gründe, um auf einen Sieg der Rebellen zu hoffen.

68

Geschichte der Ewoks

Fernsehfilme der 1980er-Jahre

1985 wurde die Zeichentrickserie »Freunde im All« vorgestellt, in der R2-D2 und C-3PO Abenteuer erleben, die in der Zeit vor »Krieg der Sterne« spielen. Im gleichen Jahr traten die Ewoks in einer eigenen Serie auf. Sie hatten sich in dem Film »Ewoks – Die Karawane der Tapferen« bereits 1984 im Kino gezeigt, eine Fortsetzung »Ewoks – Kampf um Endor« gab es 1985. Die bärchenhaften Gestalten vom Waldmond Endor hatten in »Die Rückkehr der Jedi-Ritter« viele Zuschauer begeistert. George Lucas widmete ihnen nach dem Ende der »Star Wars«-Trilogie seine ganze Aufmerksamkeit. Die Special Effects wurden von Industrial Light & Magic gestaltet. Die »Ewoks« richteten sich an eine jüngere Zielgruppe ab sechs Jahren. Die Handlung spielt im Bereich von Sagen, Legenden und Märchen. Es geht darum, zwei Kindern dabei zu helfen, ihre Eltern aus der Gewalt des Ungeheuers Gorax zu befreien. Im zweiten Film werden die Ewoks von einer Räuberbande angegriffen und müssen harte Kämpfe bestehen, um schließlich zu einem Happy End zu kommen.

Porsches Beitrag

69

Tri-Wing S-91x Pegasus Starfighter

2019 begann ein spannendes Projekt zweier Weltmarken: Designer von Lucasfilm und Porsche setzten sich zusammen, um ein Fantasie-Raumschiff zu entwickeln, das die Ästhetik beider Firmen verband. Zwei Projektgruppen haben sich zwei Monate lang in Weissach und San Francisco getroffen, um den Flieger zu entwickeln. »Das Design des Raumschiffs ist stimmig in die Star-Wars-Filmwelt integriert und zeigt zugleich klare Analogien zur Porsche-typischen Formensprache und Proportion«, so Michael Mauer, Leiter Style Porsche der Porsche AG. »Die sich nach hinten verjüngende Grundform der Kabine und eine stark ausgeprägte Topographie von der Flyline des Cockpits bis hin zu den Turbinen schafft visuelle Parallelen zum ikonischen Design des 911 oder Taycan. Das sehr kompakte Layout repräsentiert Dynamik und Agilität und betont die zitierten Porsche-Designmerkmale.«

Das Porsche-Raumschiff fliegt

Der Tri-Wing S-91x Pegasus Starfighter wurde als detailgetreues, eineinhalb Meter langes Modell im Rahmen der Filmpremiere von »Star Wars: Der Aufstieg Skywalkers« in Los Angeles präsentiert. Porsche stellte sein Elektro-Modell Taycan ebenfalls bei dieser Premiere vor. Der Medienrummel war garantiert. Zum ersten Mal wurde die Tri-Wing bei der Serie »Obi-Wan Kenobi« eingesetzt.

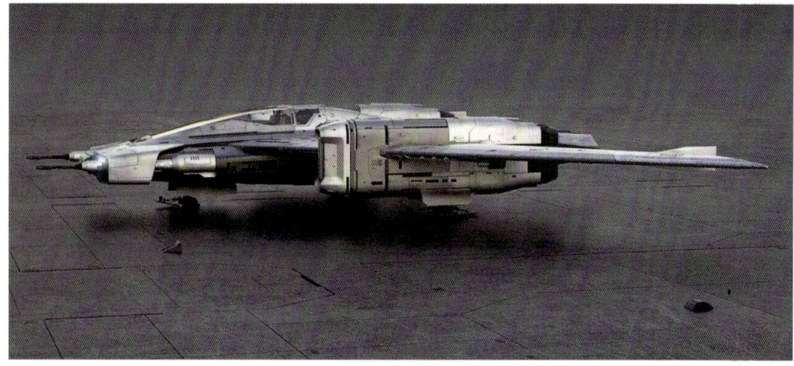

Das Raumflugzeug ist sehr flach konstruiert und evoziert Schnelligkeit. Bild: Porsche AG

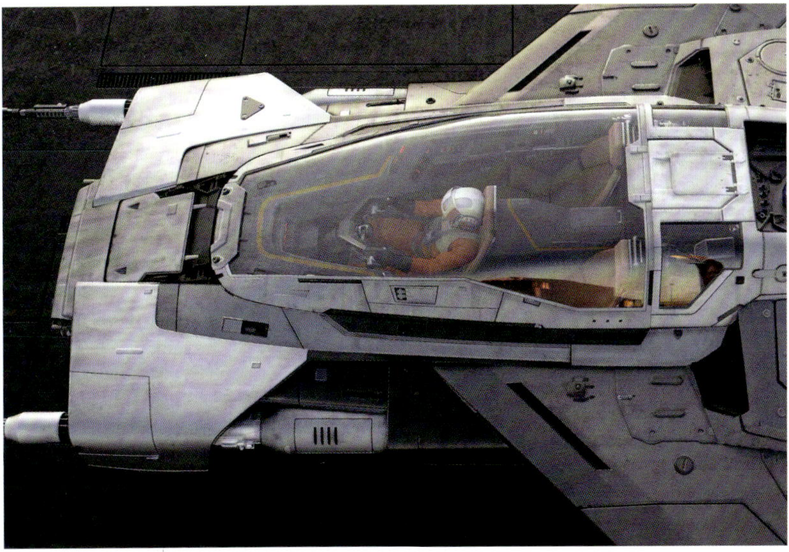

Typische Porsche-Designkriterien: Die Instrumente im Cockpit sind auf die Fahrerachse ausgerichtet und die tiefe Sitzposition erinnert an die Ergonomie des Porsche 918 Spyder.

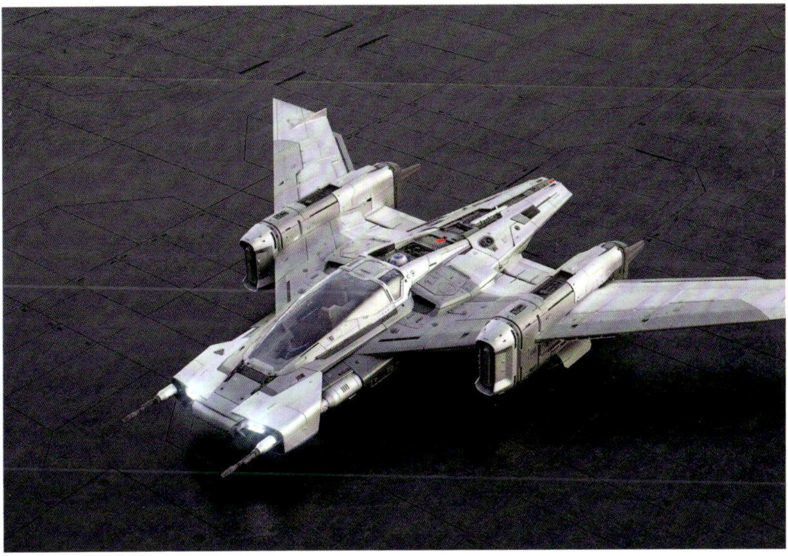

Die Pilotenkanzel und die Front erinnern an den Porsche Taycan, der in einigen Punkten zum Vorbild für den Pegasus Starfighter diente. Bilder: Porsche AG

Ewan McGregor kehrt zurück

70

»Star Wars: Obi-Wan Kenobi« (2022)

Nach Han Solo sollte auch Obi-Wan Kenobi ein Spin-off bekommen, diesmal wählte Disney aber die Form der Miniserie. Es sind sechs Folgen entstanden, die jeweils rund eine Dreiviertelstunde dauern.

Diese Serie spielt rund zehn Jahre nach »Star Wars: Episode III – Die Rache der Sith«. Ben Kenobi hat sich zurückgezogen und spielt den Schutzengel für den jungen Luke Skywalker. Dessen Onkel ist davon gar nicht entzückt und gibt Kenobi einen Platzverweis. Da erreicht den Jedi-Meister die Bitte von Bail Organa, seiner Stieftochter, der Prinzessin Leia, zu helfen. Sie wurde von Kopfgeldjägern entführt. Er kann sie befreien, doch die Verschleppung Leias war eine Falle, um Obi-Wan aus seinem Versteck zu locken. Er wird schon beinahe gefasst und bei dieser Gelegenheit erfährt Obi-Wan, dass Darth Vader den letzten Kampf überlebt hat und jetzt seinen Tod will.

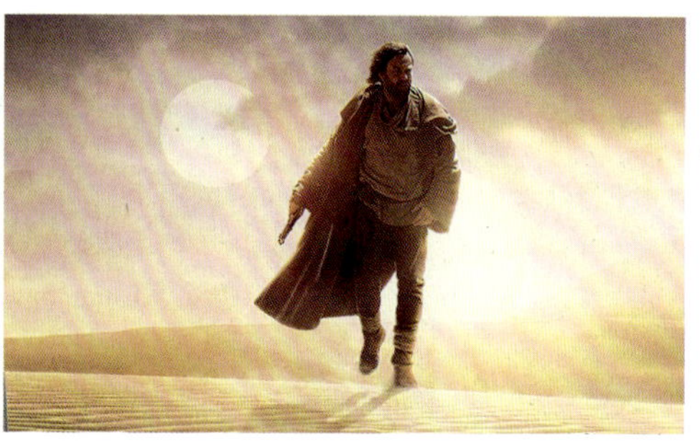

Für diese Serie konnte Evan McGregor wieder gewonnen werden. Bild: Newspress/Volkswagen

Es kommt zu einem erneuten Duell der beiden, diesmal gewinnt Darth Vader, aber Obi-Wan kann sich retten. Leia wurde aber wieder gefangengenommen. Erneut gelingt ihre Befreiung und mit einem Raumschiff können sie fliehen. Allerdings hat die Hauptfeindin dieser Serie, die Inquisitorin Reva Sevander, einen Peilsender angebracht. Reva entpuppt sich als Verräterin an Vader, an dem sie sich rächen will, weil er vor ein paar Jahren vor ihren Augen Jedi getötet hat. Sie war selbst eine Schülerin.

In einem erneuten Zweikampf kann Obi-Wan Darth Vader schlagen und dadurch die Flucht ermöglichen. Auf Tatooine wird Luke von Reva verfolgt, doch letztlich endet alles gut. Darth Vader und der Imperator sind nun mehr denn je dazu entschlossen, die Gegner des Imperiums mit allen Mitteln zu vernichten.

Serie für Calrissian 71

»Lando« (seit 2023)

Der dritte, der ein Spin-off bekommen soll, ist Lando Calrissian. Es handelt sich dabei um eine Serie für Disney+, von der aber noch nicht viel bekannt ist. Den Lando spielt wieder Donald Glover, der diese Rolle bereits in »Solo« meisterhaft interpretiert hat. Der Schauspieler soll wohl auch mit seinem Bruder zusammen eine Story erarbeiten. Ursprünglich war Justin Simien für das Drehbuch verantwortlich, ein Regisseur und Autor, der durch Persiflagen auf Rassismus und Horrorfilme auf sich aufmerksam gemacht hat. Doch der musste aus Termingründen aussteigen.

Mit von der Partie werden wohl die beiden Kollegen aus »Solo« sein: Emilia Clark als Qi'ra und Ray Park als Maul.

Weiter, immer weiter 72

»Skeleton Crew« und andere Pläne (seit 2023)

In der Zeit nach »Die Rückkehr der Jedi-Ritter« soll diese Serie für Disney+ spielen. Das Konzept richtet sich an Jugendliche, die Helden der Serie, die für 2023 angekündigt wurde, sind eine Gruppe Zehnjähriger, die nach dem Sturz des Imperators nach Hause wollen und sich bis zu ihrem Ziel in allerlei gefährlichen Situationen wiederfinden. Im Frühjahr 2022 wurde bekannt, dass Superstar Jude Law als Vertreter der Macht mit von der Partie sein würde.

Für das Jahr darauf ist die Serie »Star Wars: The Acolyte« geplant, die wiederum auf Disney+ laufen wird. Die Handlung ist zeitlich fast 70 Jahre vor der Episode I eingeordnet. Hier ist wieder eine Frau die Hauptfigur. Die farbige Schauspielerin Amandla Stenberg begleitet als Aura den Jedi-Meister Paul, der von einem Südkoreaner gespielt wird. Akoluth ist jemand, der sich helfend bei einer mystischen oder religiösen Zeremonie beteiligt.

Eine andere neue Animationsserie ist »Star Wars: Young Jedi Adventures«. Hier spielt Yoda wieder mit. Sie startete am 4. Mai 2023 in den USA. Die Handlung datiert noch früher als »The Acolyte«. Yoda bildet einige Kinder zu Jedi aus. Es ist eine Serie vor allem für Kinder.

Die Rebellen formieren sich

73

»Star Wars Rebels« (2014–2018)

Diese Serie war die erste, die nach der Übernahme von Lucasfilm durch Disney produziert wurde. Die 22-minütigen Folgen sind computeranimiert. Insgesamt waren es 76 in vier Staffeln. Die Serie schließt sich an »Star Wars: The Clone Wars« an und handelt 14 Jahre nach »Star Wars: Episode III – Die Rache der Sith« und fünf Jahre vor »Rogue One: A Star Wars Story«.

Hauptfigur der Serie ist der Waisenjunge Ezra Bridger, der von einem Jedi die Anwendung der Macht lernt und sich einer Rebellengruppe anschließt. Zu dieser Gruppe gehören die Pilotin Hera Syndulla, Zeb Orrelius, der Droide Chopper und die Mandalorianerin Sabine Wren. Sie lernen Ahsoka Tano kennen, eine ehemalige Schülerin von Anakin Skywalker, die seine Bekehrung zum Bösen nicht mitgemacht hat.

In die Handlung mischt sich auch Darth Vader, der immer noch Jedi jagt und auch Ahsoka zur Strecke bringen will. In der zweiten Staffel kommt es sogar zur direkten Konfrontation, die aber beide überleben. Ezra rettet Ahsoka, indem er sie aus ihrem Duell mit Darth Vader durch ein Portal zieht und so aus der Gefahrensituation befreit.

74

Fortsetzung der »Rebels«

»Ahsoka« (seit 2023)

Fünf Jahre nach Ende der »Rebels« setzte Disney die Serie fort. »Ahsoka« heißt sie, aber jetzt ist es eine Serie mit echten Schauspielern. Sie soll mehrere Staffeln haben. Die erste begann im August 2023 auf Disney+. Die Handlungszeit ist etwa fünf Jahre nach »Die Rückkehr der Jedi-Ritter«. Ahsoka ist nun älter geworden. Sie macht sich auf die Suche nach dem verschollenen Großadmiral Thrawn und dem damaligen Kameraden Ezra Bridger. Hauptdarstellerin ist Rosario Dawson, die schon in mehreren Marvel-Netflix-Serien zu sehen war. Von den Trilogien-Stars tritt Hayden Christensen in der vierten Folge als Darth Vader auf. Es bleibt abzuwarten, wie sich dieses Weltraumabenteuer entwickeln wird.

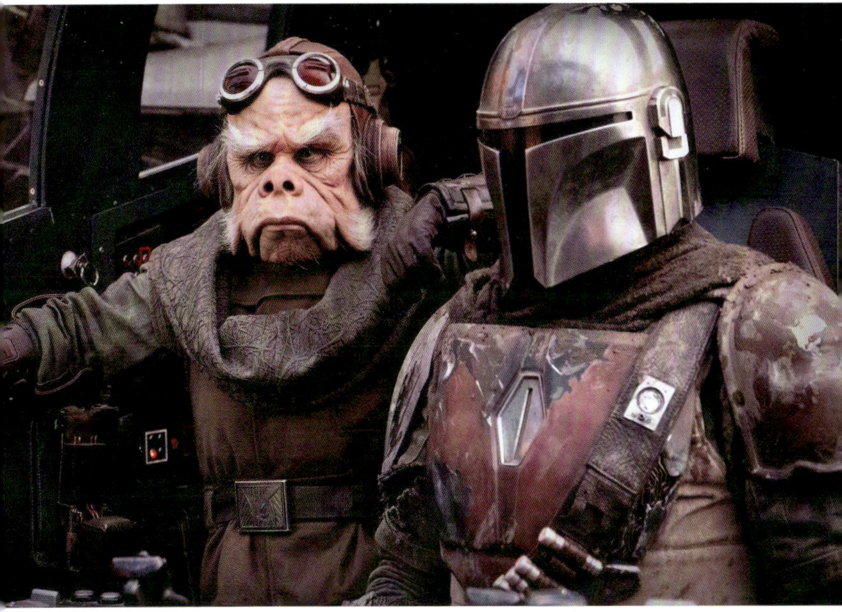

Die von Nick Nolte gesprochene Figur Kuiil sieht ihm sogar irgendwie ähnlich.

Bild: picture alliance / PictureLux/Lucasfilm Ltd / The H / R4820

Wieder mit Skywalker

75

»The Mandalorian« (seit 2019)

Mit dieser Produktion gelang eine überaus erfolgreiche Serie, die bei Disney+ gesehen werden kann. Der Mandalorianer Din Djarin, gespielt von Pedro Pascal, ist ein sehr erfolgreicher Kopfgeldjäger. Die Handlung spielt fünf Jahre nach »Die Rückkehr der Jedi-Ritter«. Der Mandalorianer erhält den Auftrag, einen Fünfzigjährigen namens Grogu festzunehmen. Als er ihn erwischt, stellt er überrascht fest, dass Grogu ein kleines Wesen mit großen Ohren ist, Din liefert ihn zunächst aus, doch bringt er es nicht übers Herz, ihn seinem Schicksal zu überlassen, und holt ihn sich wieder zurück. Damit hat er gegen den Codex der Kopfgeldjäger verstoßen und wird verfolgt. So schlägt er sich mit verschiedenen Aufträgen durch die Welt. Grogu ist immer dabei, damit er ihn beschützen kann. Ein besonderer Höhepunkt ist der Auftritt von Mark Hamill als Luke Skywalker. Die Kritiker lobten die Serie sehr, die viel von einem Italowestern hat.

Gehört zum »Mandalorian«

»Das Buch von Boba Fett« (2021/22)

76

Diese Serie spielt zur gleichen Zeit wie der »Mandalorian«. Sie zeigt die Geschichte Boba Fetts auf dem Thron von Jabba auf Tatooine. Es geht um Verbrecher und Banden und wie sich Boba seine Machtbasis erweitert und sichert. Eines Tages taucht Din Djarin, der Mandalorian, auf Tatooine auf. Er will seinen Freund Grogu besuchen, der gerade bei Luke Skywalker seine Ausbildung zum Jedi absolviert. Mark Hamill wurde dafür im Computer deutlich jünger gemacht. Die sieben Folgen dieser Kurzserie liefen auf Disney+ im Winter 2021/22.

Greef Karga alias Carl Weathers, den man noch als Apollo Creed aus den »Rocky«-Filmen kennt, trägt den kleinen Grogu auf Händen. Bild: picture alliance / PictureLux/Lucasfilm Ltd. / Lucasfilm Ltd.

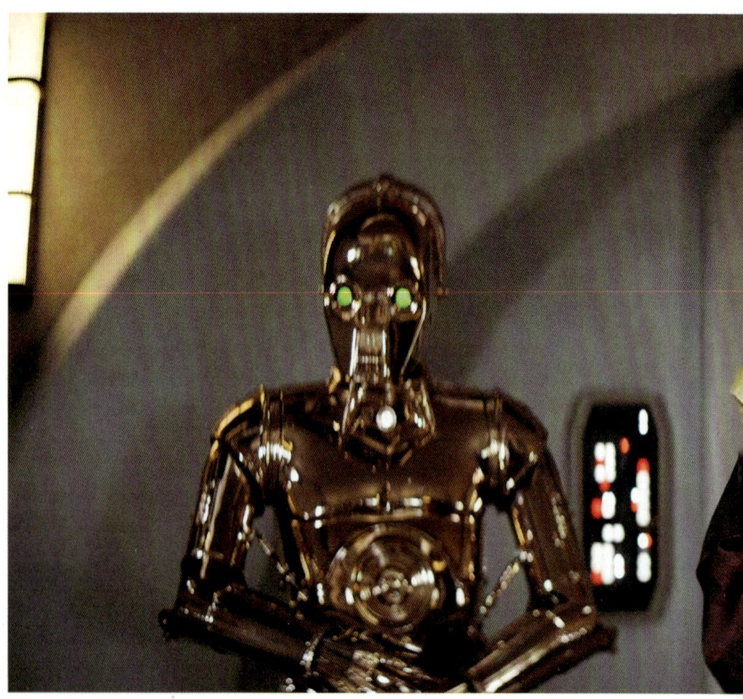

77

Grogu

Der süße Verwandte von Yoda

Manche (so der Bundesjustizminster Buschmann am »Star Wars«-Day auf Twitter) verwechseln ihn manchmal mit Yoda. Grogu ist zwar mit Yoda verwandt, doch wie genau weiß niemand. Im »Mandalorian« taucht er zum ersten Mal auf, rettet dem Meister der Kopfgeldjäger Greef Karga das Leben und wird dann Schüler von Luke Skywalker. Grogu war im Jedi-Tempel von Coruscant aufgewachsen und musste nach dem Aufruf des Imperators, die Jedi zu vernichten, untertauchen. Der Mandalorian kann ihn aufspüren, aber er holt ihn wieder zu sich zurück. Später sollte er ihn sogar adoptieren. Grogu wurde gleich nach seinem ersten Auftritt zum erklärten Liebling der Fans. Der Markt nutzte das mit unzähligen Produkten wie T-Shirts, Tassen, Spielfiguren und vielen anderen Produkten.

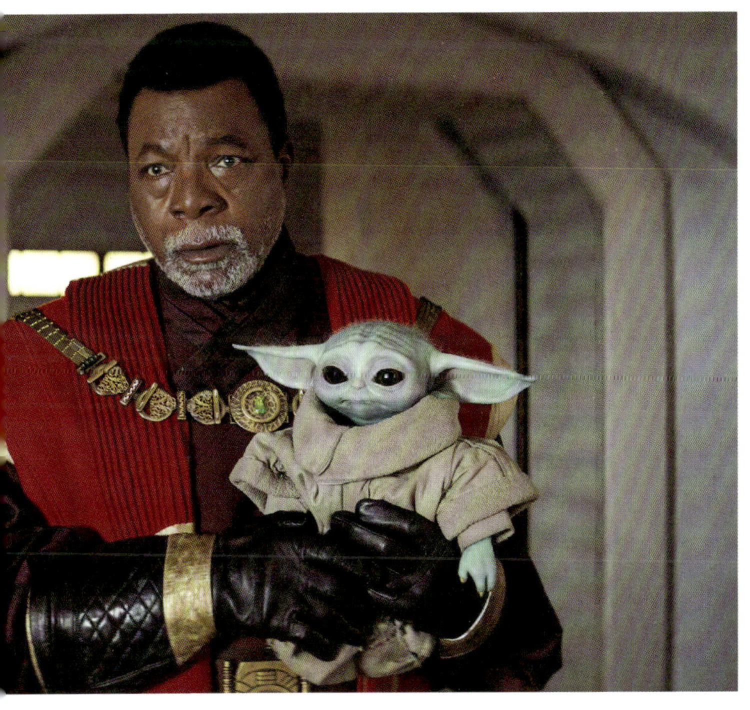

Kurzfilme rund um »Star Wars«

78

»Star Wars: Visionen« (seit 2021)

Dieses Projekt ist ungewöhnlich, denn die zwischen zehn und zweiundzwanzig Minuten langen computeranimierten Folgen erzählen in sich abgeschlossene Geschichten, die in verschiedenen japanischen Anime-Studios entstanden sind. Auch die Drehbücher wurden dort entwickelt. Die Figuren ähneln den Gestalten der Mangas.

Die Geschichten spielen im »Star Wars«-Universum, wobei man vor allem motivliche Ähnlichkeiten die Verbindung darstellen. Die Figuren sind in der Regel nicht aus anderen Filmen oder Serien übernommen. Lediglich Boba Fett taucht in einer Story auf. Mit diesem Experiment wurde die »Star Wars«-Welt in ein neues Medium übertragen, die typischen großen Kulleraugen dieses japanischen Stils schaffen eine ganz andere Atmosphäre.

79

Wieder mit Qui-Gon Jinn

»Star Wars: Geschichten der Jedi« (seit 2022)

Diese Miniserie wurde wieder durch den Computer geschaffen. Die erste Staffel wurde ab Oktober 2022 auf Disney+ gezeigt. Eine weitere Staffel soll folgen. Die Serie, die aus sechs eine Viertelstunde langen Teilen besteht, spielt vor und parallel zu »Star Wars: Episode I – Die dunkle Bedrohung« und »Star Wars: Episode III – Die Rache der Sith«. Zwei verschiedene Geschichten wurden hier in eine Serie gepackt. Die eine zeigt Szenen aus dem Leben von Ahsoka von der Geburt über die Ausbildung bei Anakin Skywalker bis hin zur Verbindung mit Bail Organa.

Die anderen Geschichten kreisen um Count Dooku und seinen Weg zur dunklen Seite der Macht. Einmal ist der Jedi-Meister Count Dooku mit seinem Schüler Qui-Gon Jinn in ein Abenteuer verwickelt. Ein anderes Mal ermittelt er mit dem Jedi-Meister Mace Windu den Mörder eines getöteten Jedi. In einer Folge hat er sich schon auf die dunkle Seite geschlagen und kann im Kampf die Jedi-Meisterin Yaddle töten, die seine Untaten mitbekommen hat und ihn zur Rede stellen wollte.

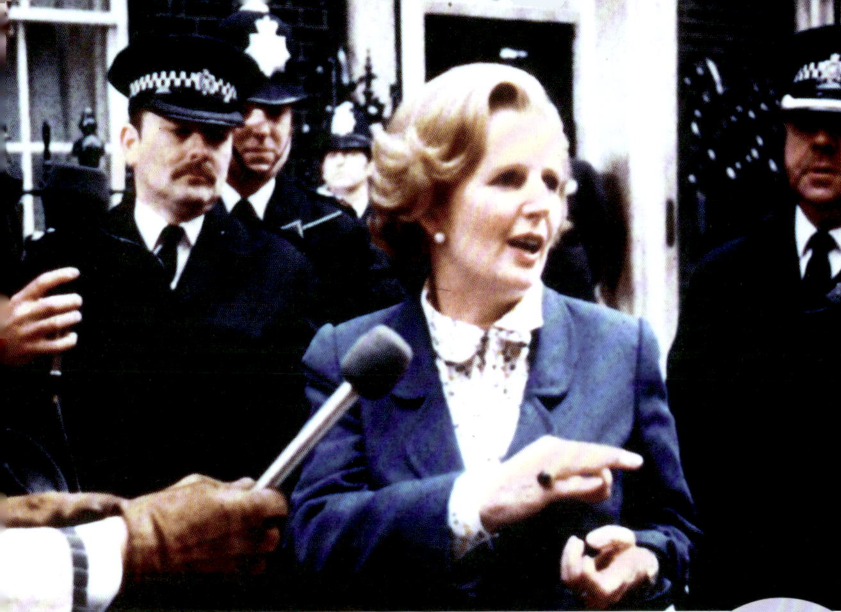

Margaret Thatcher am Tag ihres Amtsantritts. Bild: Press Association

80

»Star Wars Day«

Ein englisches Wortspiel macht Karriere

Es war am 4. Mai 1979. In der London Evening News stand eine Anzeige mit folgendem Wortlaut: »May the fourth be with you, Maggie. Congratulations.« Es wird berichtet, dass dieses Wortspiel, mit dem Margaret Thatcher zu ihrem Wahlsieg an diesem Tag gratuliert wurde, auf die »eiserne Lady« selbst zurückgeht. Der Spruch »Möge die Macht mit dir sein« lautet im Original: »May the force be with you.« Diese Vertauschung von »Force« und »Fourth« wurde immer wieder scherzhaft gebraucht und auf den vierten Mai umgedeutet. In der Tat war die Macht mit ihr, denn sie lenkte zwölf Jahre die Geschicke ihres Landes – nie unumstritten, aber beinhart – länger als jeder andere Premierminister im 20. Jahrhundert.

2011 wurde in Toronto erstmals ein 4. Mai als organisierter Star Wars Day gefeiert. Inzwischen ist der Termin längst auch in Deutschland angekommen und viele feiern den Tag als eine der vielen Figuren der Saga verkleidet. Oft kommt ein Film im Kino. Lucasfilm und Disney nutzen die Popularität des Termins natürlich zu ihren Gunsten aus.

Die helle Seite der Macht

Deutsche Politiker und »Star Wars«

81

Seit einigen Jahren beobachtet man bei Reden und Interviews von Politikerinnen, mehr aber noch Politikern immer häufiger Metaphern aus dem Fußball und – mit Star-Wars-Bezug. Einer der herausragenden Vertreter der Krieg-der-Sterne-Fraktion ist der bayerische Ministerpräsident Markus Söder.

Er ist immer wieder zusammen mit Gestalten der Saga zu sehen. Sei es mit den weiß gekleideten Sturmtruppen bei der Verleihung des Deutschen Computerspielpreises in München oder seien es seine Social-Media-Auftritte mit dem urigen kleinen Yoda. Markus Söder hat einmal erzählt, dass er seit der fünften Klasse »Star Wars«-Fan ist und den »Krieg der Sterne« damals achtmal im Kino gesehen hatte. Damit ist er ein Fan der ersten Stunde.

Vorbild Yoda

Und wie es so ist, wenn die Leute von einer Begeisterung erfahren, schenken sie demjenigen gedankenlos etwas zum Thema – so hat Markus Söder offenbar ein ganzes Arsenal an Lichtschwertern zuhause. Das passierte auch dem ehemaligen CDU-Generalsekretär Tauber, der sich bei einer Bundestagsrede gegen die AFD als »Star Wars«-Fan geoutet hatte.

Wenn man nun fragt, wer die Lieblingsgestalt Söders aus der Welt der Sternenkriege ist, dann hört man nicht etwa Han Solo oder Luke Skywalker, sondern es ist der kleine Jedi-Meister Yoda. »Weil man den total unterschätzt und weil er eine unglaubliche Beweglichkeit an den Tag legt. Es steckt manchmal mehr hinter den Leuten, als man glaubt«. Yoda spielte auch bei einem Instagram-Kurzvideo mit, das der bayerische Ministerpräsident 2023 postete. »Wir verkörpern die helle Seite der Macht. Und deswegen wollen wir auch eine Menge erreichen für unser Bayern. Möge die Macht mit euch sein«. Im Hintergrund standen Flaggen und vor ihm wackelte ein kleiner Yoda. Die dunkle Seite der Macht ist stets die AFD. Es war Wahlkampf.

Sein Parteikollege und ehemaliger Verkehrsminister Alexander Dobrindt zog bei einer Kampagne, die vor allem Kindern das Tragen eines Fahrradhelms schmackhaft machen sollte, Darth Vader heran mit dem Motto: »Die Saga geht weiter: Dank Helm«. Nun ja, das Leben hat Darth Vader ein Helm nicht wirklich gerettet, aber immerhin gehört er zu seiner Ausrüstung, die ihm das Leben erhalten kann.

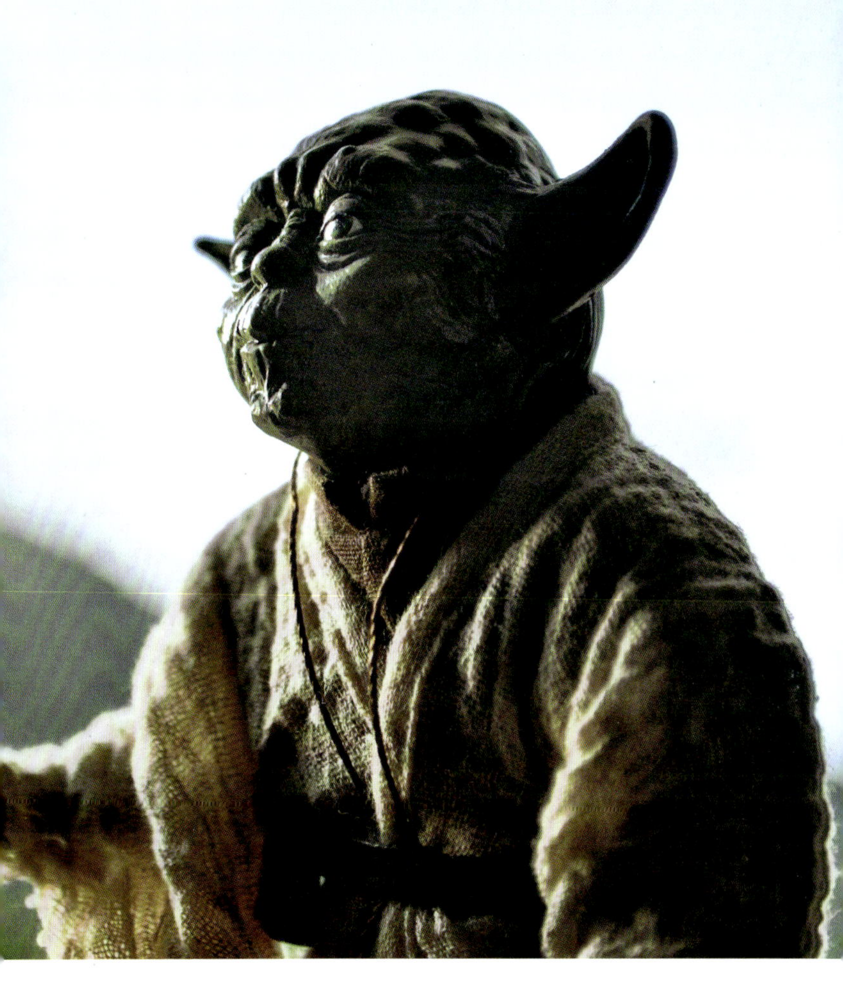

Der kleine grüne Yoda ist eine Gestalt, von der niemand weiß, welcher Rasse er angehört. Er ist ein Jedi-Ritter und gilt als unglaublich weise. Vieles an ihm erinnert an einen fernöstlichen Mönch. Als Kämpfer ist er einer der Meister mit dem Lichtschwert. Der nur 66 Zentimeter kleine Mann wurde biblische 900 Jahre alt. Auf seinem Lebensweg begegnete er auch Luke Skywalker und wurde zu seinem Lehrer. Bild: Sammlung Michael Dörflinger

Wieder mit der alten Garde

82 »Star Wars: Das Erwachen der Macht« (2015)

Nach dem Verkauf des Lucasfilm-Konglomerats an Disney sollte die dritte Trilogie, welche »Die Rückkehr der Jedi-Ritter« fortsetzt, realisiert werden. Der Mann hinter der Story, George Lucas, hatte zusammen mit seiner Firma auch die Geschichte der Episoden VII bis IX verkauft, so dass die Drehbuchschreiber nicht

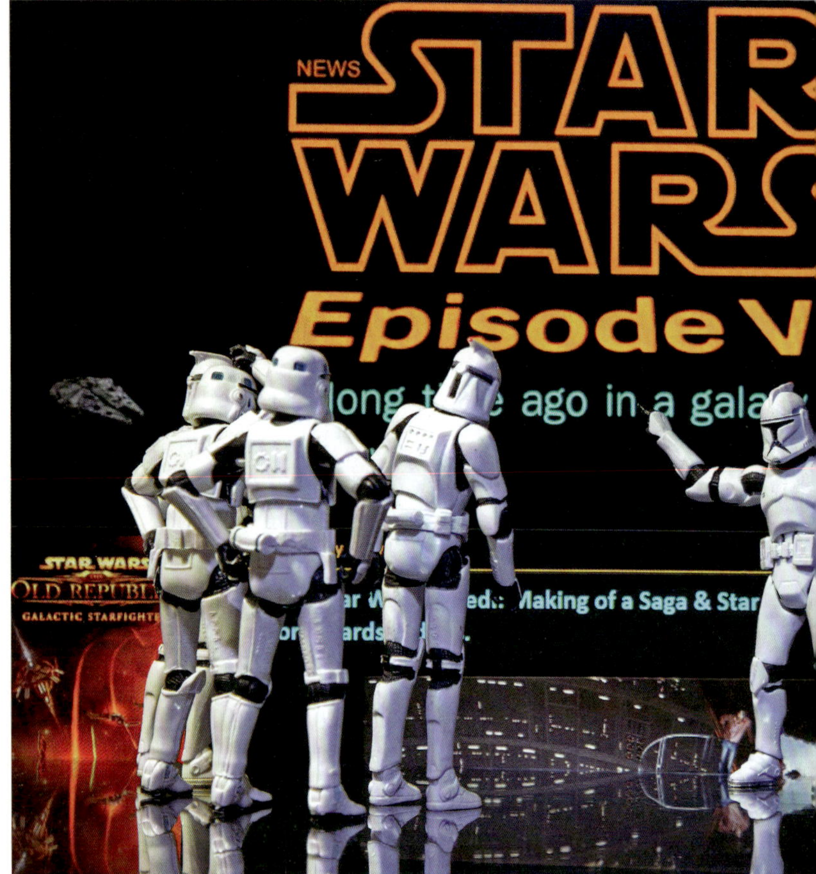

gerade bei Null begannen. Zudem hatten sich bereits einige Bücher mit der Zeit der neuen Republik beschäftigt. Doch davon will Disney nichts wissen. Diese als »erweitertes Universum« bezeichneten Geschichten, die bereits 1978 mit den ersten lizenzierten Comics begannen, wurden von Disney 2014 als »Legends« ausgegrenzt. Stattdessen sollte mit dem »Erwachen der Macht« eine eigene, kanonische Geschichte der Zeit dreißig Jahre nach »Die Rückkehr der Jedi-Ritter« erzählt werden.

Auf der Basis der Story von Lucas bastelte der junge Michael Arndt an einem ersten Drehbuch, auf dessen Grundlage Lawrence Kasdan unter Mithilfe von Regisseur J. J. Abrams das endgültige Drehbuch erarbeitete.

Die Dreharbeiten zum »Erwachen der Macht« begannen am 16. Mai 2014. Die Galaxie ist in einer schwierigen Lage. Luke Skywalker ist spurlos verschwunden und eine reaktionäre Monarchistengruppe namens »Erste Ordnung« bekämpft die Republik, wo sie nur kann. Der Pilot Poe Dameron soll Luke in Leias Auftrag suchen. Dabei wird er von Aufrührern unter Kylo Ren gefangen genommen. Doch er erhält Hilfe vom Sturmtrupp-Mann FN-2187, der ihn befreit und in der Folge als »Finn« eine tragende Rolle spielt. Bei einer Bruchlandung auf dem Planeten Jakku werden sie getrennt und Finn glaubt, dass Poe gestorben sei. Er lernt die Schrottsammlerin Rey kennen, die er gleich ganz toll findet. Aber Sturmtruppen der Imperialen haben etwas gegen eine Idylle und greifen an. Finn und Rey haben Glück, denn auf einem Schrottplatz finden sie den Millenium Falken, den man Han Solo gestoh-

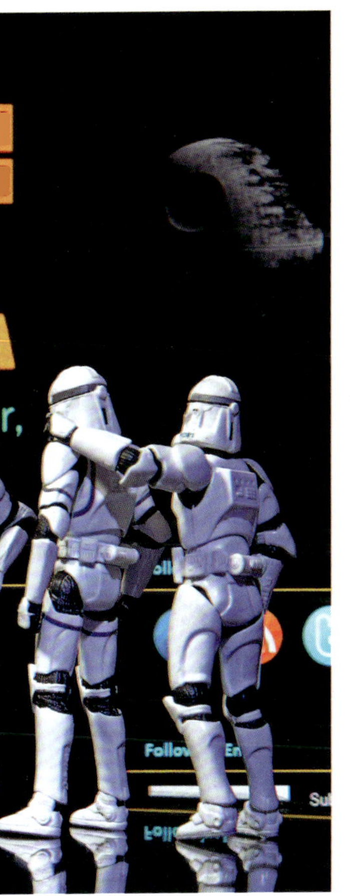

Die Sturmtruppen sind prächtige Werbeträger. Auch für die Episode VII treten sie auf, damit der Film wirkungsvoll präsentiert werden kann. Dazu gehören auch Bilder des Millenium Falken und des Todessterns 2 im Hintergrund. Bild: Jim Bauer/C.C. 2.0

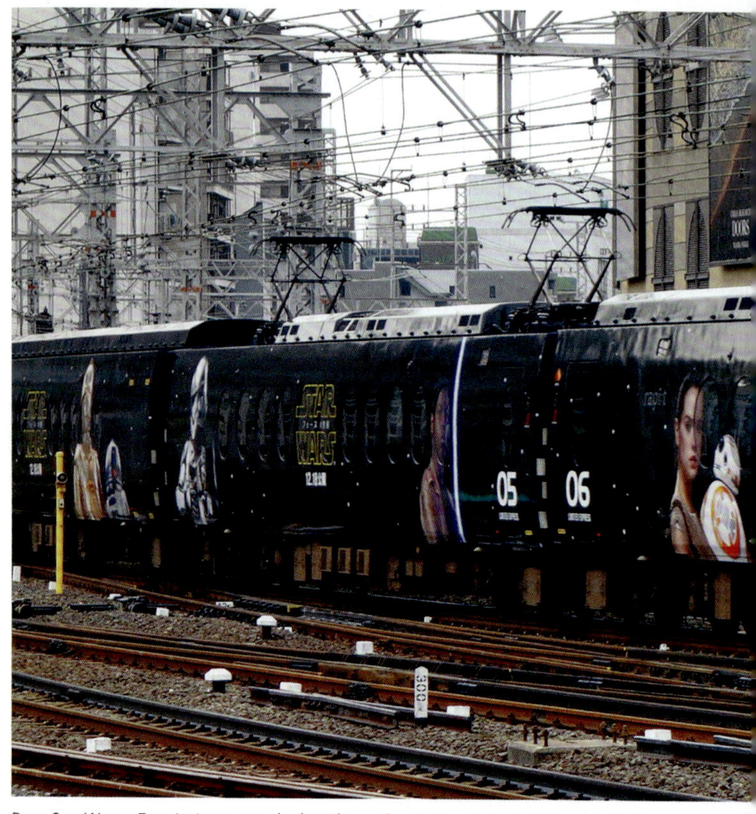

Der »Star Wars«-Zug: In Japan wurde der Film auch mit einer Folienbeklebung auf einem

len hat. Damit gelingt die Flucht. Sie treffen auf Han Solo und Chewbacca. Jetzt erfährt der Zuschauer, warum Luke Skywalker verschwunden ist. Der wollte nämlich den Jedi-Orden wiederbeleben. Einer seiner Schüler war Kylo Ren, eben jener, der Poe Dameron gefangen genommen hatte. Der war auf die dunkle Seite der Macht übergegangen. Als erstes brachte er alle Mitschüler um. Luke sah sein Lebenswerk zerstört und zog sich verzweifelt und resigniert aus der Welt zurück. Gemeinsam fliegen sie auf den Planeten Takodana zu Hans alter Bekannter Maz Kanata. Dort wird Rey von einer Kinderstimme zu Lukes Lichtschwert gelotst. Sie kann die Macht spüren, doch die Visionen verstören sie. Die Waffe, die Maz ihr anbietet, will sie nicht. Finn nimmt ihn an sich.

Später wird sie bei Kämpfen um den Planeten gegen die aufständische Erste Ordnung gefangen genommen. Die Erste Ordnung hat mit dem Star-

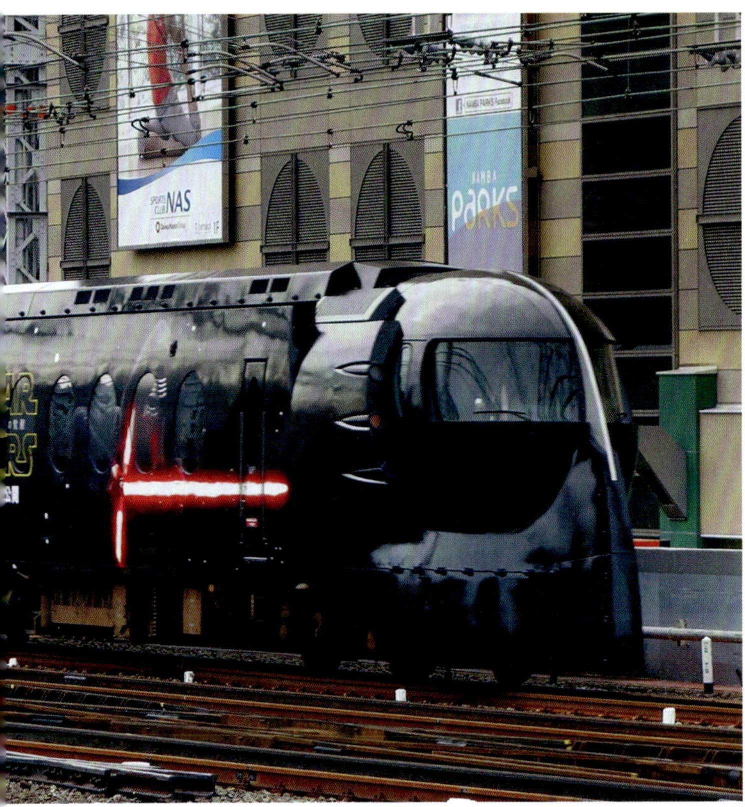

Zug beworben. Die Front ist keine Darth-Vader-Maske, sondern serienmäßig. Bild: Hineno/C.C. 4.0

killer-Planeten wieder eine Art Todesstern geschaffen, dessen Macht so stark ist, dass er das Hosnian-Sternensystem mit dem Regierungssitz der Neuen Republik mit einem Strahl vernichten kann. Als nächstes soll Takodana dran sein.

Das dunkle Geheimnis

Generalin Leia als Chefin des Widerstands gegen die Erste Ordnung ist eingetroffen und trifft Han, Chewbacca und Finn. Sie übergeben ihr den Droiden BB-8, der eine Karte mit dem Aufenthaltsort Skywalkers hat. Nach langer Zeit begegnen sich Han und Leia wieder. Das Drama um ihren gemeinsamen Sohn Ben wird nun deutlich. Er war Jedi-Schüler bei Luke. Doch lebte er nach dem Motto, dass sich Großvater- und Enkelgeneration bestens verstehen und die Eltern eh nichts richtig machen. So wechselt er als Kylo Ren zur dunklen Seite der Macht. Das hat die Eheleute entfremdet. Leia als Mutter glaubt daran, dass sie ihn wieder zurückgewinnen kann.

Han soll Kyle/Ben wieder auf die helle Seite ziehen. Inzwischen gelingt es Rey, sich mit Hilfe der Macht zu befreien. Der Widerstand hat den Starkiller angegriffen. Han Solo, Chewbacca und Finn können währenddessen in die Basis eindringen und die Schutzschilde deaktivieren. Sie treffen Rey. Gemeinsam versuchen sie mit Sprengkapseln, den Energieoszillator der Starkiller-Waffe zu deaktivieren, was die größte Bedrohung durch die Erste Ordnung beseitigen würde. Doch Kyle spürt mit Hilfe der Macht die Anwesenheit des Vaters Han und stellt sich den Gegnern in den Weg.

Han Solos Ende

Wie schon in den alten Filmen, konzentriert sich die Entscheidung über die Zukunft der Galaxie auf die wenigen Protagonisten. Han Solo versucht alles, Kyle zu überreden, auf die gute Seite zurückzukehren, doch der, wiewohl innerlich gepackt, wehrt diese Versuche ab und streckt den Vater plötzlich mit einem Hieb nieder! Han Solo tot? Ein Aufschrei des

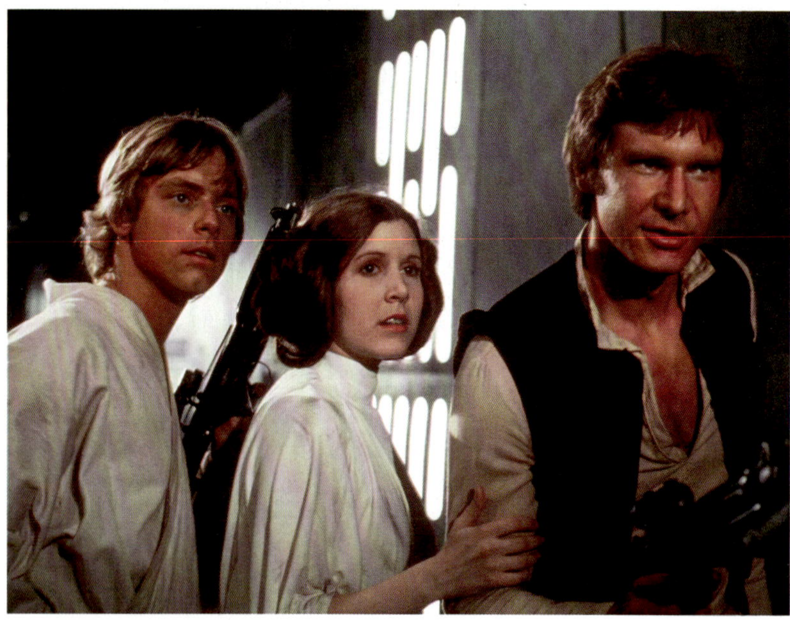

Szenenbild der Hauptfiguren der Episoden IV bis VI aus jungen Tagen. Bild: picture-alliance / dpa / dpa-Film Fox

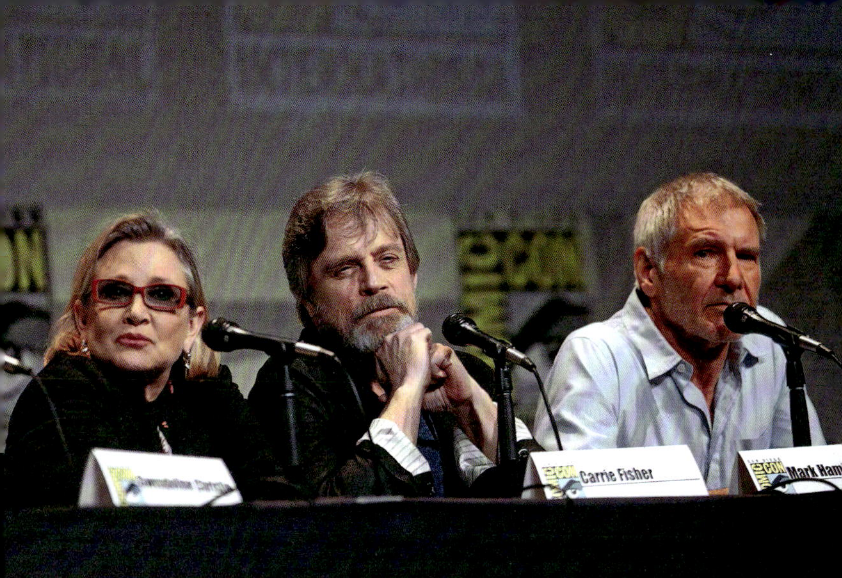

Etwas älter sind sie geworden: Carrie Fisher, Mark Hamill und Harrison Ford bei einer Pressekonferenz bei der San Diego Comic Con International 2015. Bild: Gage Skidmore/C.C. 2.0

Entsetzens ging durch die Kinosäle. Chewbacca will sich rächen und trifft Kyle mit einem Schuss, trifft dabei auch die Sprengsätze. Die Explosion reißt ein Loch in die Anlage, was es dem Starpiloten Poe Dameron ermöglicht, den Oszillator zu treffen. Das Ende des Starkillers ist nahe. Finn und Rey fliehen auf die Planetenoberfläche, um zum Millenium Falken zu gelangen. Doch sie werden von Kylo aufgehalten. Finn setzt Lukes Lichtschwert ein, doch Kylo kann ihn verwunden. Da überwindet Rey ihre Scheu vor der Waffe, greift nach ihr und überwältigt den Bösewicht. Doch die Detonation der Starkiller-Basis rettet ihn. General Armitage Hux kann Kyle Ren aufsammeln und zu seinem Meister Snoke bringen. Chewbacca nimmt Finn und Rey auf und erreicht mit ihnen das Hauptquartier.

Dort gelingt es BB-8 und R2-D2, die Kartenfragmente, die den Weg zu Luke Skywalkers Aufenthaltsort beschreiben, zusammenzufügen. Jetzt machen sich Rey, Chewbacca und R2-D2 auf die Suche. Luke ist auf dem Planeten Ahch-To, einem Planeten mit großen Meeren, in denen man Inseln findet. Dort hatten die Jedi ihren Orden gegründet und den ersten Tempel gebaut. Das Imperium hatte den Tempel damals, als alle Erinnerung an die Jedi vernichtet werden sollte, nicht gefunden. Dorthin hat sich Luke zurückgezogen. Die drei Freunde finden ihn und Rey gibt ihm sein Schwert zurück.

Ren versus Rey

83

»Star Wars: Die letzten Jedi« (2017)

Der nächste Film schließt sich direkt an die Handlung des »Erwachens der Macht« an. Die Erste Ordnung hatte mit dem Verlust des Starkillers zwar einen schweren Rückschlag erlitten, doch die Schwächung der Republik durch die Vernichtung ihres Machtzentrums konnte nicht kompensiert werden. Die Flotte der

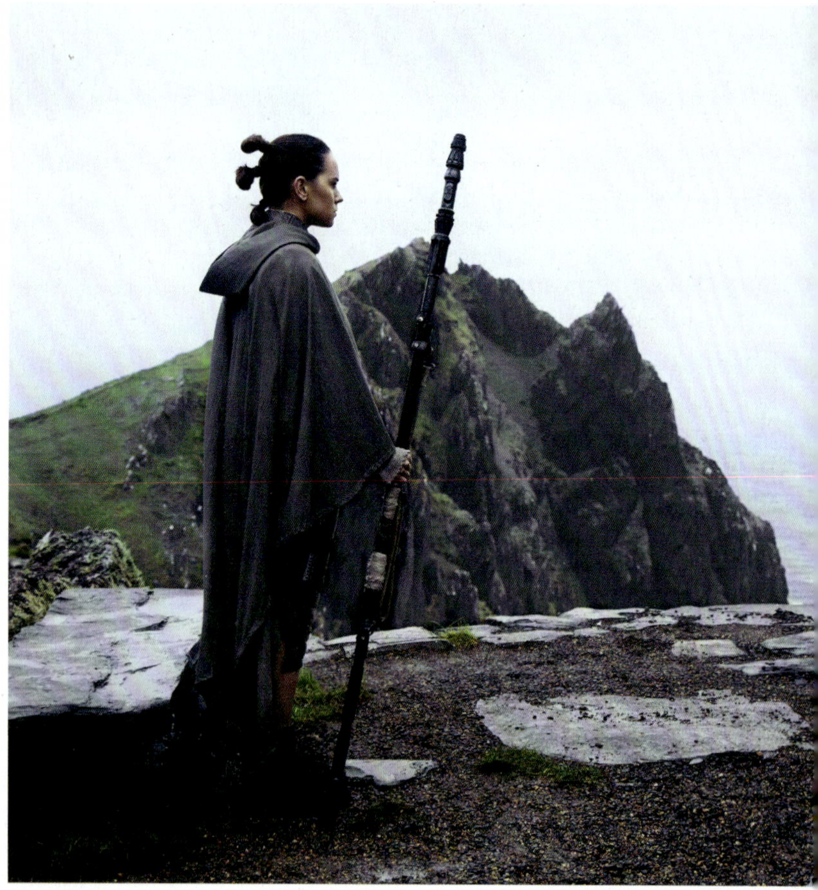

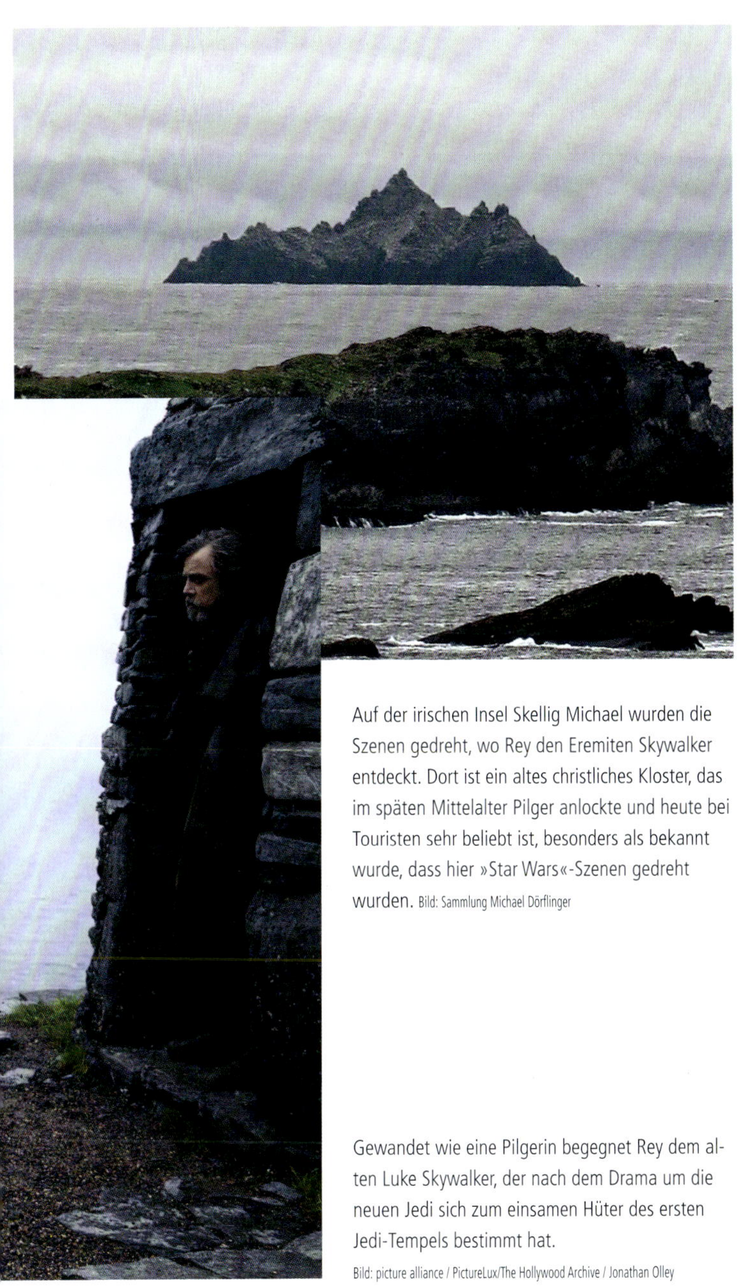

Auf der irischen Insel Skellig Michael wurden die Szenen gedreht, wo Rey den Eremiten Skywalker entdeckt. Dort ist ein altes christliches Kloster, das im späten Mittelalter Pilger anlockte und heute bei Touristen sehr beliebt ist, besonders als bekannt wurde, dass hier »Star Wars«-Szenen gedreht wurden. Bild: Sammlung Michael Dörflinger

Gewandet wie eine Pilgerin begegnet Rey dem alten Luke Skywalker, der nach dem Drama um die neuen Jedi sich zum einsamen Hüter des ersten Jedi-Tempels bestimmt hat.

Bild: picture alliance / PictureLux/The Hollywood Archive / Jonathan Olley

Ersten Ordnung greift den Stützpunkt des Widerstands an. Poe Dameron kann zwar ein Kriegsschiff der Gegner zerstören und den Angriff aufhalten, allerdings gegen Leias Befehl. Die Widerständler flüchten mit einem Hyperraum-Sprung.

Rey versucht indessen, Luke dazu zu überreden, seine Insel aufzugeben und den Leuten um Leia beizustehen. Erst das Wiedersehen mit R2-D2 stimmt ihn um. Er will Rey zum Jedi ausbilden. Kylo wurde durch die Niederlage gegen Rey in Selbstzweifel gestürzt. Er glaubt nicht mehr daran, der neue Darth Vader werden zu können. Mit Hilfe der Macht gelangen er und Rey zu einer telepathischen Verbindung. So erfährt sie mehr über ihn und seine Beweggründe, die ihn gegen Luke aufgebracht haben. Sie hofft, ihn wieder auf die helle Seite ziehen zu können, und macht sich auf den Weg. Skywalker geht nicht mit.

Luke Skywalker greift ein

Inzwischen ist es der Ersten Ordnung gelungen, Leias Flaggschiff zu entdecken und auszuschalten. Leia kann sich mit Hilfe der Macht retten und fällt ins Koma, alle anderen Chefs sterben. Vizeadmiralin Amilyn Holdo vertritt Leia. Aus eigenem Entschluss sendet Poe Finn, BB-8 und Rose los, damit sie das Peilgerät auf Snokes Supremacy, einem Sternenzerstörer der Mega-Klasse, zerstören und so das Auge der Ordnung blind wird. Sie wollen in der Wettspielstadt Canto Bight den Meister-Codeknacker aufstöbern, der ihnen helfen soll, auf die Supremacy zu gelangen. Sie finden ihn in DJ, gespielt von dem großartigen Benicio del Toro. Der erweist sich als Schurke, die drei Freunde werden auf Snokes Schiff gefangen. Aber dort hat sich Bedeutendes ereignet. Rey hat sich gefangen nehmen lassen, um zu Kyle zu gelangen. Snoke befiehlt Kyle, sie zu töten, doch er wendet sich auf Reys Seite und tötet Snoke. Doch dann will er Rey überreden, zur dunklen Seite zu kommen.

Der Widerstand kann die Supremacy mit einem Rammstoß zerstören und sich auf den Planeten Crait zurückziehen. Auch die Helden entkommen. Kyle befiehlt den Angriff auf Crait. Schon scheint alles verloren, als plötzlich Luke Skywalker auftaucht und Kyle zum Duell fordert. Er scheint zu unterliegen und wird getötet, aber Luke hat mit Hilfe der Macht eine Projektion gesandt. Mit dieser Aktion hat er den Widerständlern einen Zeitvorsprung zur Flucht verschafft. Rey und Leia spüren, dass diese gewaltige Anstrengung Luke wohl das Leben gekostet hat und sich mit der Macht vereinigt. Rey ist die letzte Jedi.

Das deutsche Filmplakat mit allen Helden. Im Zentrum Leia und im Hintergrund Luke Skywalker, der dem Modegeschmack des Imperators nahekommt. Bild: picture alliance / Everett Collection /null

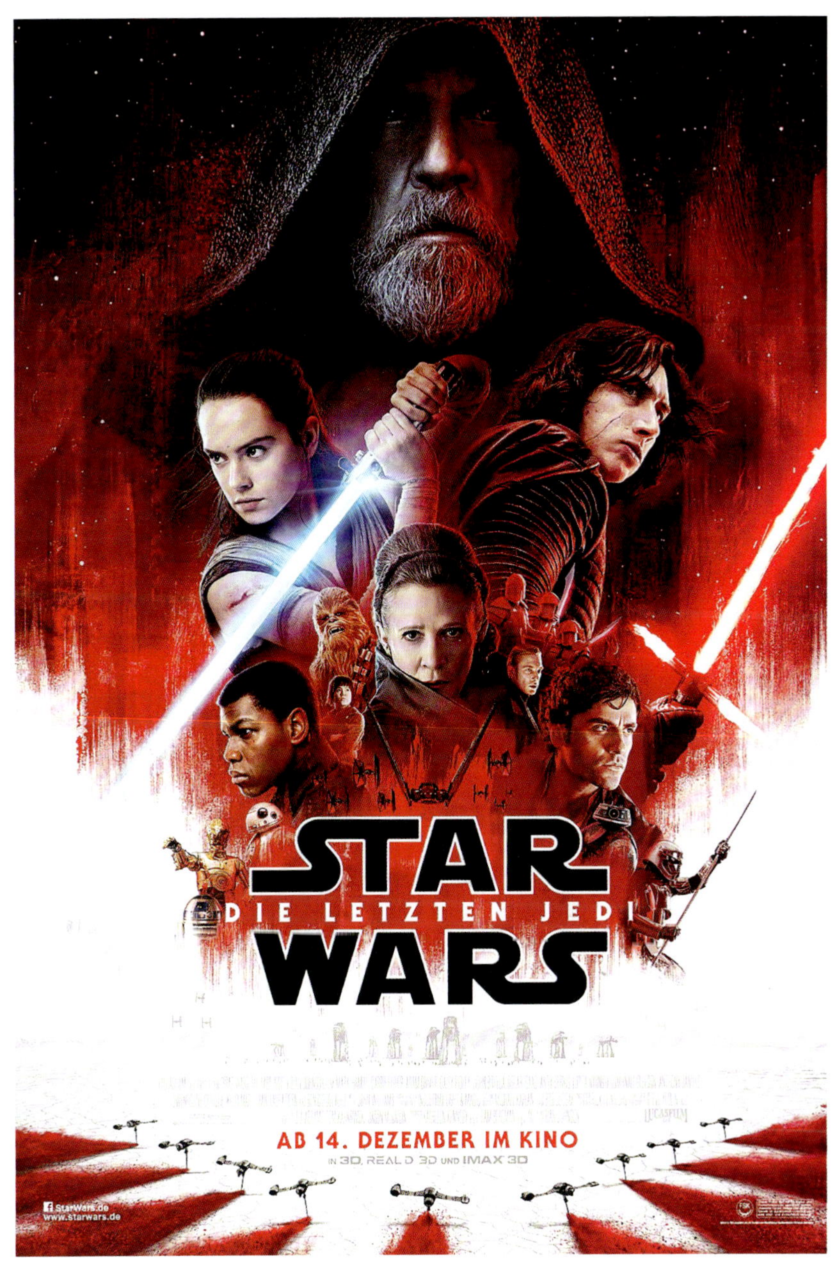
STAR
DIE LETZTEN JEDI
WARS
AB 14. DEZEMBER IM KINO
IN 3D, REAL D 3D UND IMAX 3D
StarWars.de
www.starwars.de
LUCASFILM

Leider ist Carrie Fisher, die Leia verkörpert, nach Abschluss der Dreharbeiten gestorben. Im Abspann wird ihr der Film gewidmet: »In liebevoller Erinnerung an unsere Prinzessin«. Für die Nachvertonung musste das Team zu technischen Tricks greifen. Leia sollte im letzten Teil eine bedeutende Rolle spielen, doch das sollte leider nicht mehr klappen. Stattdessen griff man auf nicht verwendete Szenen der anderen Teile zurück.

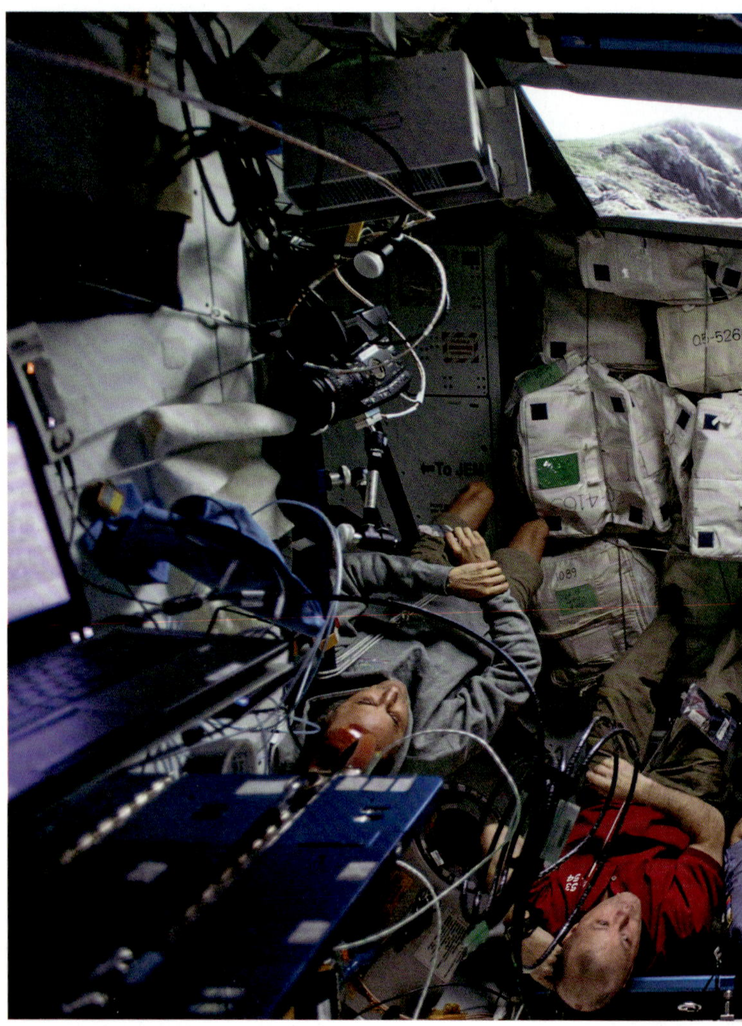

»Star Wars Episode VIII - Die letzten Jedi« wurde millionenfach gesehen und schaffte es zum neunterfolgreichsten Film aller Zeiten. Auch im Weltall ließ man sich den Filmgenuss nicht entgehen. Hier sitzt die Besatzung der Expedition 54 der ISS beim Gucken. Rey ist auf der Suche nach Luke Skywalker fündig geworden. Statt Chips und Bier gibt es allerdings nur Quetschis als Astronautenfutter ... Bild: NASA

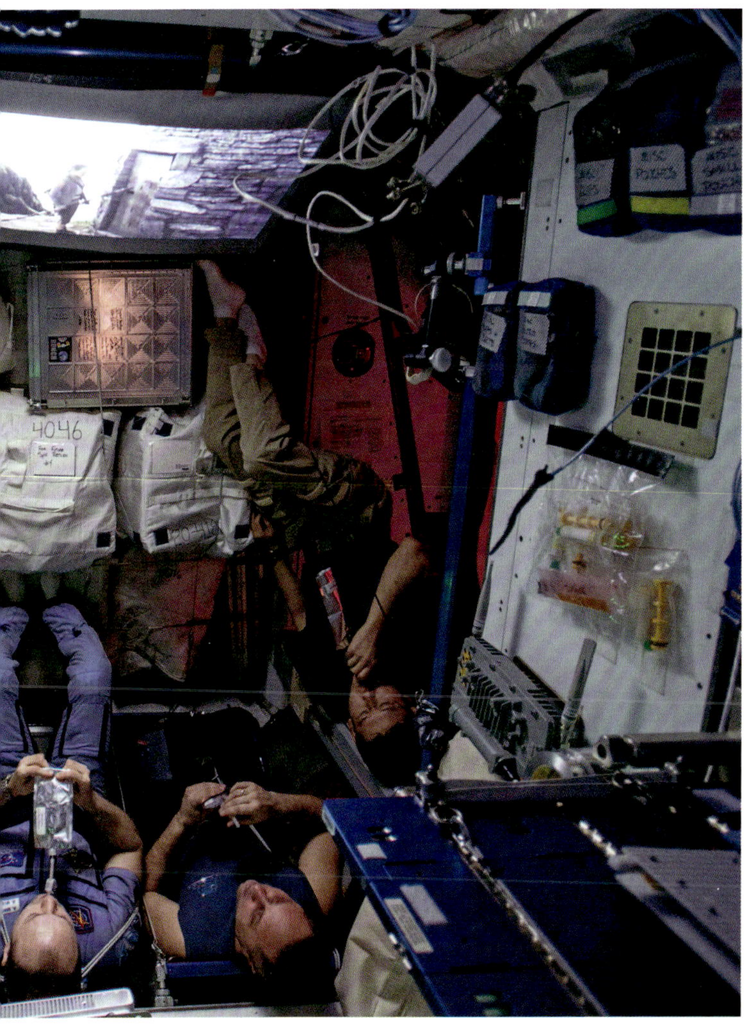

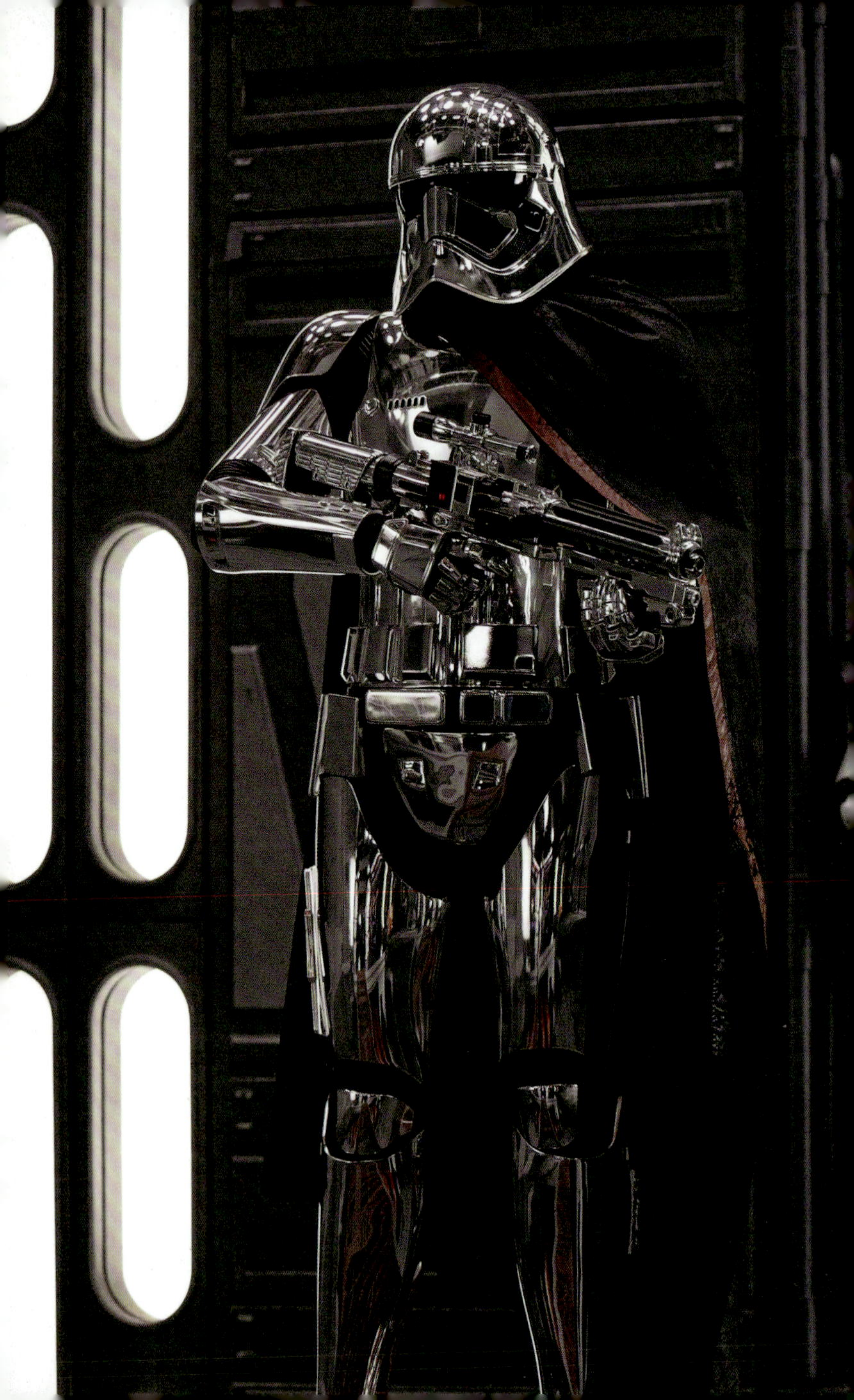

Captain Phasma im Kreise ihrer Sturmtruppen. Ihre Uniform erinnert an Darth Vader. Bild: picture alliance / PictureLux/The Hollywood Archive / Jonathan Olley

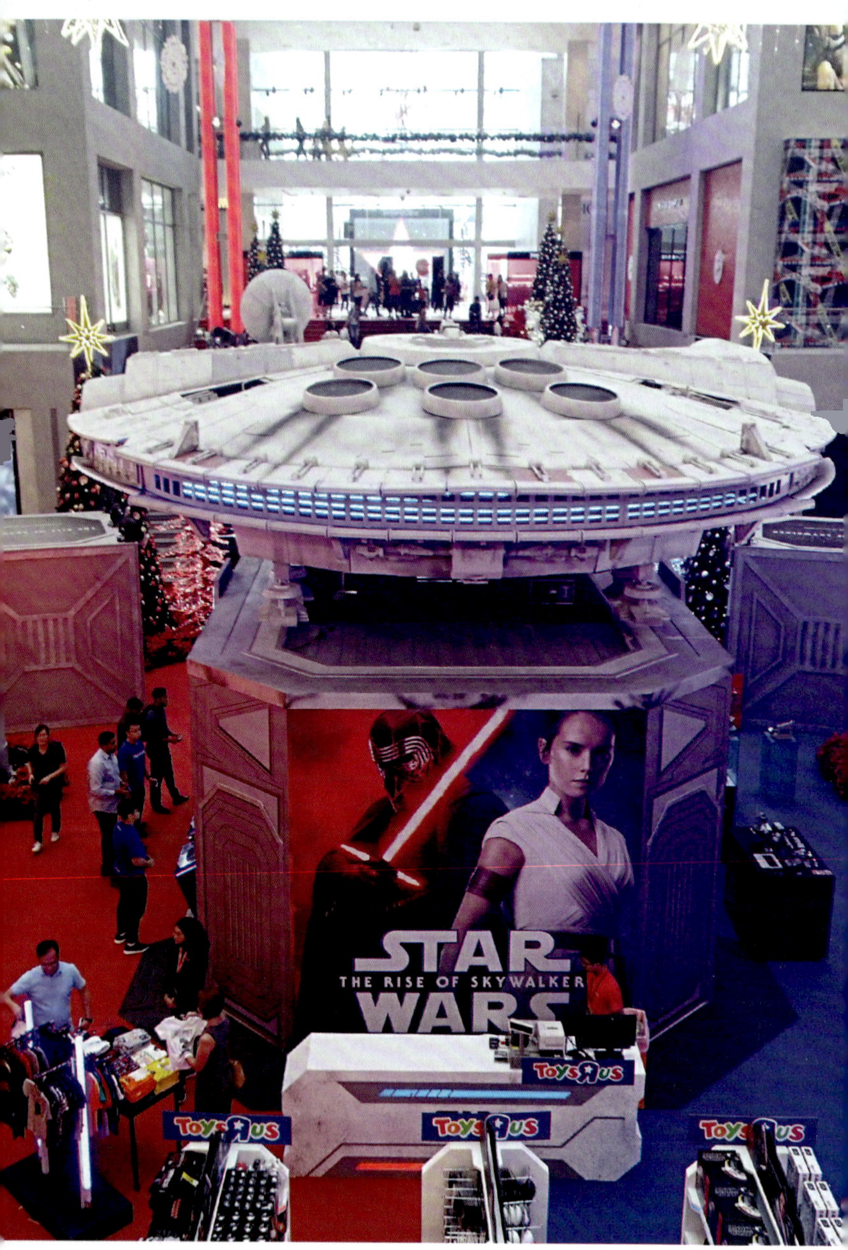

Spektakulätre Werbung für den letzten Film der Skywalker-Saga. Bild: Pulau Kakatua19/C.C. 4.0

Das große Finale

84

»Star Wars: Der Aufstieg Skywalkers« (2019)

Der Widerstand ist zu einem kleinen Grüppchen zusammengeschmolzen. Die Handlung dieses Teils spielt ein Jahr nach dem vorhergehenden Film. In der Galaxie war eine mysteriöse Übertragung zu hören, die Androhung von Rache durch die düstere Stimme des ehemaligen Imperators Palpatine. Alle dachten, er wäre damals von Darth Vader getötet worden. Aber Maschinen halten ihn am Leben. Das schreckt alle auf. Kylo Ren fürchtet eine Bedrohung seiner Macht und findet ihn auf dem fernen Planeten Exegol. Es kommt heraus, dass Palpatine mit Snoke die Dinge geführt hat. Er fordert Kylo auf, Rey zu töten. Die ist inzwischen mit Finn, Poe, Chewbacca, C-3PO und BB-8 auf der Suche nach dem Imperator.

Rey gegen sich und gegen Ren

In einem steten Hin und Her kommt Rey dem Sith-Wegfinder, den sie braucht, um zu Palpatine zu gelangen, immer näher. In Wrackteilen des zweiten Todessterns auf Endor findet sie das Instrument. Als sie danach greift, begegnet sie ihrer dunklen Sith-Seite in einer Vision. Das eskaliert bis zu einem Duell mit Lichtschwertern. Kylo wird Zeuge dieses Kampfes mit sich selbst. Als Rey den Wegfinder verliert, zerstört er ihn. So ist seiner der einzige, den es noch gibt. Doch er hat nicht damit gerechnet, dass sich Rey nun wutentbrannt auf ihn stürzt. Er ist ihr überlegen.

Jetzt konnte nur eine helfen: Leia. Sie tritt mit Hilfe der Macht in geistige Verbindung mit ihrem Sohn und schafft es, ihm sein Schwert verlieren zu lassen. Rey trifft ihn in die Brust. Doch beide spüren, dass sich Leia durch diese letzte Kraftanstrengung so verausgabt hat, dass sie entkräftet gestorben ist. Kylo ist nun ein veränderter Mensch. Rey kann ihn dank der Macht heilen. Und ehe er sich versieht, verschwindet Rey in sein Raumschiff und fliegt mit dem Wegfinder davon.

Kylos Rückkehr

Kylo Ren begegnet nun der Erscheinung seines Vaters Han Solo. Das ist der letzte Anstoß. Er wirft sein Lichtschwert weg und kehrt zur hellen Seite der Macht zurück. Han hat sein Versprechen an Leia erfüllt und Ben heimgeholt.

Rey sucht Luke Skywalker in seinem Exil auf, weil ihr die Visionen und die Tatsache, dass sie die Enkelin des Imperators ist, stark zusetzen. Sie

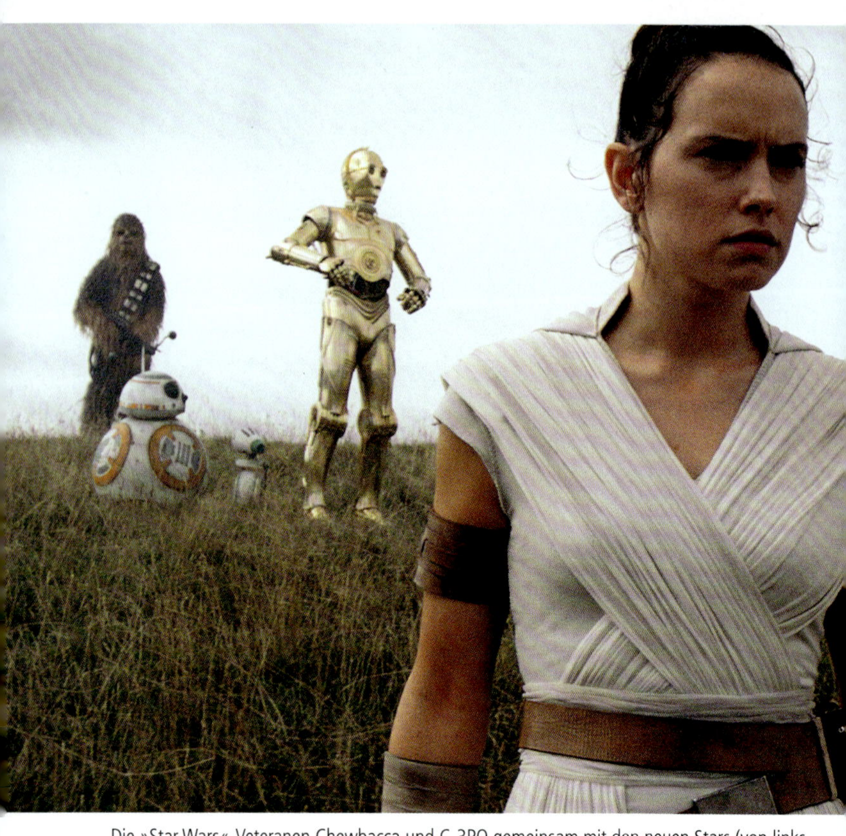

Die »Star Wars«-Veteranen Chewbacca und C-3PO gemeinsam mit den neuen Stars (von links

zündet Kylos Raumschiff an und wirft die Lichtschwerter von Anakin und Luke ins Feuer. Doch Luke taucht als Geist der Macht auf und fängt seine Waffe auf. Der Verzweiflungstat der jungen Frau begegnet er mit mahnenden Worten, dass sie die Jedi-Waffe achten soll und dass Aufgeben keine Option ist. Er überreicht ihr Leias Lichtschwert, womit er sie quasi zu ihrer Nachfolgerin macht. Luke erklärt ihr, dass er und seine Schwester von Reys wahrer Herkunft gewusst hätten. Aber sie hatten daran geglaubt, dass sie ein guter Charakter sei und sie deshalb zur Jedi ausgebildet.

Mit Kylos Sith-Wegfinder und Lukes X-Flügler macht sich die so gestärkte Rey auf den Weg zu Palpatine nach Exegol. Den Widerstand informiert sie, so dass sich schon bald eine große Streitmacht zu ihr auf den Weg macht. Auf Exegol begegnet sie Ben Solo wieder, mit dem zusammen sie die Leibgarde des Imperators niederhaut. Jetzt steht ihnen nur noch Palpatine

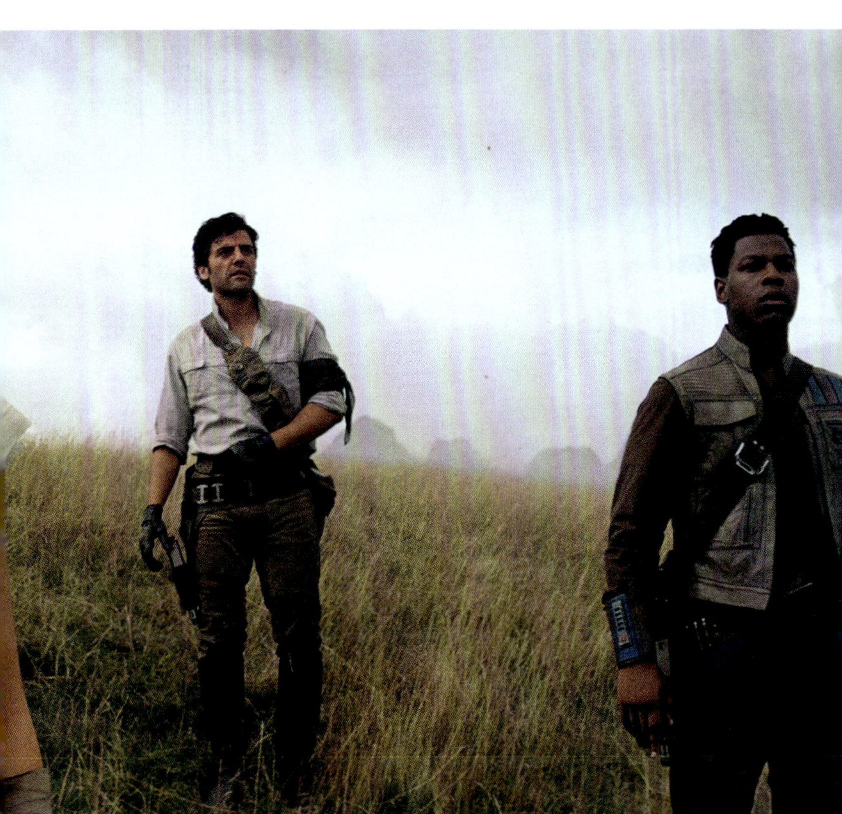

nach rechts) BB-8, D-O, Rey, Poe und Finn. Bild: picture alliance/United Archives /United Archives / kpa Publicity

gegenüber. Doch der weiß sich zu wehren. Mit Hilfe der Macht kann er die beiden entwaffnen und ihnen die Lebenskraft aussaugen, die wie bei einem Vampir auf ihn übergeht. Mit wilden Machtblitzen wehrt Palpatine sich nun gegen die Helfer des Widerstands. Doch gegen die Macht der Jedi-Meister vergangener Zeiten, die auf Rey einwirken, hat er keine Chance. Rey evoziert selbst Machtblitze und kann ihren bösen Großvater in einer Explosion vernichten, wird aber selbst tödlich verletzt. Ben gelingt es, ihr Leben zu retten, gibt aber selbst seinen Geist auf. Mit Leia zusammen geht er in die Macht ein.

Das Imperium ist vernichtet. Rey fliegt nach Tatooine und begräbt dort die Lichtschwerter von Leia und Luke. Als eine Einwohnerin sie nach ihrem Namen fragt, erscheinen ihr die Skywalker-Geschwister als Machtgeister, ein Zeichen, dass sie ihren Namen annehmen soll: Rey Skywalker.

Expedition 45

85 ISS-Astronauten als Jedi-Ritter

Kjell Lindgren (USA), Kimiya Yui (JAP), Michail Kornijenko (RUS), Sergei Wolkow (RUS), Oleg Kononenko (RUS) und der Kommandant Scott Kelly (USA): Sie sind die 45. Besatzung der ISS, die sich zwischen dem 11. September und 11. Dezember auf der internationalen Raumstation befand, der Russe Wolkow allerdings erst ab dem 4. Dezember. Dafür blieb er mit Kelly und Kornijenko auch noch bei der 46. Expedition an Bord. Die Mitglieder außer Wolkow gehörten schon der 44. Expedition an.

Bei der NASA war es zu einer beliebten Tradition geworden, Poster der verschiedenen Expeditionen zu gestalten. Da in diesem Jahr »Star Wars: Das Erwachen der Macht« in die Kinos gekommen war, dachte man sich etwas ganz Besonderes aus: Die sechs Crewmitglieder hüllten sich in eine braune Kutte und schnappten sich Lichtschwerter. Mit martialischen Blicken präsentierten sie sich als Jedi-Ritter. Der Titel war dem der »Star Wars«-Designs nachgebildet: »Internationale Raumstation – Expedition XLV – Die Wissenschaft geht weiter«.

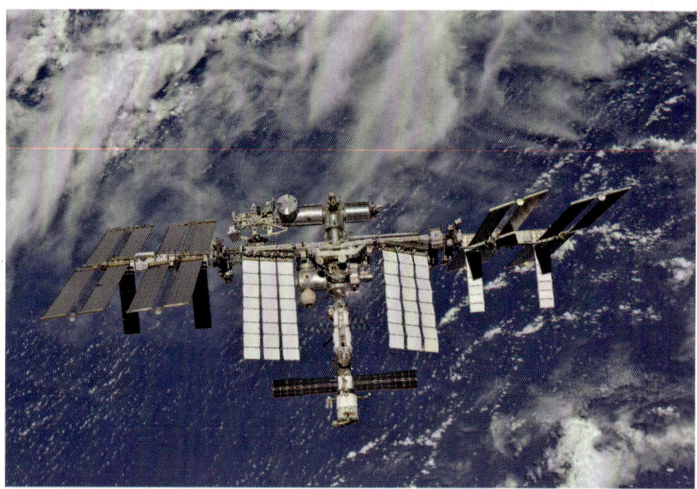

Die International Space Station (ISS). – Gegenüberliegende Seite: Die Crew der 45. Expedition als Jedi-Ritter verkleidet. Bilder: NASA/Roscosmos – NASA

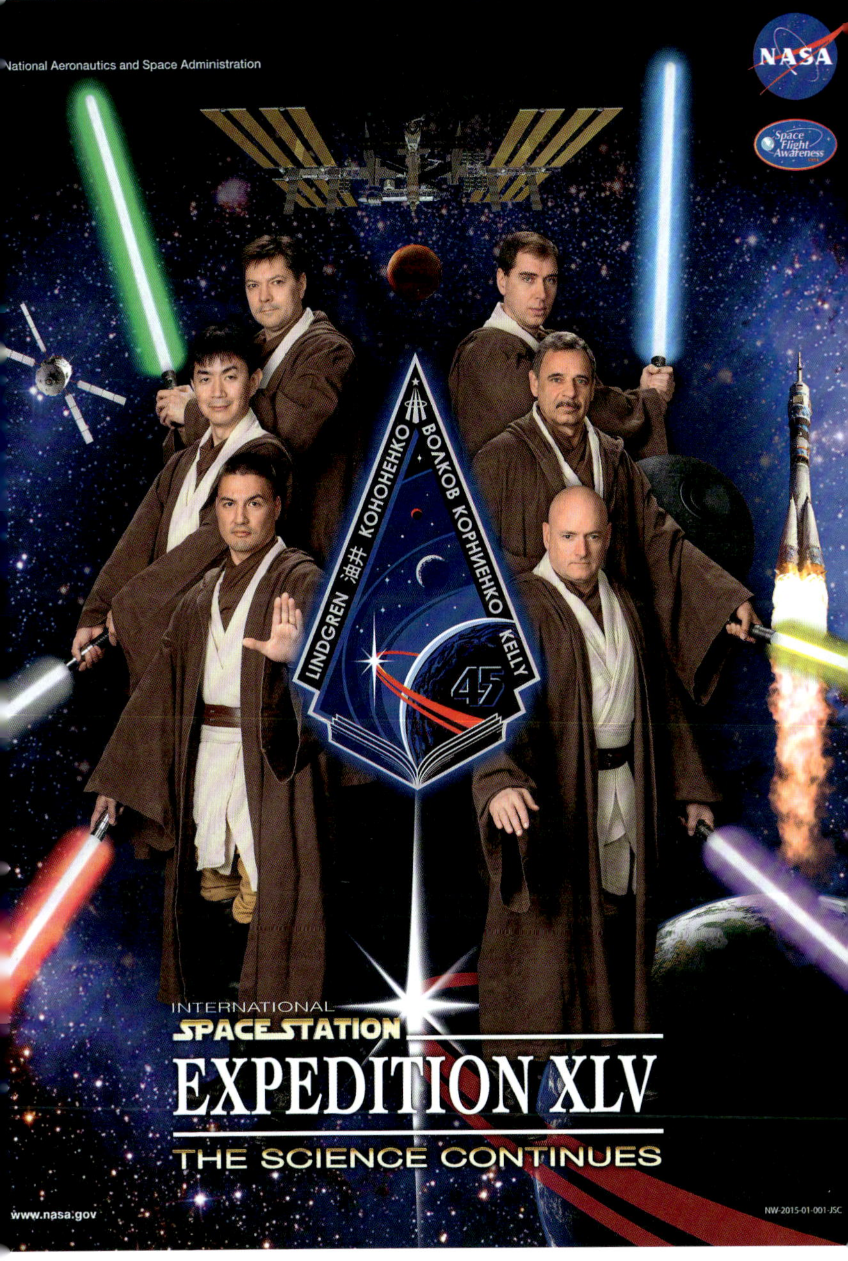
National Aeronautics and Space Administration
NASA
Space Flight Awareness
LINDGREN 油井 КОНОНЕНКО ВОЛКОВ КОРНИЕНКО KELLY
45
INTERNATIONAL
SPACE STATION
EXPEDITION XLV
THE SCIENCE CONTINUES
www.nasa.gov
NW-2015-01-001-JSC

Der 40. Geburtstag

Renault wirbt für die Saga

86

2017 jährte sich die Premiere des ersten »Star Wars«-Films zum vierzigsten Mal. Im gleichen Jahr debütierte das Werksteam von Renault in der Formel 1. Grund genug für die beiden Legenden, das Jubiläum gemeinsam zu feiern. Seitlich an der Vorderseite der Renault-Boliden wurde ein Schriftzug angebracht, der auf 40 Jahre »Star Wars« hinweist. In Monte Carlo besuchte George Lucas zusammen mit R2-D2, Darth Vader und einem Sturmtruppler das Team mit den beiden Fahrern Jolyon Palmer und Nico Hülkenberg in der Box. Leider gab es an diesem Tag keinen müden Punkt für Renault. Es siegte Sebastian Vettel.

George Lucas war immer ein großer Liebhaber der Formel 1 und besuchte gerne das eine oder andere Rennen. Einmal durfte er sogar nach dem Rennen die Sieger auf dem Podium interviewen. Es war übrigens nicht das erste Mal, dass ein Formel-1-Wagen für »Star Wars« warb. 2005 – im Erscheinungsjahr der dritten Episode – war der Schriftzug einmal auf dem Rennwagen des damals neu im Formel-1-Zirkus aufgetauchten Teams Red Bull Racing zu sehen.

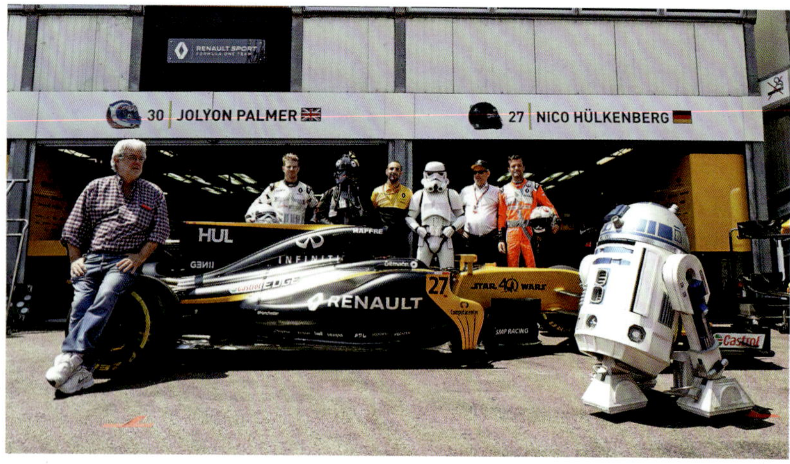

George Lucas (links) besucht zusammen mit R2-D2 das Formel-1-Team von Renault, das am Heck für das Jubiläum warb. Bild: Newspress/Renault

Aus der Zeit der dritten Trilogie

»Star Wars Resistance« (2018–2020)

87

Diese Animations-Serie spielt etwa ein halbes Jahr vor »Star Wars: Das Erwachen der Macht«. Sie besteht aus 40 rund zwanzig Minuten langen Folgen. Held der Serie ist Kazuda Xiono, ein Pilot der Neuen Republik. Er wird von Poe Dameron mit einem Spionageauftrag betraut. Xiono soll die Erste Ordnung infiltrieren. An seine Seite stellt er den Droiden BB-8 (siehe Kapitel 12).

Auf dem Planeten Castilon gibt es ein Supertanker-Treibstoffdepot namens Colossus. Dort soll sich Xiono als Mechaniker einschleusen und Infos über die Erste Ordnung erlangen. In der Tat erfährt er einiges, auch dass Kylo Ren ein Massenmörder ist. Der Leiter des Treibstoffdepots entpuppt sich als Vertreter der Ersten Ordnung.

Die vierte Trilogie

88

Das große Warten auf die Fortsetzung

Im April 2023 freuten sich viele Fans der Saga, denn es wurde bekannt, dass Lucasfilm an drei neuen »Star Wars«-Filmen arbeitet. Die Regisseure, es soll für jeden Film ein anderer sein, sind schon bekannt: James Mangold, Dave Filoni und Sharmeen Obaid-Chinoy. Auch die Stoffe der drei Filme wurden bekannt. Dabei wird schon deutlich, dass diese drei Streifen keine neue Trilogie bilden werden.

Der Film von Sharmeen Obaid-Chinoy wird sich an »Der Aufstieg Skywalkers« anschließen und soll zeigen, wie Rey Skywalker den Jedi-Orden erneuert.

Das Werk von James Mangold, der zuletzt bei »Indiana Jones und das Rad des Schicksals« Regie geführt hat, wird weit in die Geschichte zurückführen und die Entstehungsgeschichte des Jedi-Ordens beschreiben.

Dave Filoni, der schon einige Animations- und Realserien von »Star Wars« realisiert hat, wird in einem Film die drei Serien, bei denen er Regie geführt hat, zu einem gemeinsamen Ende führen: »The Mandalorian«, »Das Buch von Boba Fett« und »Ahsoka«. Wann diese Filme erscheinen werden, ist noch nicht bekannt.

»Star Wars«-Fans

Sammelzimmer und Maskerade

89

Als 2019 in einer Anzeige der Verkauf einer Luxusvilla für 26,5 Millionen US-Dollar angeboten wurde, war das so nichts ungewöhnliches. Die Villa lag ja in Los Angeles, da sind Häuser einfach teuer. Doch die Inneneinrichtuung des Gebäudes lässt aufhorchen. Dazu gehört etwa ein 18-sitziges Kino. Vor allem gehört zum Inventar eine gigantische »Star Wars«-Sammlung. Das Bild auf dieser Seite erlaubt einen Blick in einen der Räume.

Jäger und Sammler

Das ist sicher eines der extremsten Beispiele für Sammlerleidenschaft. Wenn man aber in die Wohnungen vieler Fans der Saga schaut, wird man sicher manchmal eine überbordende Sammlung finden. Und so mancher Verehrer hat einen lebensgroßen Sturmtruppler im Gang stehen.

Die Anhänger der Weltraumfilme um die helle und die dunkle Seite der Macht gehören wahrscheinlich zu den treuesten und enthusiastischsten Fans überhaupt.

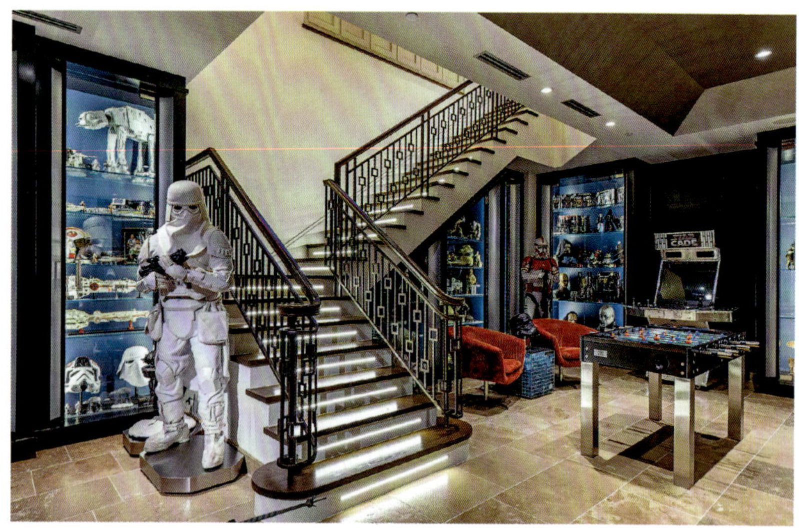

Blick ins Haus eines »Star Wars«-Fans. Bild: picture alliance / The Agency/Cover Images / Cover Images

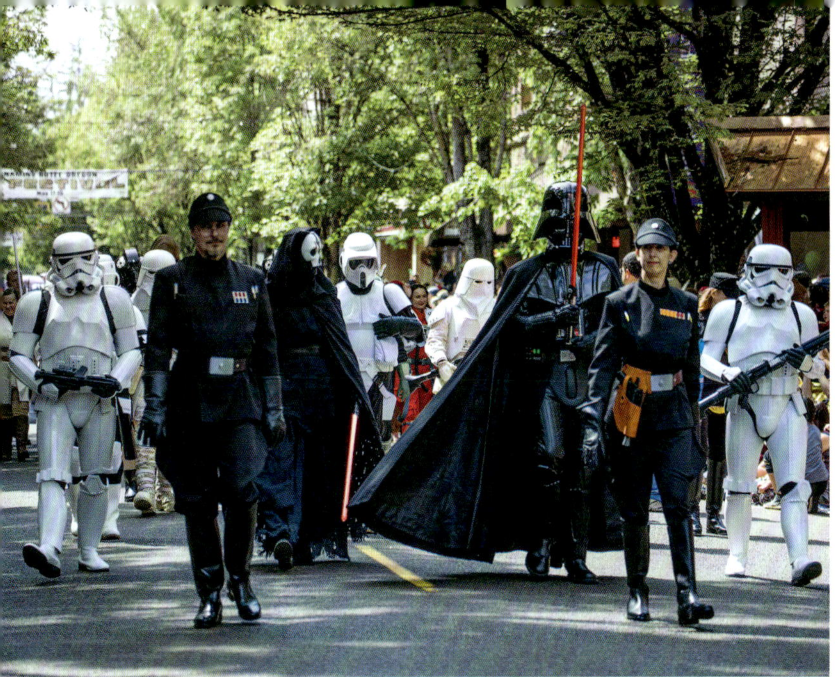

Beim jährlich stattfindenden McMenamins UFO Festival in McMinnville, Oregon, marschieren »Star Wars«-Fans in ihren Kostümen mit. Bild: Carol M. Highsmith/Library of Congress

In den letzten Jahren wurde es zu einem weltweiten Phänomen, dass sich die Menschen verkleiden wollen. Nicht nur im Fasching – Fastnacht – Karneval. Ob bei Fußballspielen, wo immer mehr ihre Gesichter bemalen und verrückte Kopfbedeckungen zu sehen sind, oder bei Kinopremieren: Kostüme zeigen, wo man hingehört, dass man dazugehört, dass man dabei ist.

Nur das Böse zählt

Eine besondere Gruppe ist die German Garrison (GG). Dabei handelt es sich um einen deutschen »Star Wars«-Kostümclub, wobei die Einschränkung gilt, dass ausschließlich imperiale Kostüme zugelassen sind. Jedi-Ritter sind hier unerwünscht. Der Club dient nur der dunklen Seite der Macht.

Die German Garrison wurde im Jahr 2000 als Ableger des Internationalen Kostümvereins 501st Legion – Vader`s Fist gegründet. Die wichtigste Aktivität des Vereins ist der Auftritt auf öffentlichen Events wie Umzügen, »Star Wars«-Veranstaltungen wie die Jedi Con oder die berühmte »Star Wars Celebration«.

»Star Wars« gedruckt

Jede Menge Comics und Romane

90

Der unglaubliche Publikumserfolg des 1977 in die Kinos gekommenen »Krieg der Sterne« zeitigte schon sehr schnell Folgen. Bereits im Januar 1978 kam die erste Ausgabe einer Comicserie heraus, die die Geschichten um Luke Skywalker weiterspann. Bis 1986 erschienen 107 Hefte, drei Jahrbücher und eine vierteilige Comic-Adaption von »Die Rückkehr der Jedi-Ritter«. Die Hefte wur-

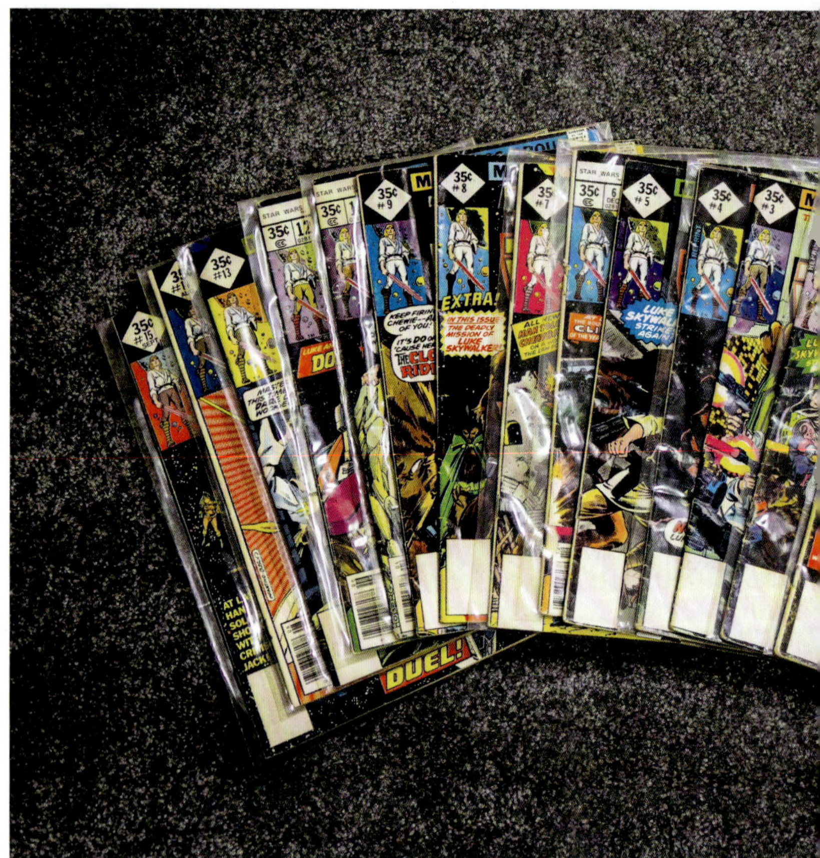

den von verschiedenen Autoren und Zeichnern produziert. Ab 1990 kamen bei Dark Horse Comics neue Abenteuer heraus, seit 2015 tritt wieder Marvel als Herausgeber auf. In Deutschland werden die Hefte von Panini herausgebracht. Im Verlag IDW Publishing, der auch Serien zu »Star Trek« oder das »Tank Girl« veröffentlicht, wurden Comics für ein jüngeres Publikum gedruckt.

Romanwelten des »Star Wars«-Universums

Mengenmäßig toppt die Anzahl der erschienenen Romane die Zahl der Filme deutlich. Auf Englisch wurden über 250 Romane veröffentlicht, wobei unterschieden wird zwischen Werken, die zum offiziellen Kanon gehören, und solchen, die sich in diesem Umfeld ansiedeln. Man bezeichnet sie als Erweitertes Universum. Der früheste Roman ist ein von George Lucas und einem Ghostwriter verfasster Roman zum Film, von denen es mehrere zu kaufen gab. Andere Romane, zum Teil auch speziell für die Jugend geschrieben, präsentieren Fortsetzungen oder neue Handlungsstränge. Dabei werden die verschiedenen Zeitalter berücksichtigt. Viele sind auch sehr gut in die Chronologie der Filme einzuordnen. Besonders nach der Übernahme durch Disney vermehrt sich die Zahl der erschienenen Werke enorm. Allerdings sind die Auflagen bei weitem nicht so hoch wie die Zuschauerzahlen im Kino.

In Deutschland, wo sehr viele Übersetzungen publiziert werden, sind es vor allem die zu Random House gehörigen Verlage Goldmann, Heyne und Blanvalet, die »Star Wars«-Übersetzungen herausbringen.

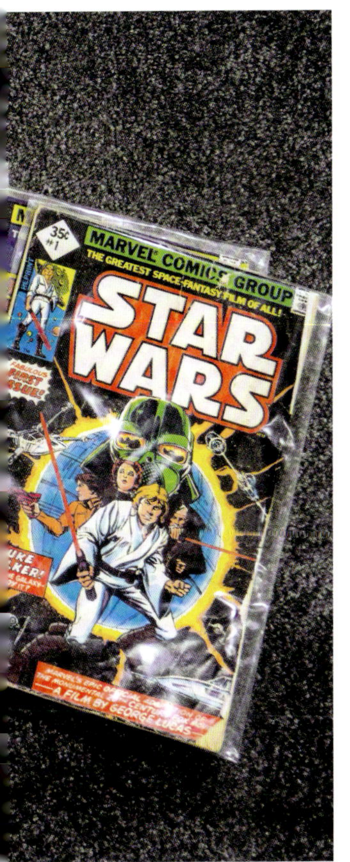

Die ersten »Star Wars«-Comics sind bei Marvel erschienen, deren Superhelden heute die Kinos rocken. Bild: Sammlung Michael Dörflinger

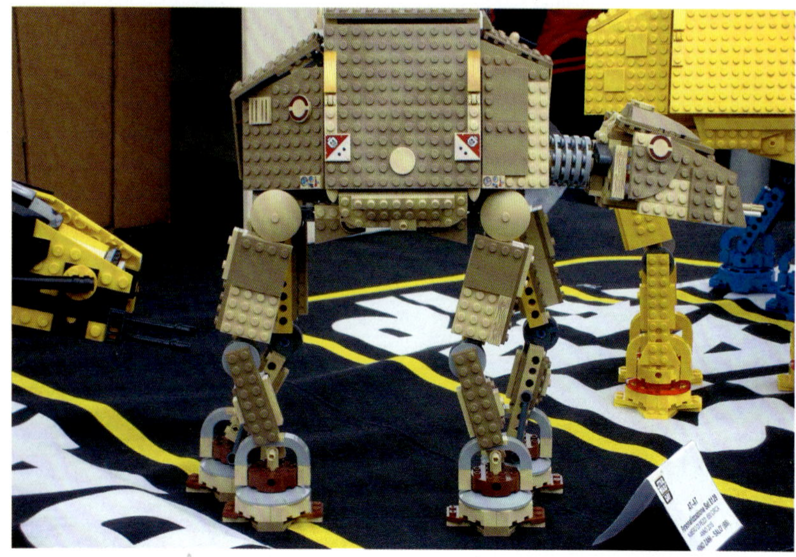

Ein AT-AT Allterrain-Angriffstransporter Marke Eigenbau. Bei LEGO® sind der Fantasie keine Grenzen gesetzt. Bild: Sammlung Michael Dörflinger

91 LEGO® im Weltraum

»Star Wars« in den Kinderzimmern

LEGO® unterzeichnete zum Start des Kinofilms »Star Wars: Episode I – Die dunkle Bedrohung« einen Lizenzvertrag mit Lucasfilm und nahm erste »Star Wars«-Bausätze ins Programm auf. Seitdem wurden immer wieder, parallel zu den neuen Filmen und Serien, neue Figuren, Raumschiffe oder Sets aufgelegt. Neben der kleinen Figurenwelt der klassischen LEGO®-Figuren werden inzwischen auch Mechs angeboten. Das sind bewegliche Gliederfiguren, die bei den Kids heutzutage hoch im Kurs stehen.

Nicht nur für Kinder

Für Erwachsene, die ihre LEGO®-Zeit nie vergessen haben, gibt es Bausätze mit über zweitausend Teilen, die natürlich auch ihren Preis haben. Wie wäre es etwa mit dem 2.319-teiligen Chewbacca? Oder R2-D2 mit 2.314 Steinen? Ein AT-AT hat sogar 6.785 Teile. Han Solos Millenium Falke mit 7.541 Bauteilen stellt eine ganz besondere Herausforderung dar. Mit einem solchen Modell kann man sich gleich einige Tage Urlaub ein-

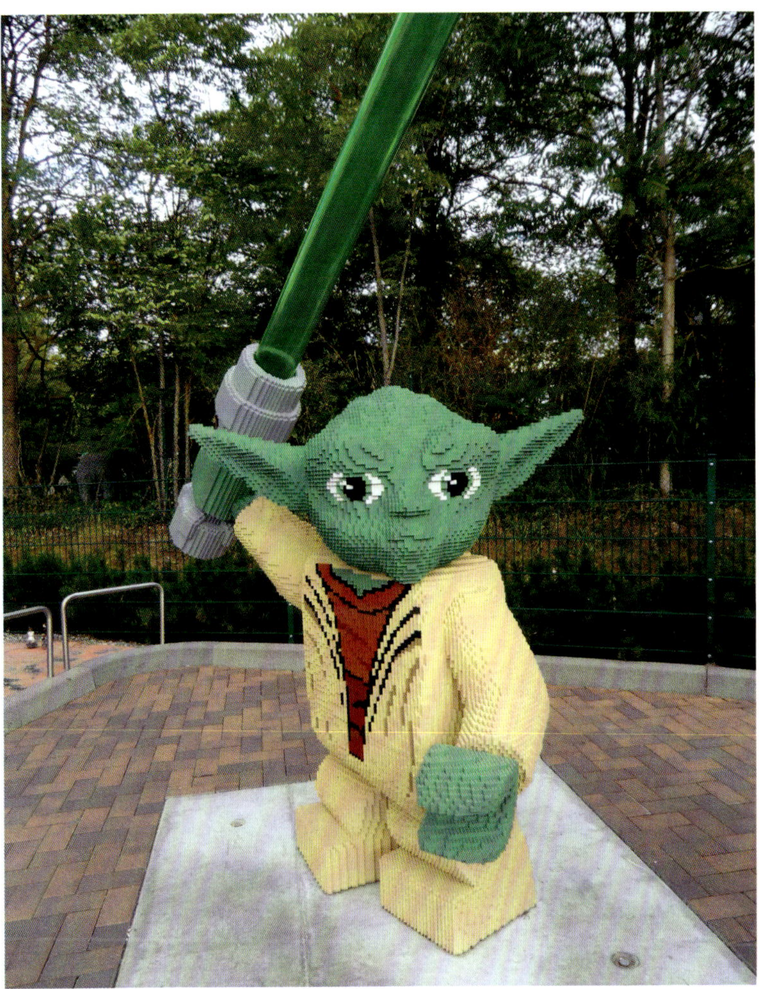

Professionelle LEGO®-Figur – aus tausenden von Steinen. Bild: Sammlung Michael Dörflinger

planen. Bis 2020 konnten sich die Besucher im Legoland über eine »Star Wars«-Abteilung im Miniland freuen. Doch offenbar hat Disney die Lizenz nicht verlängert. Der eingefleischte LEGO®-Fan wird sich seine Welten ohnehin lieber selber bauen. Übrigens: Die teuerste LEGO®-Figur ist der Solid Gold 14K C-3PO mit einem Preis von etwa 300.000 Euro. Er wurde 2007 zum 30-jährigen Jubiläum von Star Wars herausgebracht. Nur fünf Exemplare wurden hergestellt.

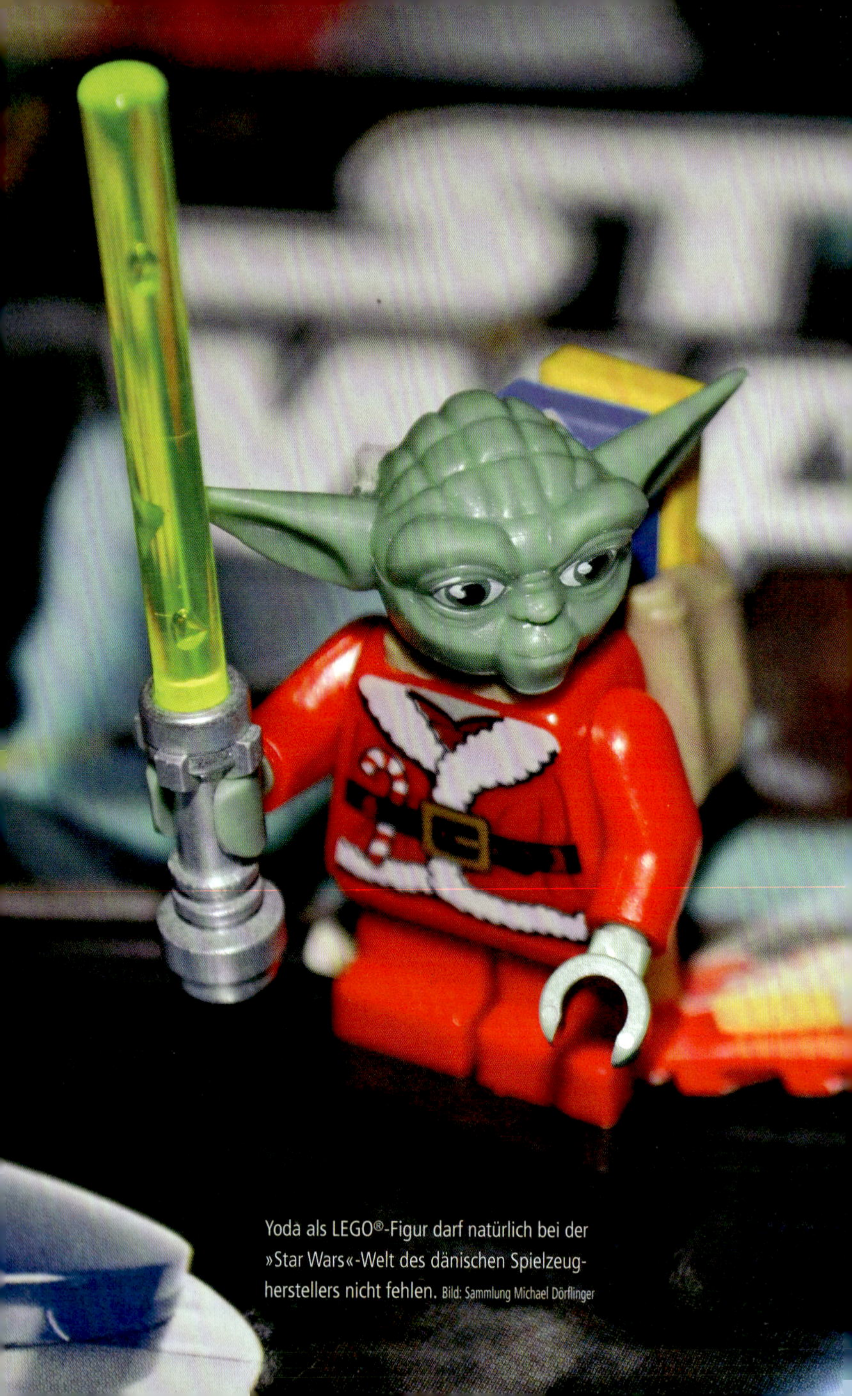

Yoda als LEGO®-Figur darf natürlich bei der »Star Wars«-Welt des dänischen Spielzeugherstellers nicht fehlen. Bild: Sammlung Michael Dörflinger

Eine ganz verrückte Sache sind die »Star Wars«-LEGO®-Filme. 2005 wurde parallel zum Kinostart von »Star Wars: Episode III – Die Rache der Sith« ein Kurzfilm »Revenge of the Brick« herausgebracht. Das war ein witzig gemachter Film, in dem sich LEGO®-Raumschiffe bekriegen, eine Schlacht gegen Klonkrieger gezeigt wird und am Schluss Darth Vader ein Sturmtruppenorchester seinen Marsch dirigieren lässt. Seitdem gibt es regelmäßig neue Filmchen, die sich durch eine hervorragende Regie und viel Witz auszeichnen. Bei den Kampfszenen erinnert man sich sofort an die originalen Filme.

92

Perfekt organisiert

Clubs und Internet

Dieses Buch kann nur einige wichtige Aspekte von »Star Wars« anschneiden. Es ist in der Galaxie inzwischen so voll geworden, dass kaum noch jemand alle Figuren parat haben kann. Aber es gibt im Internet einige fantastische Seiten, die keine Frage offen lassen. Da ist zunächst die offizielle www.starwars.com, wo man praktisch zu jeder Figur eine Beschreibung samt Bild findet. Auch Raumschiffe, Fahrzeuge oder Orte kann man recherchieren. Dabei wird immer angegeben, wo die betreffende Gestalt zu sehen ist. Sogar die Körpergröße steht dabei.
jedipedia.fandom.com ist eine deutschsprachige Seite von Fans, eine unerschöpfliche Fundgrube für Informationen aller Art zur Saga. Es ist unglaublich, wie detailliert zum Beispiel Figuren aus dem »Star Wars«-Universum beschrieben werden, mag ihre Rolle noch so klein sein. Es gibt auch über 800 Artikel zu Lebensmitteln und Getranken, die bei »Star Wars« eine Rolle spielen. Inzwischen sind es bereits weit über 50.000 Artikel, die sich im Lauf von nicht einmal 20 Jahren angesammelt haben. Eine Meisterleistung dieser Autorengruppe! Englischsprachig gibt es auf starwars.fandom.com eine ähnliche Seite, detailbesessen informativ.

Seit 1981 existiert der Offizielle Star Wars Fan-Club, der mit der Jedi-Con die größte Star-Wars-Convention im deutschsprachigen Raum veranstaltet. Es gibt außerdem viele regionale Clubs. Mit der 501st Legion gibt es eine weltweite Organisation von rund 6.000 Star-Wars-Fans mit hochwertigen Kostümen. Sie wurde 1997 anlässlich der »Special Edition« gegründet. Die Mitglieder treten im Kostüm bei Veranstaltungen auf.

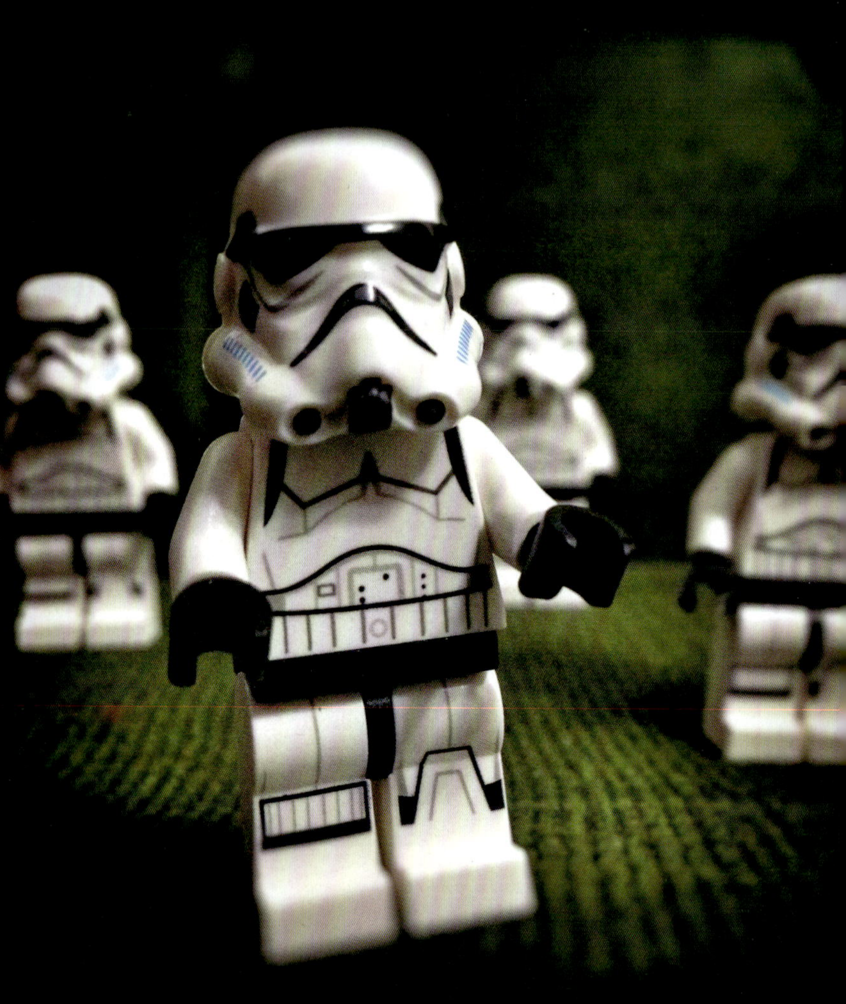

Was wäre das Spielen ohne Bösewichte? LEGO® bietet neben Darth Vader natürlich Sturmtruppen an. Bild: Sammlung Michael Dörflinger

Action-Figuren

93

Das Imperium von Kenner

George Lucas hatte mit 20th Century Fox vereinbart, auf eine halbe Million Dollar Honorar zu verzichten, wenn er dafür die Vermarktungsrechte für »Star Wars« bekommt. Das erwies sich schon bald als hervorragendes Geschäft für Lucas. Aber das war kein Selbstläufer, sondern dahinter steckte viel Arbeit.

Lizenz für Action-Figuren

Lucasfilm bemühte sich zum Beispiel schon 1976, also noch vor der Premiere von »Star Wars«, beim Marktführer Mego Corporation darum, eine Lizenz für Action-Spielfiguren zu verkaufen. Die hatten im Vorjahr »Star Trek«-Figuren auf den Markt gebracht. Doch das Angebot wurde dankend abgelehnt. Ein Fehler! Die Firma Kenner griff sofort zu. Aber das Unternehmen aus Cincinnati hatte stark unterschätzt, was da auf sie zukam. Da stand auch schon Weihnachten vor der Tür und Kenner hatte bei weitem nicht genügend Ware. So kam man auf die clevere Idee, ein »Early Bird Certificate Package« genanntes Paket anzubieten, das einen Zertifikat genannten Gutschein für die vier Figuren Luke Skywalker, Prinzessin Leia, Chewbacca und R2-D2 enthielt, die man direkt bei Kenner bestellen konnte. Zusätzlich wurde man Mitglied im »Star Wars«-Club. Viele wollten die ersten sein, die solche Puppen besitzen durften. Später vergrößerte sich die Zahl der Figuren auf zwölf. Dazu gab es auch Fahrzeuge und Zubehör. Bis 1979 wurden rund 40 Millionen Figuren verkauft. Bis 1984 war das Figurenensemble auf stolze 79 Figuren angewachsen, Mitte der 1980er-Jahre wurde die Produktion eingestellt, doch 1995 ging es wieder los. Dann allerdings unter dem Namen Hasbro, dem neuen Eigentümer. Wer übrigens genau zuschaut, findet diese Figuren in Spielbergs Filmen »Unheimliche Begegnung der Dritten Art« und »E.T.«.

Action-Figuren in Deutschland

Kenner bot seine Figuren auch außerhalb der USA an. Dafür suchte man sich Kooperationspartner. Auf dem deutschsprachigen Raum war das die Firma Parker, bekannt durch das Brettspiel »Monopoly«. Von Parker kamen auch »Star Wars«-Brettspiele, so ein »Star Wars«-Monopoly und Puzzlespiele. Auch kamen Videospiel-Cassetten für die damals aufkommenden Heimkonsolen von Atari oder Intellivision heraus.

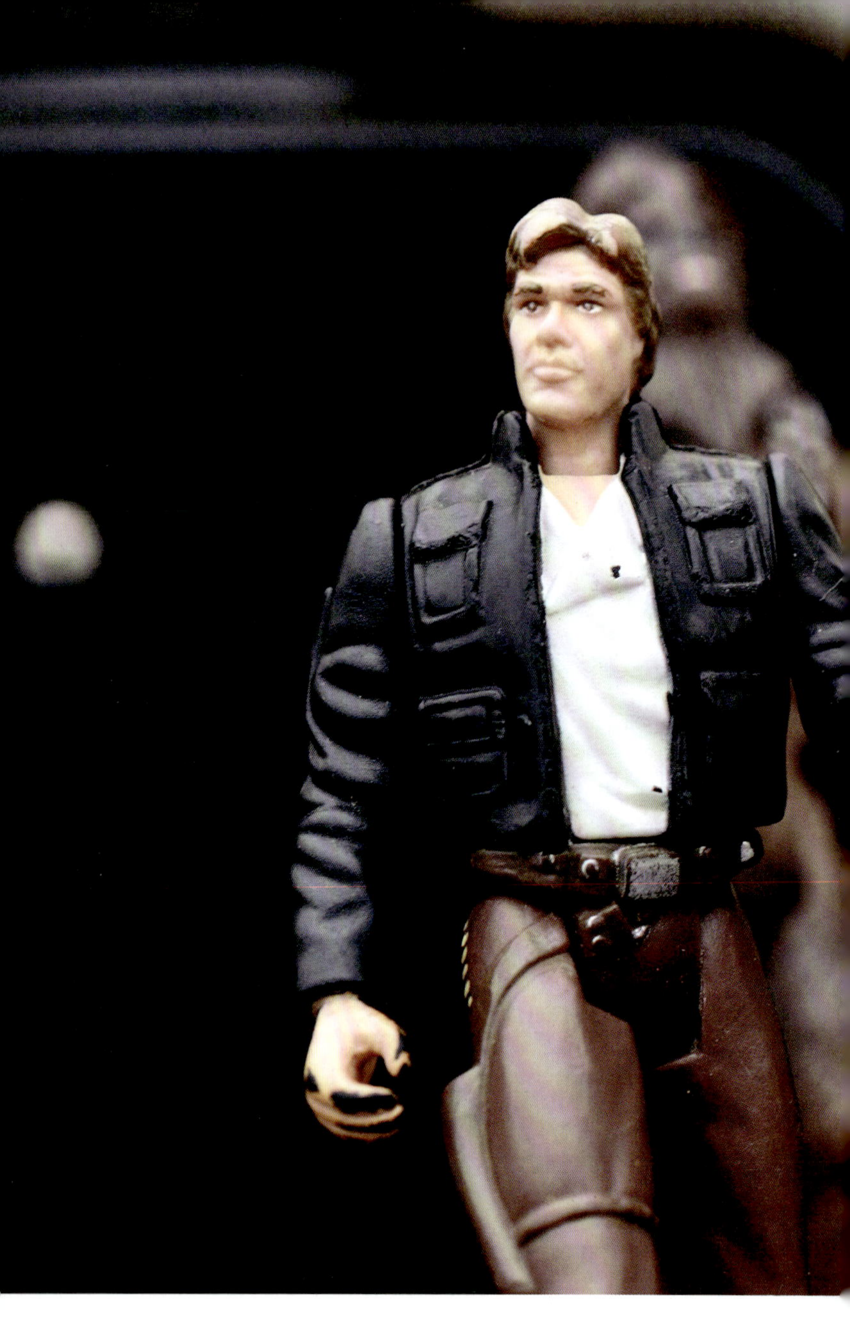

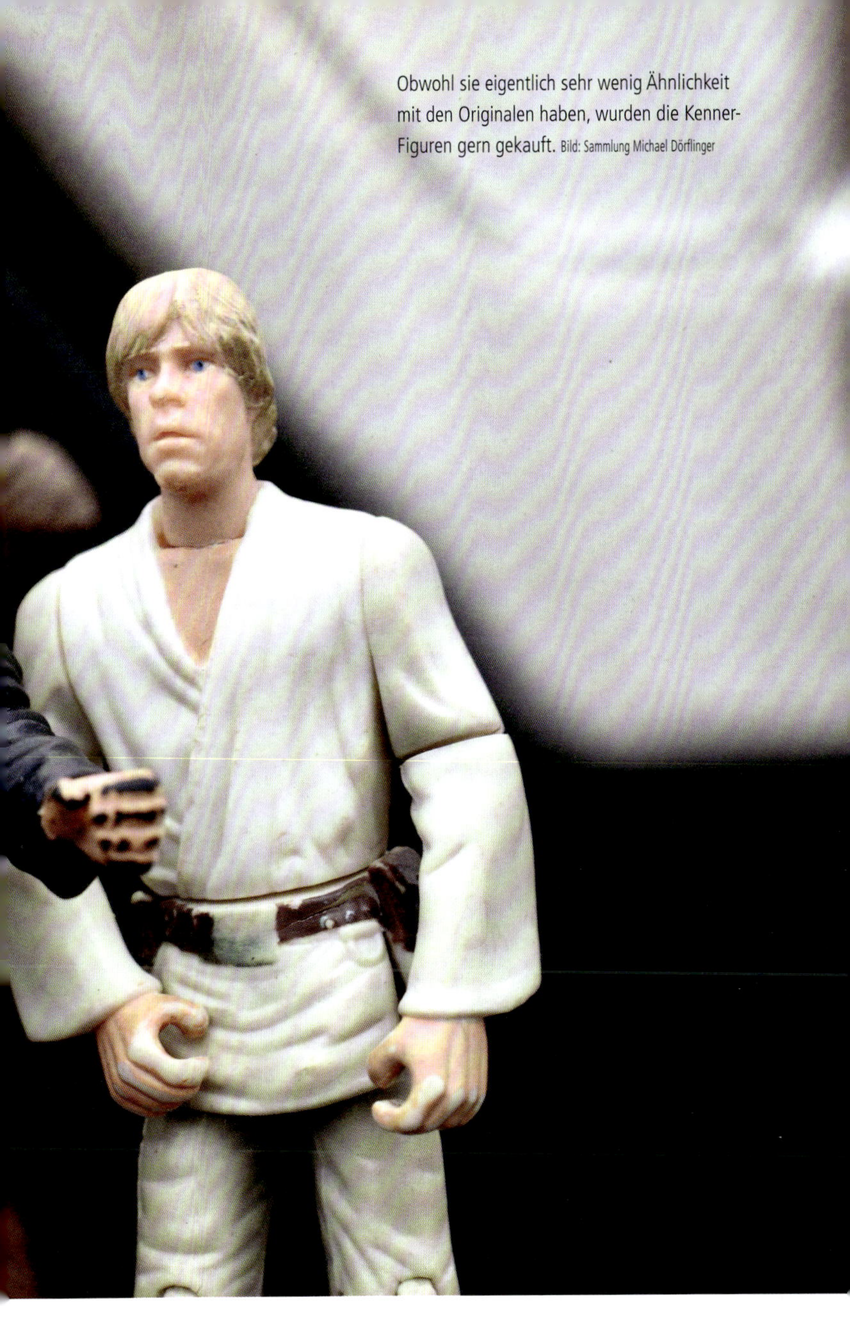

Obwohl sie eigentlich sehr wenig Ähnlichkeit mit den Originalen haben, wurden die Kenner-Figuren gern gekauft. Bild: Sammlung Michael Dörflinger

Video- und Arcadespiele

»Krieg der Sterne« mit Joystick

94

Als die ersten Arcade-Spielautomaten Anfang der 1970er-Jahre herauskamen, waren sehr viele Weltraumspiele darunter, allen voran das legendäre »Space Invaders« von 1978 oder »Asteroids« ein Jahr später. Kein Wunder, dass man sich bei Lucasfilm mit diesem Thema beschäftigte. Im Premierenjahr von »Krieg der Sterne« kamen außerdem die ersten erfolgreichen Heimkonsolen auf den Markt, darunter Philips oder der legendäre Atari 2600, das viele der damals Jugendlichen lange Spielnächte bescherte.

Die ersten Spiele

George Lucas gründete 1982 die Lucasfilm Games, wo sich die Mitarbeiter mit der Entwicklung von Videospielen beschäftigten. Im selben Jahr hatte Parker das Spiel »The Empire Strikes Back« für Atari herausgebracht. Ziel des Spiels war es, als Schneegleiter-Pilot die angreifenden

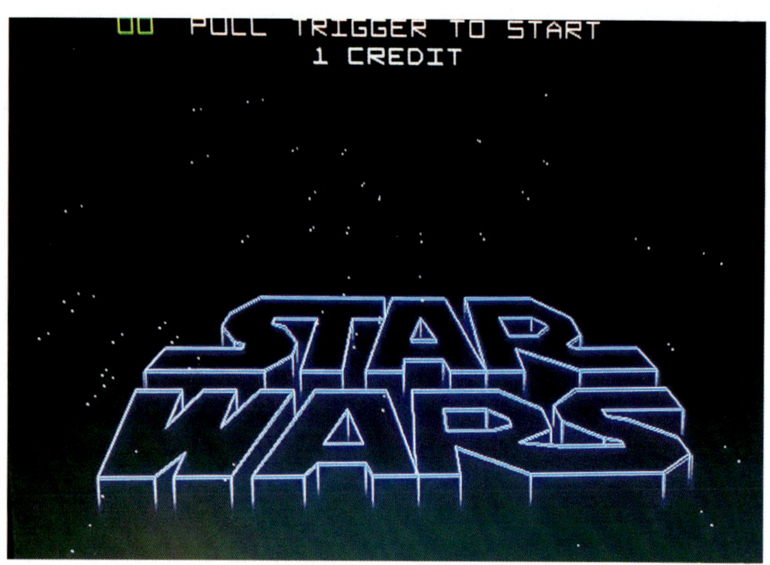

»Star Wars« von Lucasfilm und Atari wurde mit Vektorgrafik programmiert. Der Startbildschirm wurde dem Intro des Films nachempfunden. Bild: Michael Dörflinger

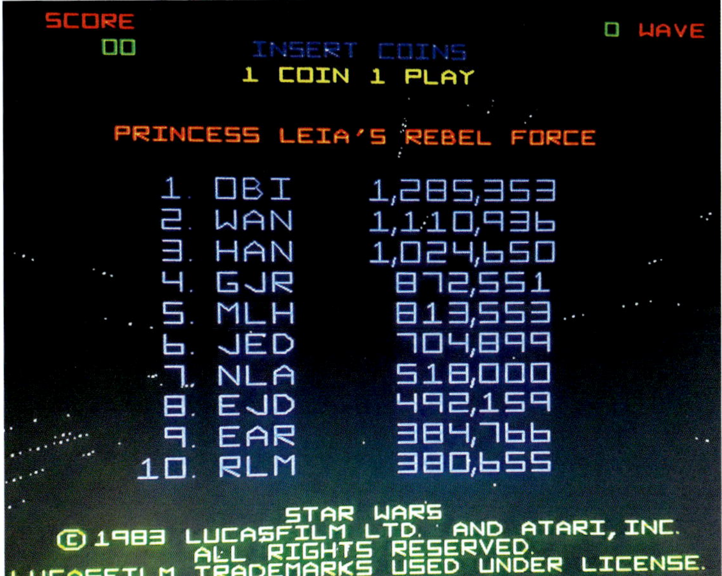

Wer hat da wohl gespielt? Obi-Wan, Han Solo, ein anonymer Jedi? Ziel des Arcadespiels war es, unter die zehn Besten zu kommen. Bild: Michael Dörflinger

AT-AT-Walker während der Schlacht von Hoth zu vernichten. Und ein Jahr später stand in den Spielhallen das von Atari und Lucasfilm entwickelte Spiel »Star Wars«. Es war mit der damals als modern geltenden Vektorgrafik programmiert. Hier war die Aufgabe, den Todesstern zu zerstören.

Die Computer-Ära

Viel ausgefeilter stellen sich die neueren Spiele für den Computer oder die modernen Spielkonsolen wie Playstation oder Xbox dar. Dabei gibt es verschiedene Spielformen, so das Weltraum-Abschussspiel, das Jump-and-Run-Spiel, Ego-Shooter oder das Strategiespiel. LEGO® brachte mehrere Spiele heraus, die die einzelnen Trilogien nachspielen. Unter den Spielen gibt es viele, die sich außerhalb der Zeit der Filme bewegen und beispielsweise viertausend Jahre zurückgehen.

Eine Zeitlang war es die Softwareschmiede LucasArts, die solche Spiele entwickelte. Später wurden vor allem Lizenzen an andere Spieleprogrammierer vergeben. Nach der Übernahme durch Disney wurde LucasArt aufgelöst. Die Spieleentwicklung übergab Disney an die Firma Electronic Arts aus der Nähe von San Francisco.

Allgegenwärtig im Regal

Der Triumph des Merchandising

95

»Star Wars« gehört zu den größten Marketing-Goldgruben der Welt. Fast jeder hat Darth Vader oder Yoda schon einmal gesehen, die beiden wahrscheinlich beliebtesten Figuren der Werbeleute, auch wenn vermutlich viele Menschen gar nicht genau wissen, um wen es sich denn da im Detail handelt. Die Gestalten kennt jeder. Das ungemein rührige Management von Lucasfilm hat rund zwei Drittel der Einnahmen durch Merchandise-Verkäufe erzielt, dreimal so viel wie an der Kinokasse.

So ist »Star Wars« überall zu finden. General Mills, ein Konzern, zu dem nicht nur die Puppenfirma Kenner, sondern auch ein Nahrungsmittelriese

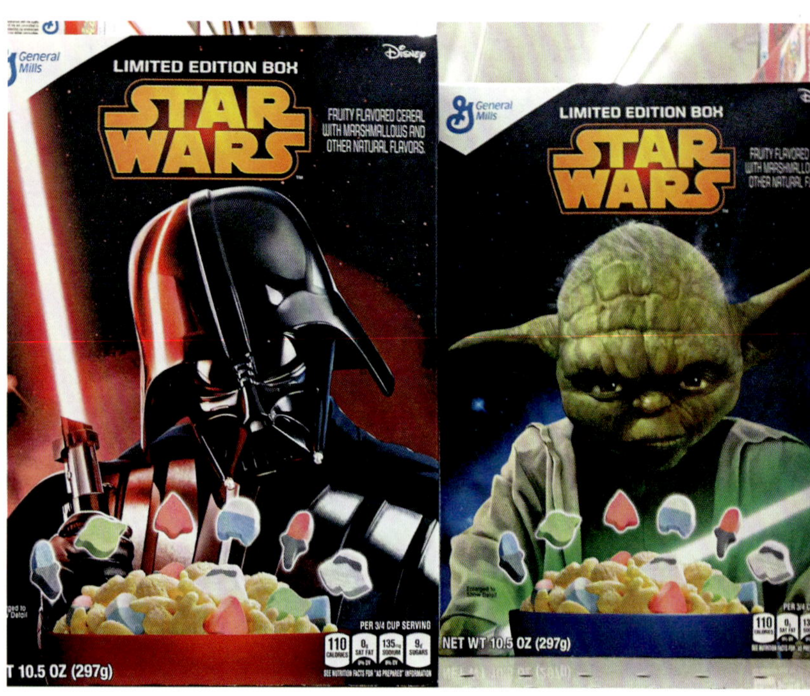

Frühstückscerealien in Form von Raumschiffen und den Köpfen von Yoda und Darth Vader schmecken nicht besser, schauen aber toller aus. Bild: Sammlung Michael Dörflinger

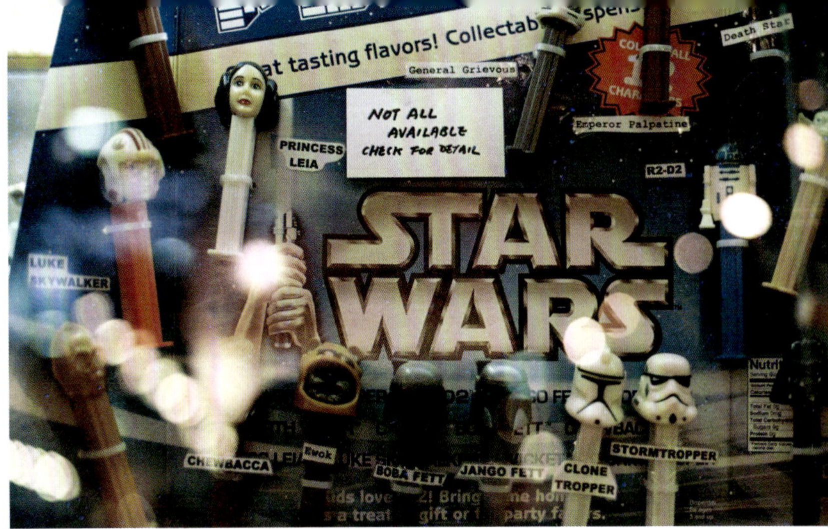

Die beliebten PEZ-Spender gab es von Disney-Figuren und vielen anderen Gestalten. Da durfte »Star Wars« natürlich nicht fehlen. Bild: Sammlung Michael Dörflinger

gehören, brachte zum Beispiel Frühstückscerealien auf den Tisch, die mit typischen »Star Wars«-Motiven (Raumschiffe, Lichtschwerter, Köpfe eines Sturmtrupplers und Yodas) lockten. PEZ brachte bei seinen beliebten Spenderfiguren Helden der Firma heraus. Und wem es zu heiß wird, der schleckt ein Yoda- oder ein Lichtschwert-Eis.

»Star Wars« prangte aber auch auf T-Shirts, Kapuzenshirts, Jacken und sogar Schuhen. Faschingsmasken oder Plastik-Lichtschwerter wurden zu beliebten Kaufobjekten.

Ein Potpourri an Produkten

Weitere Produkte waren Stoffpuppen, Schlüsselanhänger, Modeschmuck, Lichtschwert-Selfiesticks, Poster, Tassen, eine Backform mit »Star Wars«-Motiven, Darth-Vader-Helme, Wollmützen, Baseballcaps oder eine Schreibtischlampe in der Gestalt des Millenium Falken. Dazu Maus und Mauspad, wer will, kann sich einen lebensgroßen Sturmtrupp-Soldaten in sein Wohnzimmer stellen.

Es wurde sogar Fingernagellack mit »Star Wars«-Aufschrift in weiß, lila oder rot in die Regale gestellt. Mit der Übernahme durch den Disney-Konzern blieb die Vermarktung der Filme mindestens auf dem hohen Niveau von George Lucas. Und wenn man sieht, wie sich die Reihe der Filme und Serien seitdem vergrößert hat, dann kann man in Zukunft noch Einiges erwarten.

Der Elektro-Bulli ID. Buzz

96

Die Obi-Wan-Kenobi-Edition

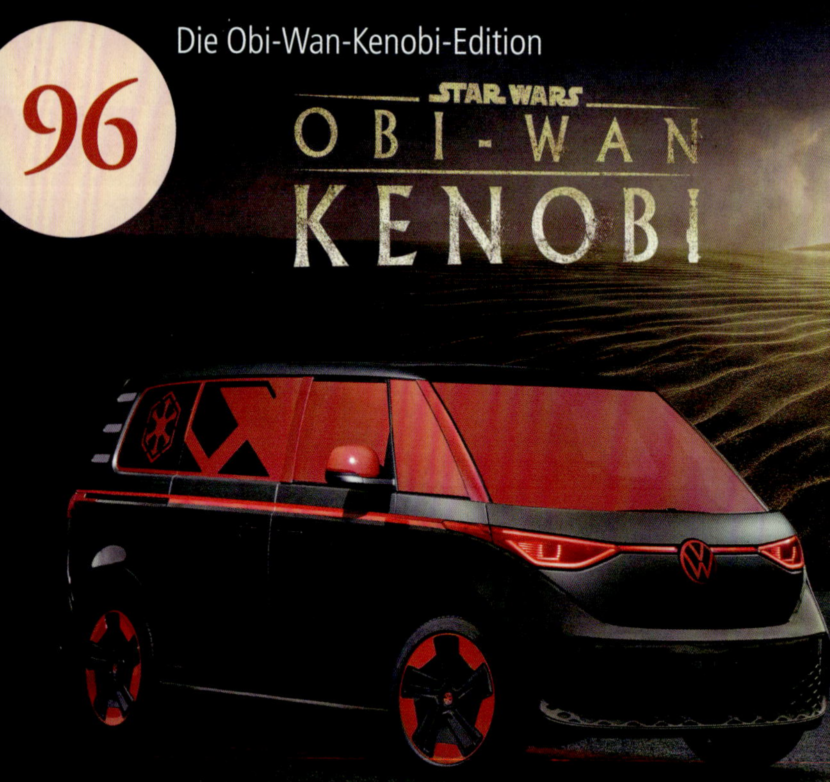

Im Mai 2022 stellte Volkswagen Nutzwagen bei der Star Wars Celebration in Anaheim zwei Exemplare des ID. Buzz vor: einen schwarz-roten: »Dark Side Edition« und einen beige-chromfarbenen: »Light Side Edition«. Sie sind mit Motiven aus der Serie »Obi-Wan Kenobi« verziert. Die blaue Linie, die entlang der Seiten verläuft und sich in den Scheinwerfern und dem Lichtband fortsetzt, erinnert an die Farbe des Lichtschwerts. Beim rot-schwarzen Modell ist das Licht rot wie Darth Vaders Lichtschwert. Mit diesen Showcars sollte der ID. Buzz in Amerika eingeführt werden. Der Bulli wurde seit Jahren dort nicht mehr angeboten.

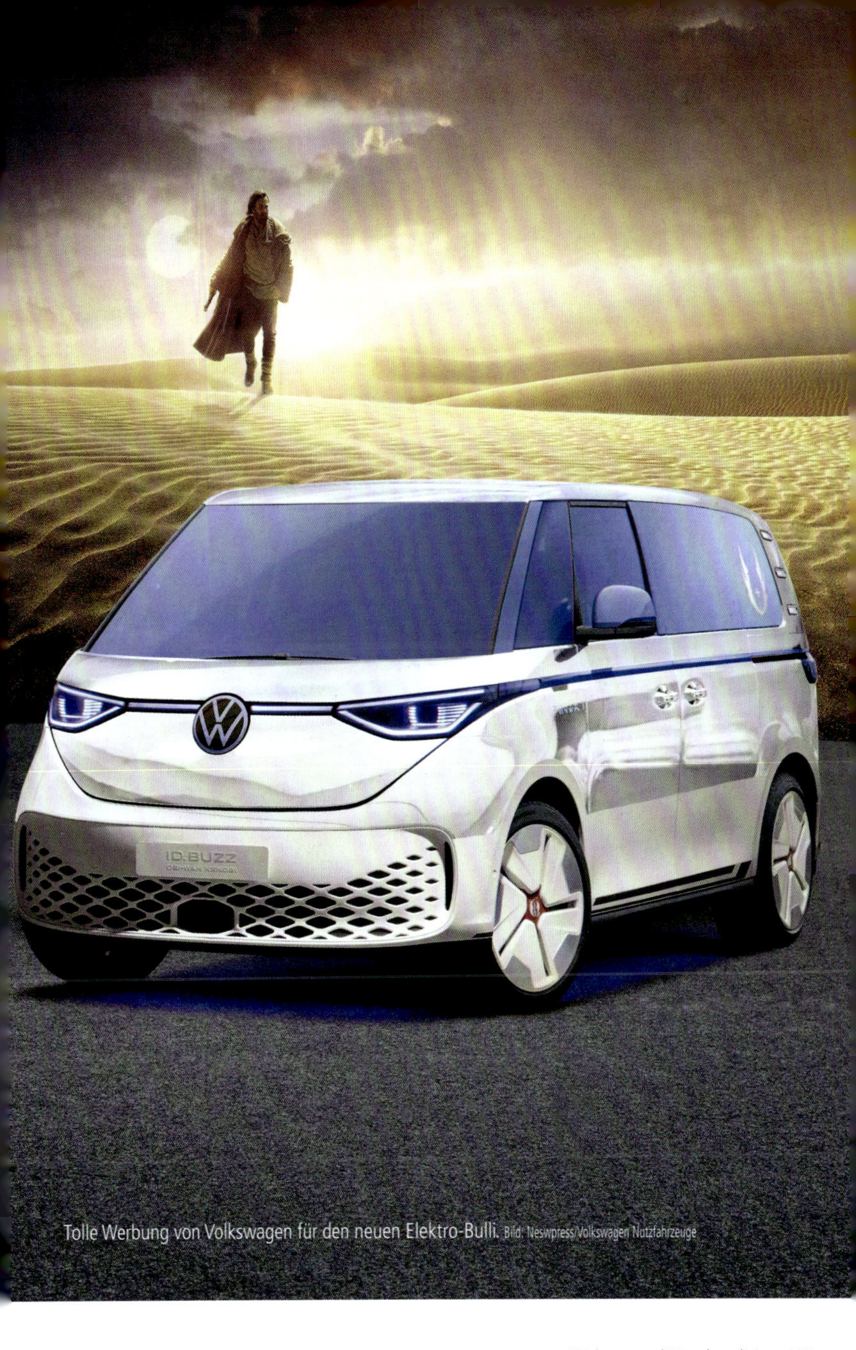

Tolle Werbung von Volkswagen für den neuen Elektro-Bulli. Bild: Neswpress/Volkswagen Nutzfahrzeuge

Einkaufswagen

Der Rolls-Royce von R2-D2

97

Jeder kennt ihn, aber nur wenige wissen, wie er aussieht. Kenny Baker steckte sechs Filme lang in der Blechbüchse mit dem schönen Namen R2-D2.

Der kleinwüchsige Engländer wurde 1934 in Birmingham geboren. Seine Eltern waren künstlerisch tätig, und auch Kenny sollte einen künstlerischen Beruf ergreifen. Es begann 1951, als er praktisch auf der Straße von einer Theatergruppe Kleinwüchsiger engagiert wurde. Später trat er im Zirkus, bei Eisshows und in Nachtclubs auf.

Der britische Filmarchitekt John Barry, der für »Star Wars« engagiert war, kannte Kenny Baker und schlug ihn vor, als George Lucas einen Schauspieler suchte, der in die Hülle des R2-D2 passte. Es bedurfte einiger Überredungskunst, den kleinen Briten von der Rolle zu überzeugen, in der er nicht mal reden durfte. Schließlich wurde der Vertrag geschlossen. Baker hat es zunächst sicher bereut, als er in Tunesien bei großer Hitze in der

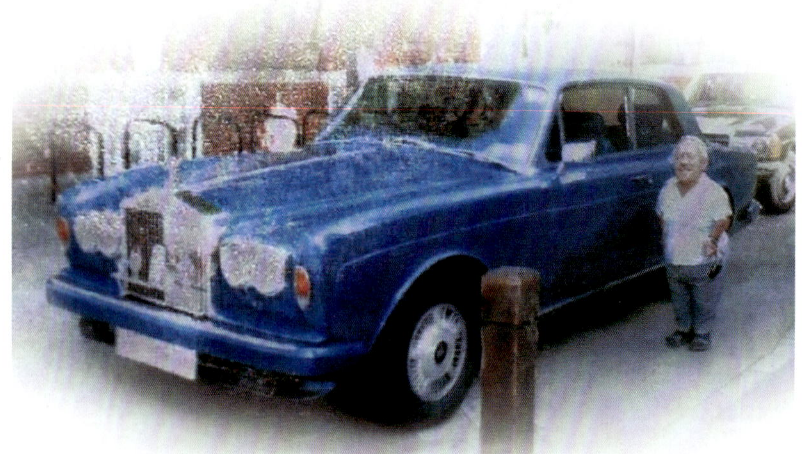

Kenny Baker zeigt die Größenverhältnisse von Halter und Fahrzeug. Aber er kam bestens mit dem Rolls-Royce zurecht. Bild: Newspress

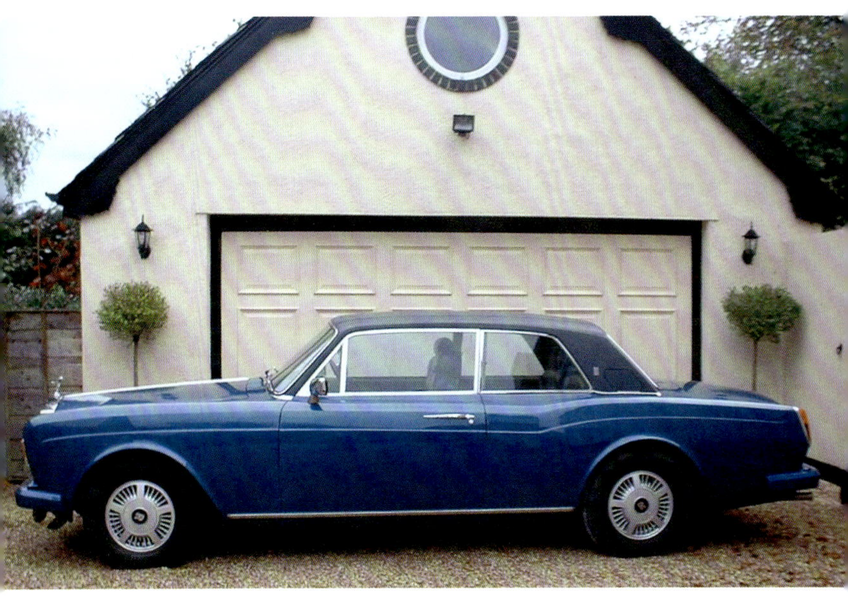

Von diesem Modell produzierte Rolls-Royce nur rund tausend Exemplare. Es wurde aus dem Silver Shadow abgeleitet. Bild: Newspress

Blechbüchste stecken musste. Doch er machte noch bei den nächsten fünf »Star Wars«-Filmen mit und beim ersten Film der dritten Trilogie 2015 war er als Berater engagiert.

In »Die Rückkehr der Jedi-Ritter« hatte er noch eine zweite Rolle als Ewok Paploo, der bei der Schlacht von Endor einen Düsenschlitten klaute und so die Gegner ablenkte.

Ein exklusives Fahrzeug

Kenny Baker war stolzer Besitzer eines 1982er Rolls-Royce Corniche FHC (Coupé) mit V8-Motor mit Bosch-Einspritzung und 237 PS. Der Wagen hatte eine Dreigang-Automatik und war einer der letzten Coupés dieses Typs, der produziert wurde. Denn 1982 wurde diese Version eingestellt und es gab nur noch ein Cabrio.

Baker soll mit diesem Wagen gerne zum Einkaufen gefahren sein. Um über das Lenkrad schauen zu können, musste er einen Stapel Kissen auf den Sitz legen. Die Pedale erreichte er über Holzpflöcke, die auf die Trittflächen geklebt waren. In den 2000ern gab er den Wagen ab. 2016 starb Kenny mit 81 Jahren. »Das Erwachen der Macht«, seinen letzten Film, hat er noch gesehen.

Der richtige Weg

98 Was Renault mit Han Solo zu tun hat

Im Mai 2018 sollte »Solo« anlaufen und fast zur gleichen Zeit wollte Renault seinen überarbeiteten Kadjar vorstellen. Im Film geht es darum, dass Han Solo seinen eigenen Weg findet. Das ist der Aufhänger der Werbestrategen, die unter dem Motto »Take the Alternative Road« auf die guten Fahrleistungen des Kadjar, auch dank solcher Features wie Allradantrieb, Notbremssystem und Toter-Winkel-Warnsystem, hinweisen sollte.

Mit der Special-Effects-Firma von »Star Wars«

Der Werbefilm wurde mit Chewbacca gedreht. Die für die »Star Wars«-Filme arbeitende Visual-Effects-Firma Industrial Light & Magic sorgte für gekonnte Spezialeffekte im Fernsehspot. Das Ergebnis war gelungen – und Renault hatte es offenbar geschafft, den Negativtrend bei den Neuzulassungen umzudrehen.

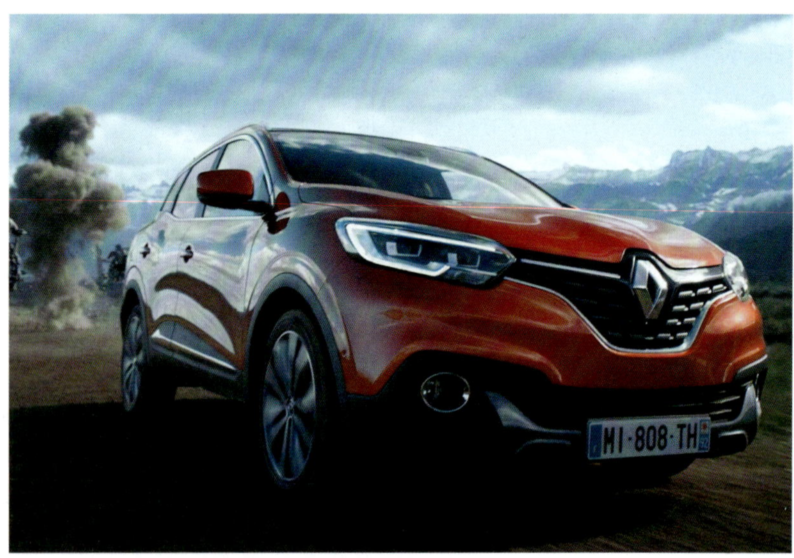

Bei Star Wars denkt man nicht unbedingt an einen SUV von Renault. Doch Marketing macht's möglich und strickt eine nette Geschichte. Bild: Newspress/Renault

Auf den richtigen Weg finden

Ein Navi wirbt mit »Star Wars«

99

Die niederländische Firma TomTom ist bekannt für ihre Navigationsgeräte. Ohne Navi kann scheinbar kein Autofahrer mehr auskommen. Der Nutzer kann sich bei der Einrichtung für eine von verschiedenen Computerstimmen entscheiden.

2010 kam man bei TomTom auf die Idee, die Stimmen von Darth Vader und Yoda anzubieten und zusammen mit einigen akustischen Gimmicks und der berühmten Fanfare das Navi zu einem perfekten Angebot an die Fans der grandiosen Weltraumsaga zu machen. Nach den amerikanischen Originalstimmen wurden im gleichen Jahr auch die deutschen Synchronstimmen eingeführt. Für jeweils zehn Euro konnte man sich das Zusatzpaket mit einer Stimme der beiden Gestalten sichern und sich von ihnen auf den richtigen Weg schicken lassen. Beide konnte man sich auch für den Startbildschirm aufs Gerät speichern. Ob Darth-Vader-Nutzer aggressiver fuhren, konnte nie geklärt werden ...

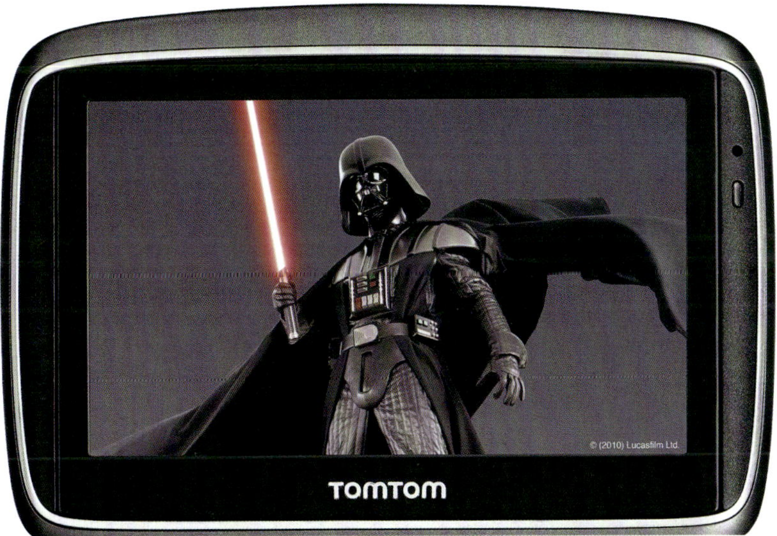

Darth Vader posiert mit seinem Lichtschwert auf dem Startbildschirm des Navigationsgeräts der Marke TomTom. Bild: TomTom/Lucasfilms//Newspress

Darth Vaders Lieblingsauto?

Sturmtruppen bei der Auktion

100

Es war im Jahr 2015 unserer Zeitrechnung. Der letzte »Star Wars«-Film liegt bereits zehn Jahre zurück. Alle warteten auf den neuen Streifen: »Star Wars: Das Erwachen der Macht«. Die Marketingwelle war bereits angerollt. Um auf Nummer sicher zu gehen, hatte Lucasfilm nicht etwa nur mit einer, sondern sogar mit sieben Automarken Werbeverträge geschlossen.

Lamborghini und Darth Vader

Weil der 1984er Lamborghini Countach 5000 S, den das Auktionshaus Coys bei der Auktion namens »True Greats« anzubieten hatte, sowohl außen als auch im Innenraum in Weiß mit kleinen schwarzen Applikationen gehalten war, kam man dort auf die Idee, dass die Sturmtruppen der Filmreihe ziemliche Ähnlichkeit mit dem Sportwagen hatten. So kam es zu einem Pressetermin, bei dem es auch Darth Vader sich nicht nehmen ließ, anwesend zu sein. »Mit seinem futuristischen Design ähnelt er den galaktischen Schiffen der imperialen Raumflotte«, so das Credo.

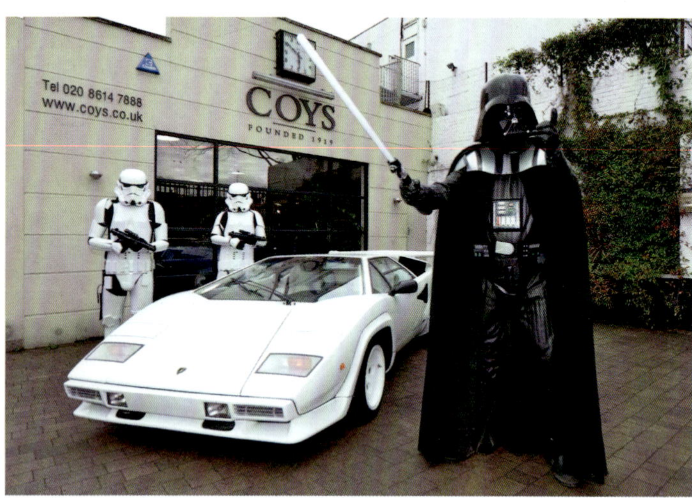

Wenn Darth Vader mit seinem Lichtschwert den Countach bewacht, wird sich sicher niemand an den Wagen herantrauen. Bild: Newspress/Coys

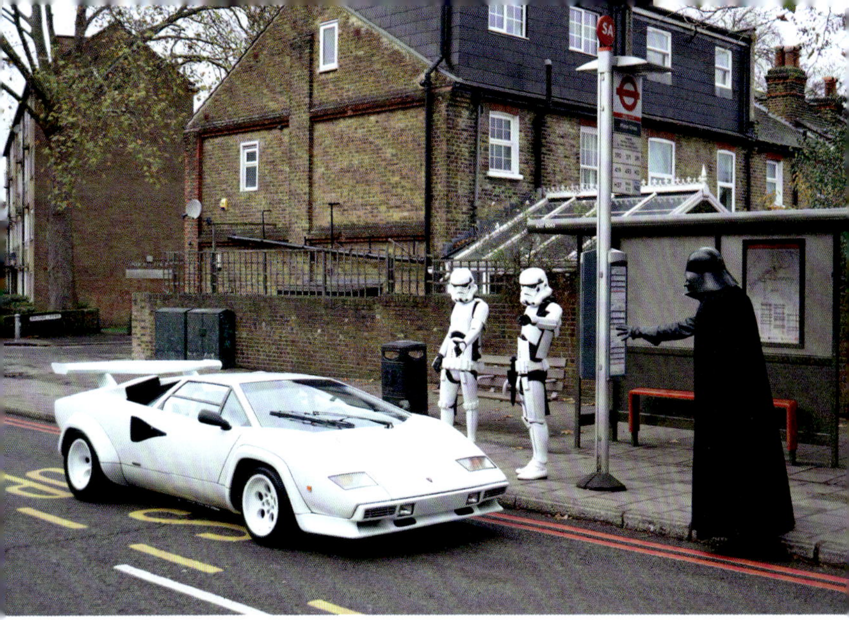

Ein wenig bizarr wirkt das schon, wenn die drei »Star Wars«-Gestalten an der Bushaltestelle auf den Lamborghini warten. Bild: Newspress/Coys

In der Tat scheint der Lambo wie gemacht für Darth Vader. Der Geschäftsführer von Coys, Chris Routledge, ging sogar so weit zu behaupten: »Dieses Fahrzeug ist wahrscheinlich der beste Lamborghini Countach von allen, dass es lohnt, es zu besitzen. Sogar der treueste Jedi würde es sich überlegen, ob er für ihn auf die dunkle Seite der Macht wechselt. Er verkörpert all das, was ›Star Wars‹ ausmacht. Das macht ihn zum idealen Geschenk für die größten Fans der Reihe.«

Das Auktionshaus Coys ist schon seit vielen Jahren eine der wichtigsten Adressen für die Versteigerung klassischer Oldtimer. Der Lamborghini Countach 5000 S war ein 455 PS starker Sportwagen mit Zwölfzylinder-V-Motor, der 5.167 Kubikzentimeter vorweisen konnte. In nur 4,9 Sekunden war er bei 100 km/h, die Höchstgeschwindigkeit lag bei 300 km/h. Allerdings ist es Darth Vader nicht gelungen, den Flitzer zu ersteigern.

Dies war nicht die einzige Begegnung von »Star Wars« und Lamborghini. Bereits 2011 hatte es einen Lamborghini Murcielago LP640 gegeben, der in einem »Star Wars«-Design an der Gold Rush Rallye von Denver nach Los Angeles teilgenommen hatte. Zwei Jahre später produzierte Lamborghini tolle Werbeplakate für den Veneno. Doch nicht etwa, um Kunden zu gewinnen, denn nur vier Coupés und neun Roadster wurden gebaut.

Die »Star Wars«-Galaxie

Eine unglaubliche Fleißarbeit

101

Eric Przybylski hatte Anfang der 2000er eine Karte erstellt, in der das Universum dargestellt wurde, in dem die »Star Wars«-Filme und -Serien spielen. Auf dieser Grundlage zeichnete Modi 2007 eine verbesserte Karte. Im gleichen Jahr brachte auch Dark Horse Comics eine Karte heraus. Auf dieser Grundlage erstellte der Niederländer W. R. van Hage seine Karte der Galaxie.

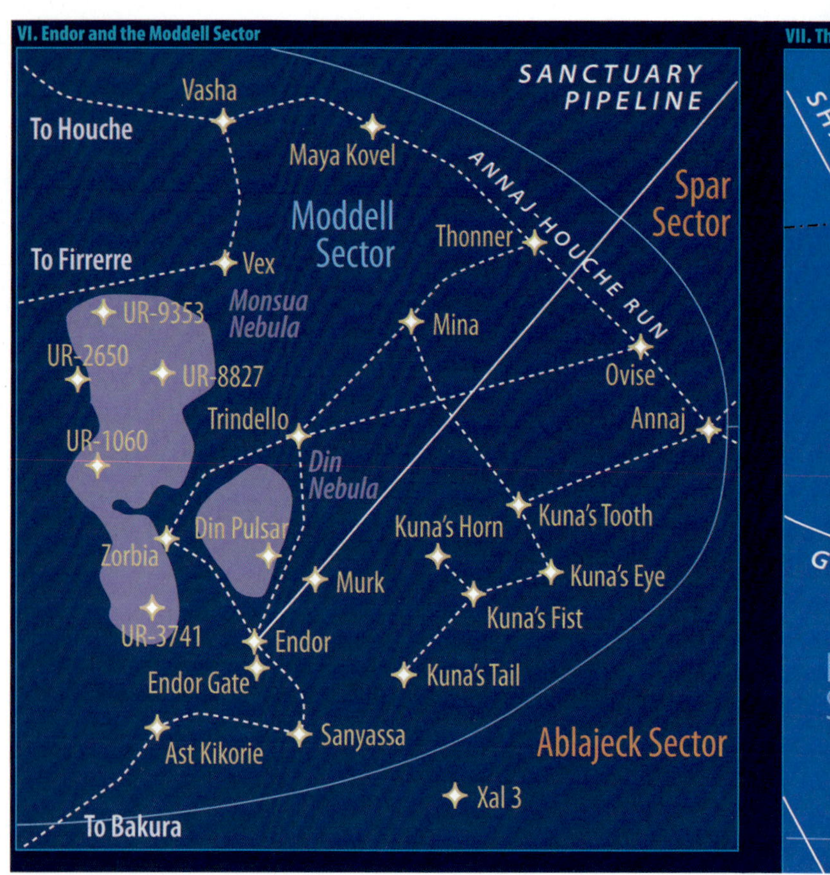

Er zeichnete eine Vektorgrafik, in die er die Namen der Planeten eintrug. Nun entstand eine umfassende Karte, die in ein Koordinatensystem eingepasst wurde, so dass man den gesuchten Planeten mit Hilfe eines Registers schnell finden kann. Jedes Sektorenfeld hat eine Länge von einem Parsec, das entspricht rund 30,9 Billionen Kilometern. Unter realistischen Umständen wären die Helden der Saga lange unterwegs, wenn sie auf andere Planeten reisen. Zudem erstellte van Hage vierzehn Detailkarten, von denen zwei abgebildet werden. Das Material, das van Hage verwendete, ist Eigentum von George Lucas, Lucasfilm Ltd., Wizards of the Coast Inc, De Agostini UK Ltd, West End Games, DK Publishing Inc, Ballantine/Del Rey Books, Bantam Books, Berkeley Books, Lucasarts Inc., Marvel Comics und Dark Horse Comics.

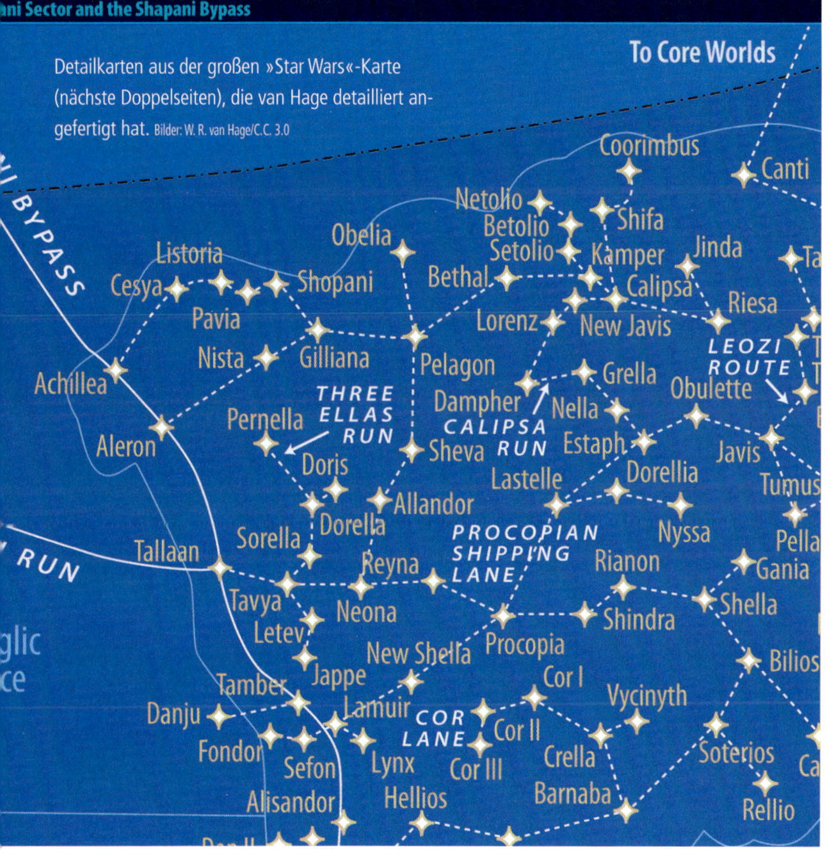

Detailkarten aus der großen »Star Wars«-Karte (nächste Doppelseiten), die van Hage detailliert angefertigt hat. Bilder: W. R. van Hage/C.C. 3.0

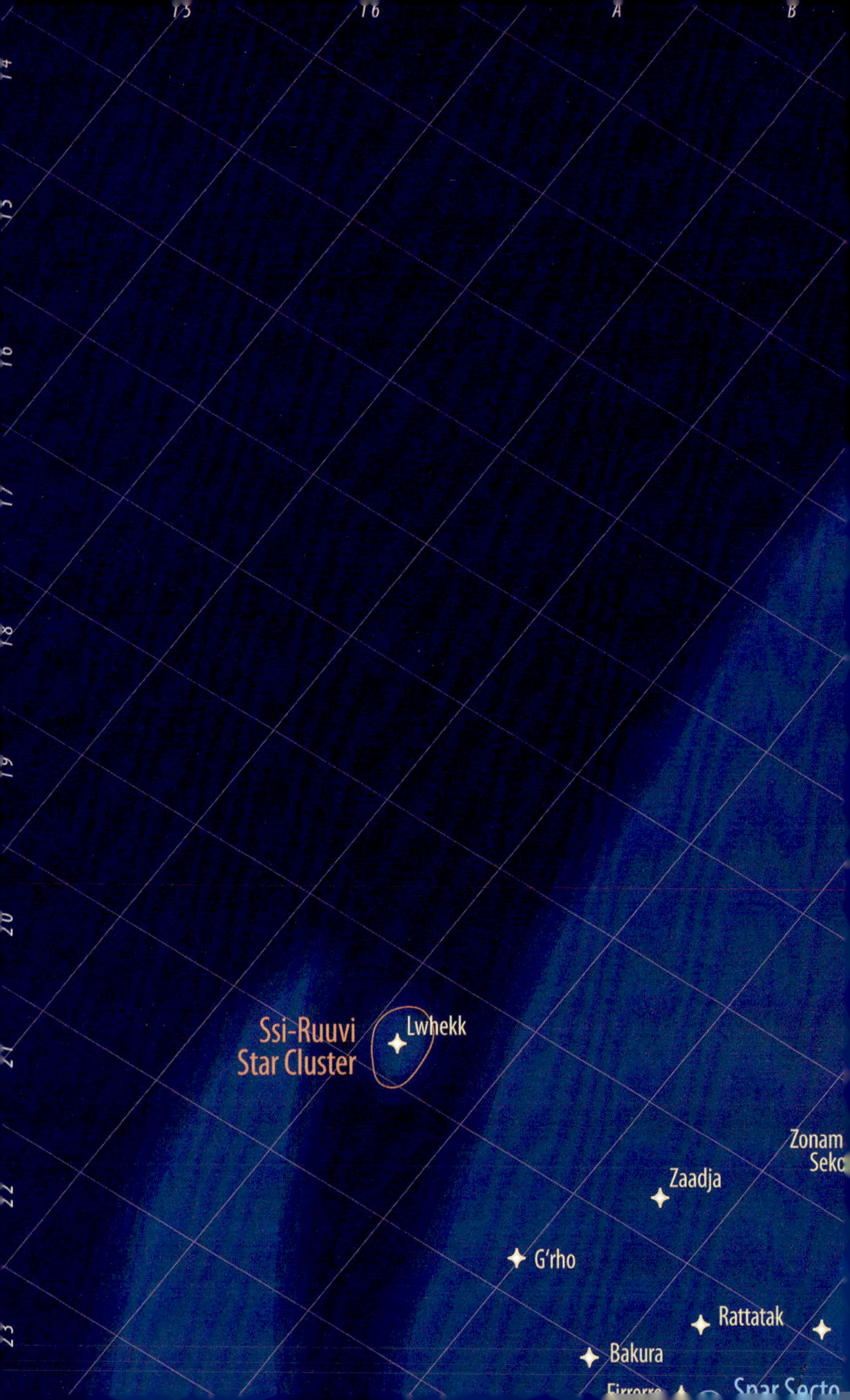

15
16
A
B
14
15
16
17
18
19
20
21
22
23
Ssi-Ruuvi
Star Cluster
Lwhekk
Zonam
Zaadja
G'rho
Rattatak
Bakura

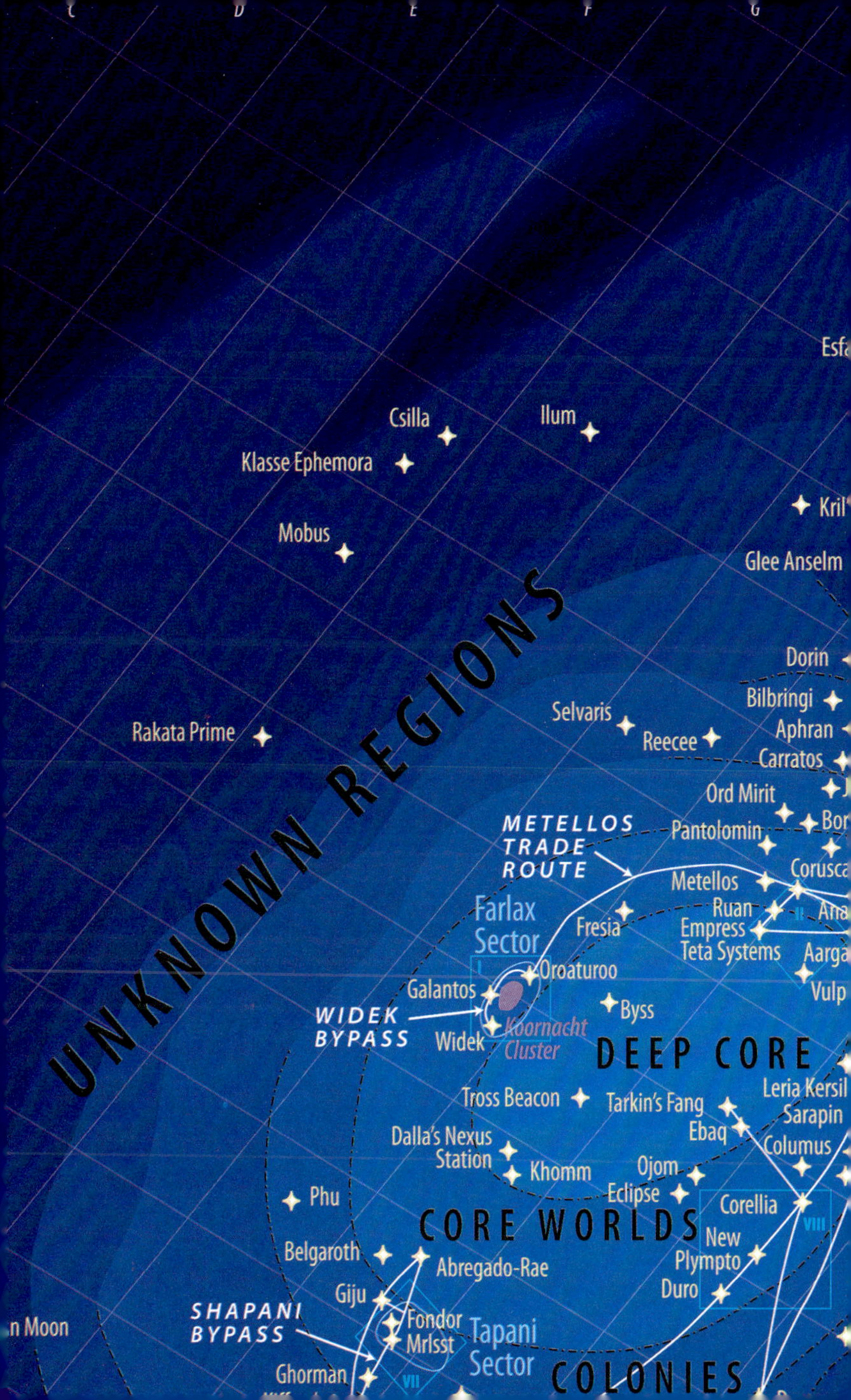

Csilla
Ilum
Klasse Ephemora
Mobus
Glee Anselm
Dorin
Bilbringi
Aphran
Carratos
Selvaris
Reecee
Rakata Prime
UNKNOWN REGIONS
Ord Mirit
Pantolomin
METELLOS TRADE ROUTE
Metellos
Ruan
Empress Teta Systems
Farlax Sector
Fresia
Oroaturoo
Galantos
WIDEK BYPASS
Widek
Koornacht Cluster
Byss
DEEP CORE
Tross Beacon
Tarkin's Fang
Leria Kersil
Sarapin
Ebaq
Columus
Dalla's Nexus Station
Khomm
Ojom
Eclipse
Phu
Corellia
CORE WORLDS
Belgaroth
Abregado-Rae
New Plympto
Duro
Giju
SHAPANI BYPASS
Fondor
Mrlsst
Tapani Sector
Ghorman
COLONIES

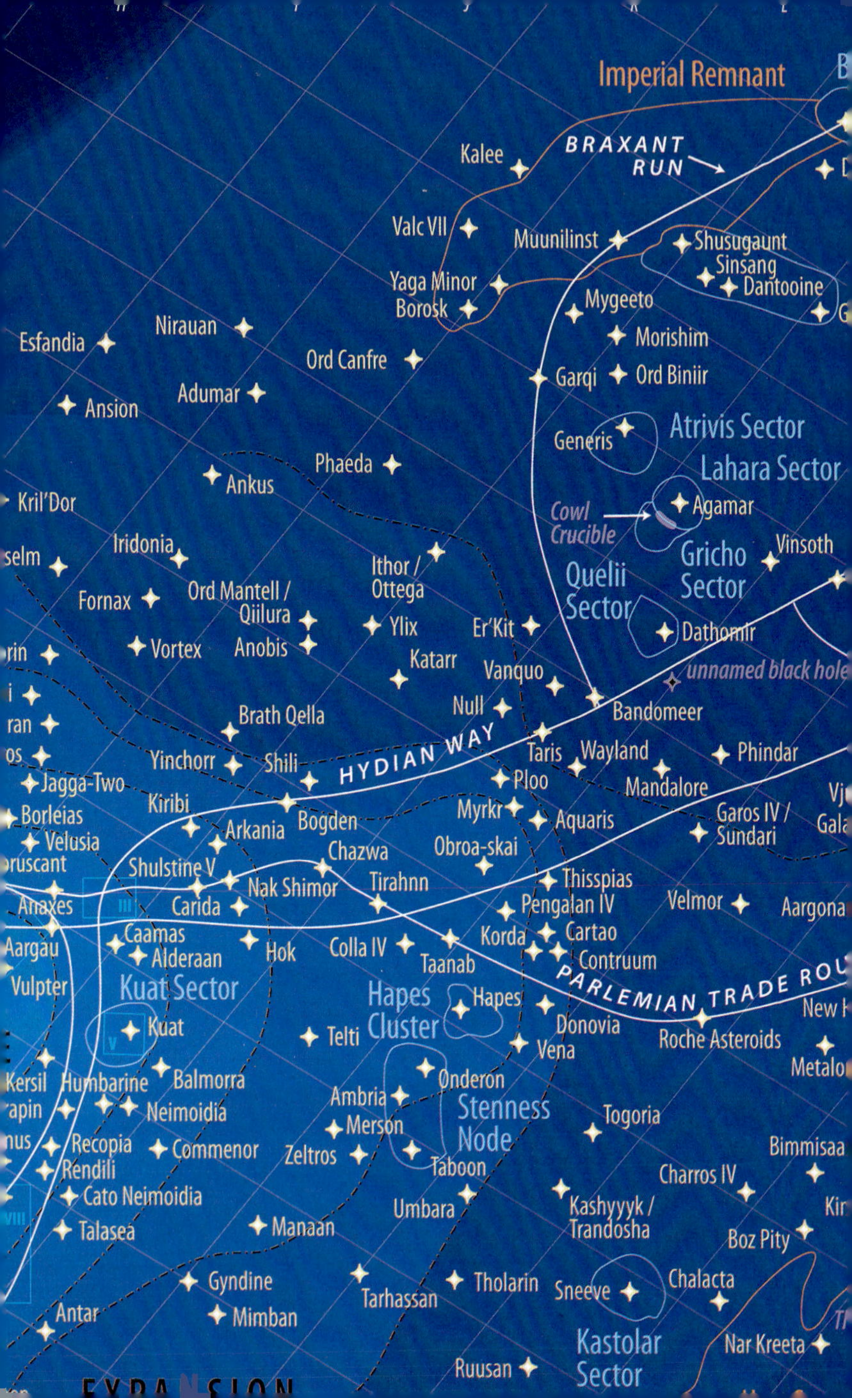

Imperial Remnant

BRAXANT RUN

Kalee

Valc VII

Muunilinst

Shusugaunt

Sinsang

Dantooine

Yaga Minor

Borosk

Mygeeto

Morishim

Esfandia

Nirauan

Ord Canfre

Garqi

Ord Biniir

Ansion

Adumar

Generis

Atrivis Sector

Lahara Sector

Phaeda

Ankus

Kril'Dor

Agamar

Cowl Crucible

Iridonia

Gricho Sector

Vinsoth

Quelii Sector

Ithor / Ottega

Fornax

Ord Mantell / Qiilura

Ylix

Er'Kit

Dathomir

Vortex

Anobis

Katarr

Vanquo

unnamed black hole

Brath Qella

Null

Bandomeer

HYDIAN WAY

Yinchorr

Shili

Taris

Wayland

Phindar

Jagga-Two

Ploo

Mandalore

Kiribi

Bogden

Myrkr

Aquaris

Garos IV / Sundari

Borleias

Arkania

Velusia

Chazwa

Obroa-skai

Shulstine V

Thisspias

Nak Shimor

Tirahnn

Anaxes

Carida

Pengalan IV

Velmor

Aargonar

Caamas

Cartao

Aargau

Alderaan

Hok

Colla IV

Korda

Contruum

Taanab

PARLEMIAN TRADE ROU

Vulpter

Kuat Sector

Hapes Cluster

Hapes

Kuat

Telti

Donovia

Roche Asteroids

Vena

Metalor

Kersil

Humbarine

Balmorra

Onderon

Ambria

Stenness Node

Togoria

Neimoidia

Merson

Recopia

Commenor

Zeltros

Taboon

Bimmisaa

Rendili

Charros IV

Cato Neimoidia

Umbara

Kashyyyk / Trandosha

Talasea

Manaan

Boz Pity

Gyndine

Tholarin

Sneeve

Chalacta

Tarhassan

Antar

Mimban

Kastolar Sector

Nar Kreeta

Ruusan

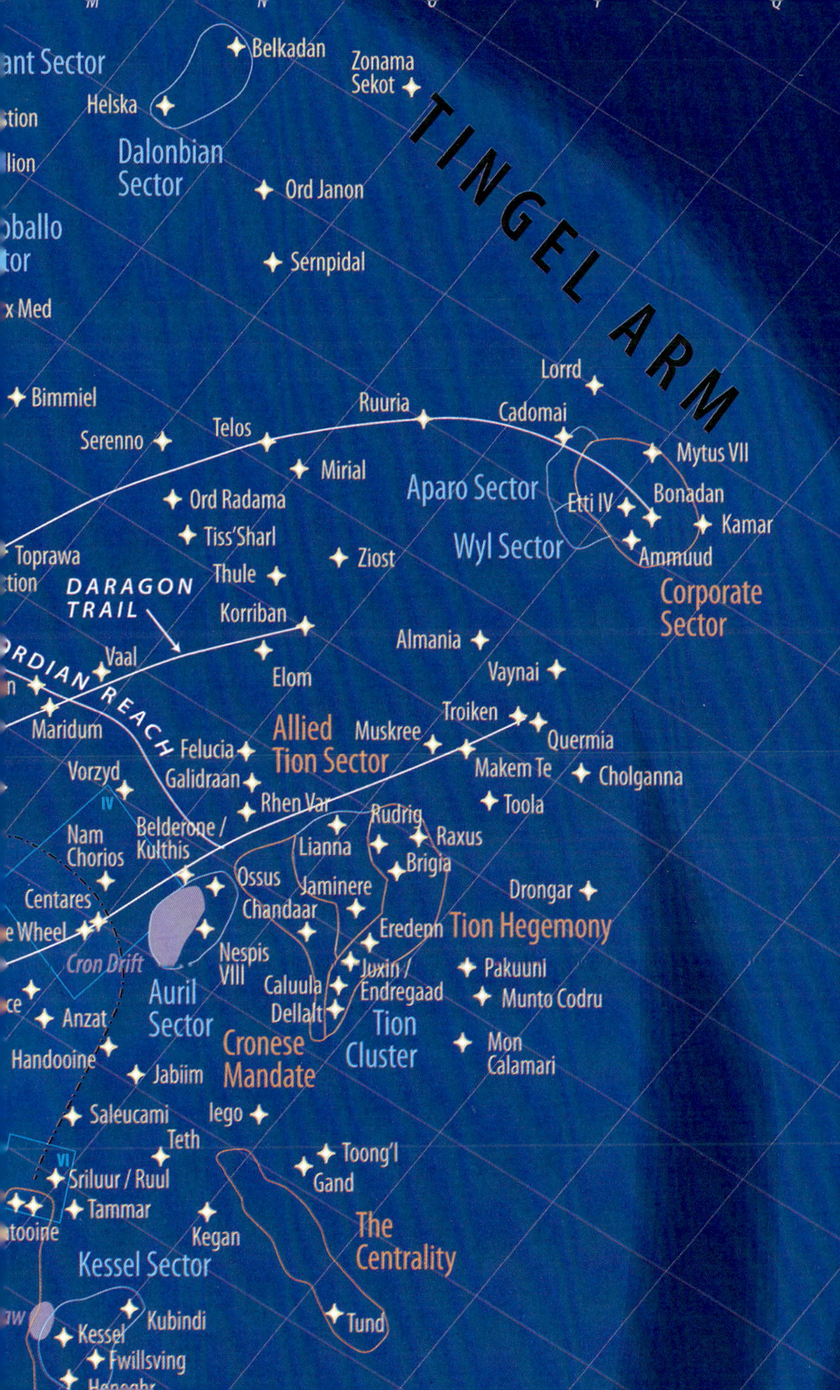

Belkadan
Zonama Sekot
TINGEL ARM
Helska
Dalonbian Sector
Ord Janon
Sernpidal
Bimmiel
Lorrd
Ruuria
Cadomai
Serenno
Telos
Mytus VII
Mirial
Aparo Sector
Ord Radama
Etti IV
Bonadan
Kamar
Tiss'Sharl
Ziost
Wyl Sector
Ammuud
Toprawa
Thule
DARAGON TRAIL
Corporate Sector
Korriban
Almania
Vaal
Elom
Vaynai
Maridum
Troiken
Allied Tion Sector
Muskree
Quermia
Felucia
Makem Te
Cholganna
Vorzyd
Galidraan
Rhen Var
Toola
Rudrig
Nam Chorios
Belderone / Kulthis
Lianna
Raxus
Brigia
Ossus
Centares
Jaminere
Drongar
Chandaar
Eredenn
Tion Hegemony
Cron Drift
Nespis VIII
Juxin / Endregaad
Pakuuni
Auril Sector
Caluula
Munto Codru
Anzat
Dellalt
Tion Cluster
Mon Calamari
Cronese Mandate
Handooine
Jabiim
Saleucami
Iego
Teth
Toong'l
Gand
Sriluur / Ruul
Tammar
The Centrality
Kegan
Kessel Sector
Kubindi
Kessel
Tund
Fwillsving

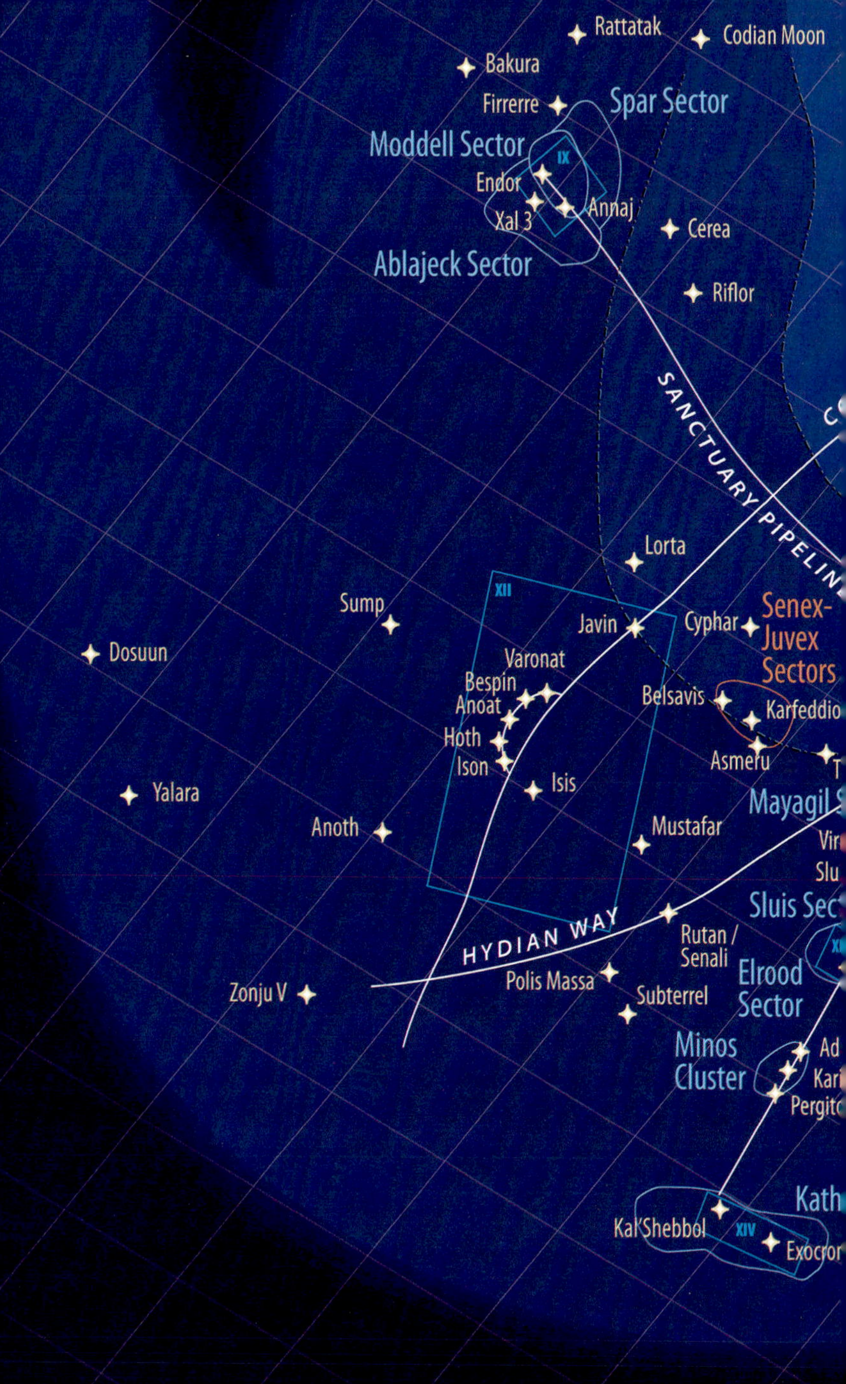

Rattatak
Codian Moon
Bakura
Firrerre
Spar Sector
Moddell Sector
IX
Endor
Xal 3
Annaj
Cerea
Ablajeck Sector
Riflor
SANCTUARY PIPELINE
Lorta
Sump
XII
Javin
Cyphar
Senex-
Juvex
Sectors
Dosuun
Varonat
Bespin
Anoat
Belsavis
Hoth
Ison
Asmeru
Isis
Yalara
Anoth
Mustafar
HYDIAN WAY
Rutan /
Senali
Elrood
Sector
Polis Massa
Zonju V
Subterrel
Minos
Cluster
Kal'Shebbol
XIV

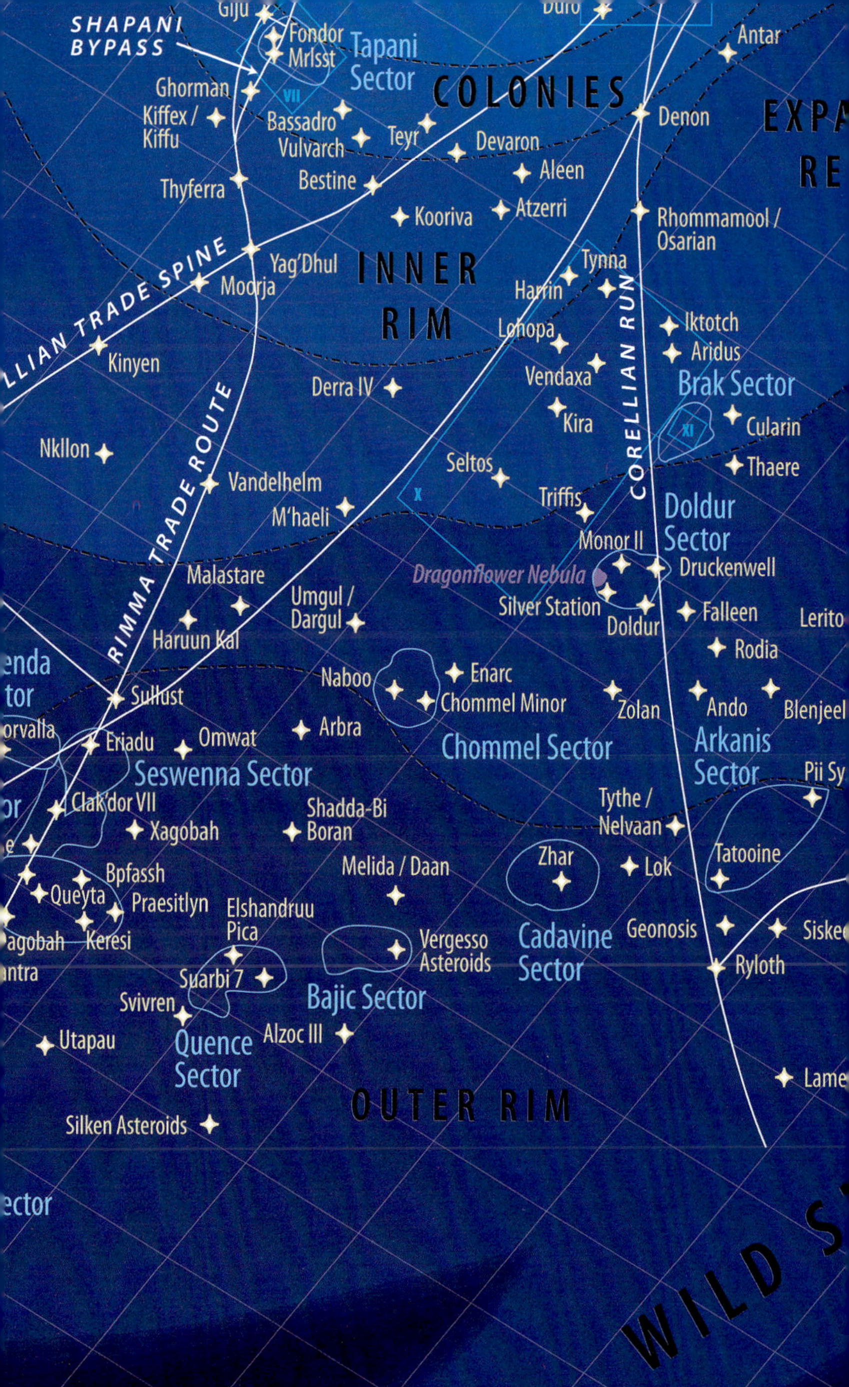

SHAPANI BYPASS
Fondor
Mrlsst
Tapani Sector
VII
COLONIES
Antar
Ghorman
Kiffex / Kiffu
Bassadro
Vulvarch
Teyr
Devaron
Denon
Thyferra
Bestine
Aleen
Kooriva
Atzerri
Rhommamool / Osarian
Yag'Dhul
Moorja
INNER RIM
Tynna
Harrin
Lohopa
Iktotch
Aridus
Kinyen
Vendaxa
Derra IV
CORELLIAN RUN
Brak Sector
Kira
Cularin
XI
Nkllon
Seltos
Thaere
RIMMA TRADE ROUTE
Vandelhelm
M'haeli
X
Triffis
Doldur Sector
Monor II
Malastare
Dragonflower Nebula
Druckenwell
Umgul / Dargul
Silver Station
Falleen
Lerito
Haruun Kal
Doldur
Rodia
Naboo
Enarc
Chommel Minor
Zolan
Ando
Blenjeel
Sullust
Eriadu
Omwat
Arbra
Chommel Sector
Arkanis Sector
Seswenna Sector
Clak'dor VII
Shadda-Bi Boran
Tythe / Nelvaan
Xagobah
Bpfassh
Melida / Daan
Zhar
Lok
Tatooine
Queyta
Praesitlyn
Elshandruu Pica
Keresi
Vergesso Asteroids
Cadavine Sector
Geonosis
Ryloth
Suarbi 7
Bajic Sector
Svivren
Utapau
Alzoc III
Quence Sector
OUTER RIM
Silken Asteroids

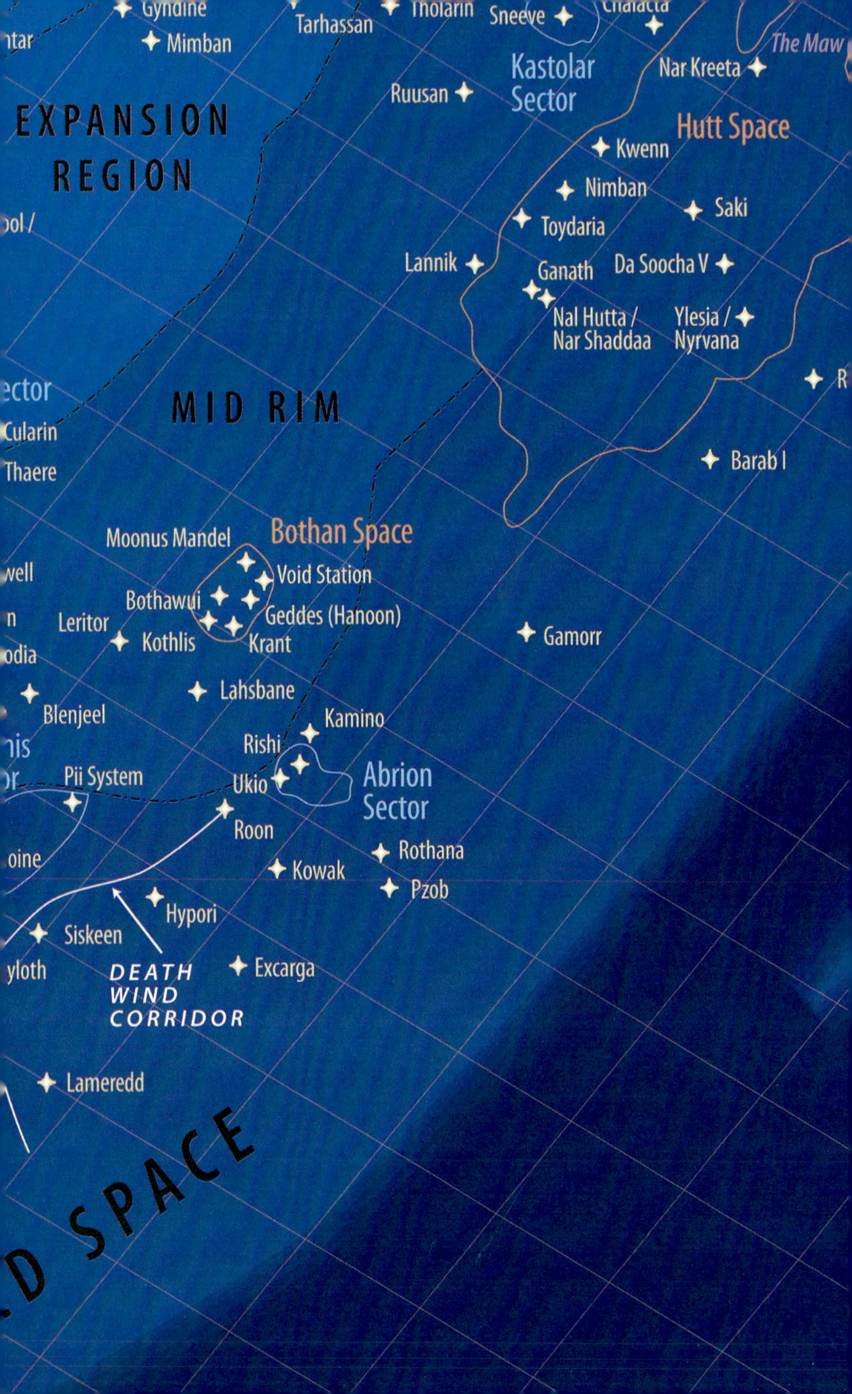

Mimban
Tarhassan
Sneeve
The Maw
Ruusan
Kastolar Sector
Nar Kreeta
EXPANSION REGION
Hutt Space
Kwenn
Nimban
Saki
Toydaria
Lannik
Ganath
Da Soocha V
Nal Hutta / Nar Shaddaa
Ylesia / Nyrvana
MID RIM
Cularin
Thaere
Barab I
Moonus Mandel
Bothan Space
Void Station
Bothawui
Geddes (Hanoon)
Leritor
Kothlis
Krant
Gamorr
Lahsbane
Blenjeel
Kamino
Rishi
Pii System
Ukio
Abrion Sector
Roon
Rothana
Kowak
Pzob
Hypori
Siskeen
Excarga
DEATH WIND CORRIDOR
Lameredd